本书为华东政法大学校级重点学科
"外国语言学及应用语言学(法律语言学)"
(A-3101-14-1541)建设成果

Discourse and Practice in International
Commercial Arbitration
Issues, Challenges and Prospects

国际商事仲裁中的话语与实务
问题、挑战与展望

［英］维杰·K. 巴蒂亚（Vijay K. Bhatia）
［澳］克里斯托弗·N. 坎德林（Christopher N. Candlin） 编
［意］毛里济奥·戈地（Maurizio Gotti）
林 玫　潘苏悦　译

著作权合同登记号　图字:01-2014-3762

图书在版编目(CIP)数据

　　国际商事仲裁中的话语与实务:问题、挑战与展望/(英)巴蒂亚(Bhatia,V.K.)等编;林玫,潘苏悦译. —北京:北京大学出版社,2016.3
　　ISBN 978-7-301-26793-6

　　Ⅰ.①国… Ⅱ.①巴… ②林… ③潘… Ⅲ.①国际商事仲裁—研究 Ⅳ.①D997.4

中国版本图书馆 CIP 数据核字(2016)第 009895 号

ⓒ Vijay K. Bhatia, Christopher N. Candlin and Maurizio Gotti 2012
This translation of **Discourse and Practice in International Commercial Arbitration** is published by arrangement with Ashgate Publishing Limited.
Copyright ⓒ 2012, by Ashgate Publishing Limited. All right reserved. This translation published under license.
该书经版权所有者 Ashgate 出版有限公司授权出版。

书　　　名	国际商事仲裁中的话语与实务:问题、挑战与展望 GUOJI SHANGSHI ZHONGCAI ZHONG DE HUAYU YU SHIWU: WENTI TIAOZHAN YU ZHANWANG
著作责任者	〔英〕维杰·K.巴蒂亚(Vijia K. Bhatia) 〔澳〕克里斯托弗·N.坎德林(Christopher N. Candlin) 〔意〕毛里济奥·戈地(Maurizio Gotti)　编 林　玫　潘苏悦　译
责任编辑	尹　璐　王业龙
标准书号	ISBN 978-7-301-26793-6
出版发行	北京大学出版社
地　　　址	北京市海淀区成府路 205 号　100871
网　　　址	http://www.pup.cn
电子信箱	sdyy_2005@126.com
新浪微博	@北京大学出版社
电　　　话	邮购部 62752015　发行部 62750672　编辑部 021-62071998
印 刷 者	三河市博文印刷有限公司
经 销 者	新华书店
	730 毫米×980 毫米　16 开本　20.25 印张　290 千字 2016 年 3 月第 1 版　2016 年 3 月第 1 次印刷
定　　　价	52.00 元

未经许可,不得以任何方式复制或抄袭本书之部分或全部内容。
版权所有,侵权必究
举报电话:010-62752024　电子信箱:fd@pup.pku.edu.cn
图书如有印装质量问题,请与出版部联系,电话:010-62756370

前　言

　　我越是想要探究人们——包括个人和集体——如何解决纠纷，我越是深信问题的答案需进行跨学科研究，而解决的方法也必须从比较中获得。我曾研究过缘何在不同时代和地域解决问题的过程如此相仿，或是大相径庭。这项过往的研究同时也印证了我的上述观点。

　　只要不是从某一单一学科出发进行单项的研究，比较研究法总是更丰富多彩，我所述的单一学科包括法学、历史学、人类学、心理学甚至语言。要是我们将这些学科的方法与经验加以综合运用，我们的获得该多么丰硕！而且当我们检验他人研究成果时该是多么严谨！

　　由维杰·K.巴蒂亚(Vijay K. Bhatia)和克里斯托弗·N.坎德林(Christopher N. Candlin)主持的科研项目第二阶段的研究目标是："从跨语言学、社会文化学、政治学和法学的角度，采用确凿的手段研究各种语境中仲裁实践的确定性"，本书收录的论文作者均参与了这个项目。他们的研究成果证明这个方法是成功的。

　　每一章的阅读都是对读者耐心的考验。我希望自己不仅仅是描述本书取得了哪些成就，而是从旁观者角度建议读者下一步可以考虑哪些问题。

　　我认为本书可以作为一座桥梁的基础。它们是坚固的岩石，虽然尚不能严丝合缝,虽然有的部分今后会被侵蚀,但现在基础已经打下了。这些基础无须改动,更无须替换。人们可以将精力投放在新的研究领域和挑战之中,虽然就像在线争议处理的研究一样,由于一些领域发展迅猛,有价值的研究成果和深思熟虑的研究注定在出版之时已经过时。

桥还是要造的。现在科学家和业内人士依旧被隔离在鸿沟两边。虽然业内人士为这门学科做出了很大的贡献,但即便是他们也还无法将其智慧转换为普通实践。维杰·K.巴蒂亚和克里斯托弗·N.坎德林以及众多年轻的研究人员已经描绘好草图,并站在队伍前排。这部分工作也无须重来。人们需要寻找新的思路——例如诉讼概念和诉讼程序如何能够"丰富"仲裁。人尽皆知的传闻毕竟还不等同于知识。本书集结的成果从科学的角度揭示出众多事实,这些事实会推动专业人士进行深入的研究。

现如今,在解决纷争时人们越来越倾向于使用调解,而非诉讼的手段,有人认为仲裁也必将被调解所替代,认为很快大多数纠纷都会诉诸调解的手段。对于如我们一样对法律和语言的跨学科研究感兴趣的人们而言,这会带来一个问题:如何消除术语不清的问题——像"调停"和"当庭和解"。我们进行了种种假设:例如只用一种语言进行研究,即英语;例如为了我们的目的,假设英语只有一种语体;假设读者的文化背景不会干扰术语意义的理解。

虽然最容易扭曲客观性的文化通常都是英美文化,或至少是北美和西欧的文化,我们依旧需要提高警惕,以防出现例外。例如,仲裁的实质是"友好"而不是"对抗"的过程。在大多数地区,这一实质都难以表现出来。两者之间的差异在于有的是依靠权利分配的过程——诉讼和仲裁;有的是通过共享价值的手段来达成和解——调解(或别的什么名字)。

要令将来的研究迅速受益,研究的重点需要从仲裁转为调解。本书从前沿研究的证据中强调想要获得仲裁实务中的文本是可行的,且调解实务中的文本也可获得。调解员与仲裁员是不同的职业团体,虽然有人可以既是调解员又是仲裁员,但当他们用调解员的思维方式看问题时,他们会变得更开放、更积极。因为他们想要推销自己的服务,提高自己的业务水平,而想要接近这样的个人或利益集团都更加容易。

因此,下一步何去何从将取决于这些未知问题的答案,需要从业人员和研究者的共同努力。我试着提出以下问题:

1. 将完整的研究转换为时间还需要哪些准备？

2. 在一些地区仲裁更像是诉讼,这是坏事吗？对此有何措施？

3. 如果研究的语言是英语,我们如何保证不发生因文化普遍性所导致的语言理解偏差？

4. 仲裁的研究结果在调解中能进行复制吗？

5. 如何对解决纷争所采用的各种方法的实务研究及对今后发展的研究进行优化管理？

阅读这些章节令我倍感愉悦且受益匪浅。衷心祝贺本书的编辑们和作者们,他们对学界做出了贡献,至少在跨学科研究和产学结合两方面为学科的发展奠定了基础,锻造了桥梁。

德里克·罗巴克(Derek Roebuck)
牛津

致　谢

本书的成果获得了中国香港特别行政区政府科研拨款委员会竞争性研究经费的资助[项目编号:9041191(CityU 1501/06H)],该国际研究项目题为"国际商事仲裁实践:话语分析研究"。

作为项目的主要研究员,我要感谢所有合作的研究人员,特别是国际研究人员,在过去几年里,他们支持我,共同参与这项重要的国际科研项目。要是没有他们的支持和努力,我将难以理解国际商事仲裁实践中的种种动态。

特别感谢克里斯托弗·N.坎德林教授,从设计申报书到出版成果全程参与。特别感谢我的朋友、同事——香港城市大学法学院的拉杰什·沙默(Rajesh Sharma),他建议本调查以国际商事仲裁为重点,还从专家的角度提出了意见和建议,他的贡献是本研究成功的原因之一。我还要感谢贝尔加莫大学的毛里济奥·戈地(Maurizio Gotti)教授,他慷慨地支持出版阶段性研究成果,而且还负责本研究的意大利团队,他的团员是研究组中的精兵强将。

我还要感谢许多国际仲裁中心对本研究的支持,特别是中国香港国际仲裁中心、新加坡国际仲裁中心、吉隆坡地区仲裁中心，以及米兰商会仲裁院。感谢帕特里齐亚·阿妮萨（Patrizia Anesa）博士编撰本书的主题词索引。

最后，我还要感谢所有仲裁界、法律界的专业人士，他们常常与我和其他团队成员分享自己的专业见解，丰富了我们的认识。

维杰·K.巴蒂亚
香港城市大学

目录 CONTENTS

第一部分 问题与挑战

第一章 国际商事仲裁实务:基于话语的角度
〔英〕维杰·K. 巴蒂亚(Vijay K. Bhatia)、〔澳〕克里斯托弗·N. 坎德林(Christopher N. Candlin)和〔意〕毛里济奥·戈地(Maurizio Gotti) / 3

第二部分 分析与证据

第二章 解决国际仲裁的矛盾:澳大利亚的残酷教训
〔澳〕卢克·诺塔奇(Luke Nottage) / 13

第三章 国际商事仲裁中的类型体系
〔巴西〕塞琳娜·弗雷德(Celina Frade) / 48

第四章 国际仲裁中的证据、证言和交叉询问
〔意〕法比奥·E. 齐卡尔迪(Fabio E. Ziccardi) / 63

目录 CONTENTS

第五章　仲裁裁决在中国香港地区的执行：法律和政治挑战
〔印度〕拉杰什·沙默（Rajesh Sharma）／73

第六章　仲裁程序中的语言和力量：理论和实践的洞察
〔意〕帕特里齐亚·阿妮萨（Patrizia Anesa）／93

第七章　反对意见和赞同意见的鉴定分析
〔西班牙〕露丝·布里斯（Ruth Breeze）／114

第八章　意大利背景下的仲裁话语司法化
〔意〕毛里济奥·戈地（Maurizio Gotti）／128

第九章　作为说明的仲裁裁决
〔英〕维杰·K.巴蒂亚（Vijay K. Bhatia）、〔澳〕克里斯托弗·N.坎德林（Christopher N. Candlin）和克里斯托弗·A.哈夫纳（Christoph A. Hafner）／144

第十章　仲裁期刊的文化差异：《国际仲裁院公告》和《国际仲裁》比较
〔意〕帕乌拉·卡泰纳乔（Paola Catenaccio）／159

目录

第十一章　仲裁裁决中的声音：复调和语言转述
〔意〕古丽安娜·佳宗妮（Giuliana Garzone）、
〔意〕齐阿拉·德佳诺（Chiara Degano）/ 176

第十二章　美国与意大利的在线纠纷解决机制比较
〔意〕拉里萨·丹吉洛（Larissa D'Angelo）/ 203

第十三章　行动中的仲裁：在证人听证中仲裁员中立性的展现
〔意〕斯蒂芬妮娅·玛西亚·玛西（Stefania Maria Maci）/ 221

第十四章　意大利的仲裁：是两面神雅努斯吗？
〔意〕尤里斯·布罗迪（Ulisse Belotti）/ 235

第十五章　仲裁是否被诉讼殖民了？
　　　　　——新加坡背景下的从业者视点
〔新加坡〕苏基塔·卡帕利亚（Sujata Kathpalia）/ 258

第十六章　保密性与公开性：媒体对国际仲裁的影响
〔西班牙〕伊莎贝尔·科罗拉（Isabel Corona）/ 276

第三部分 前景和结论

第十七章 国际仲裁实践中的身份争议

〔英〕维杰·K.巴蒂亚(Vijay K. Bhatia),〔澳〕克里斯托弗·N.坎德林(Christopher N. Candlin)和〔意〕毛里济奥·戈地(Maurizio Gotti)／295

第一部分
问题与挑战

第一章
国际商事仲裁实务：基于话语的角度

〔英〕维杰·K. 巴蒂亚（Vijay K. Bhatia）、〔澳〕克里斯托弗·N. 坎德林（Christopher N. Candlin）和〔意〕毛里济奥·戈地（Maurizio Gotti）

    国际商事仲裁（ICA）最初由联合国国际贸易法委员会（UNCITRAL）提议，并由联合国大会于1966年12月17日通过2205（XXI）号决议建立，旨在促进国际贸易法的协调和统一。UNCITRAL还制定了《国际商事仲裁示范法》，该法被联合国大会于1985年6月21日采纳，并被推荐作为《联合国国际贸易法委员会国际商事仲裁示范法》。虽然示范法（ML）并不具有约束力，联合国（UN）提议各个成员国采纳该法并将之融入国内法之中。

    促进国际商事仲裁发展的主要目标是为解决跨境商事争议提供一种诉讼外的"替代性选择"。如今，国际仲裁是当事人之间解决商事争议最为广泛采用的替代性争议解决（ADR）方式。国际商事仲裁被认为是当事人协议的结果，因为它关键是以当事人之间同意通过独任仲裁员或多人仲裁庭来解决争议，这些仲裁员均根据当事人自己同意适用（通常是以在合同中约定仲裁条款的方式）的特定仲裁机构规则来任命。国际仲裁实务正在以这样一种方式发展，不同语言、法律和文化背景的当事人可以尽量不受法院干涉而解决他们的争议。

    在仲裁中，当事人或他们的代表（通常是法律顾问），将争议提交到公正的独任仲裁员或仲裁庭由其裁决，仲裁裁决对争议双方具有约束力。仲裁裁决一般不可向法院上诉。在仲裁中，争议当事人在仲裁庭选任、仲裁庭应遵守的程序选择方面具有相当大的话语权，包括语言、仲裁地以及争议洽谈解决所依据的仲裁规则。

因此,在当事人未能私下解决争议而希望第三方介入时,仲裁是最合适的替代性争议解决机制。他们的主要目标是避免在诉讼上所花费的大量时间和费用,因为诉讼的判决过程是他们完全不能控制的。上文已述,仲裁庭的决定是可以执行的,且不可上诉至法院,除非出现特定条件下的程序问题。所以,仲裁的主要优势是它和诉讼一样具有效力(因为是由中立的仲裁员或仲裁庭裁决的),但是与诉讼不同的是,它具有非正式、快速、经济、隐私及保密的特性。同时它还实际上给予争议当事人充分的发言权和自由。

然而,仲裁作为非法律实务,近年来却越来越受到诉讼实务的影响,这种发展趋势似乎与仲裁在法院之外解决争议的精神背道而驰。为研究国际商事仲裁实务中仲裁原则"正直性"的成色几何,香港的一批话语分析者设计了一个国际研究方案,搜集以话语为基础的数据(叙述的、纪实的和互动的)以探索交互话语过程背后的动机,研究这一动机是如何造成仲裁实务越来越明显的诉讼程序"殖民"化的问题。

之前的一个国际研究项目整合来自12个国家众多话语分析专家团队研究的方式,对不同国家和司法辖区的仲裁法进行话语和类属分析来研究"多语言和多文化背景下的国际商事仲裁法律话语的类属完整性"。该项目以这样的理解为基础,即虽然大多数国家的仲裁法遵从了联合国国际贸易法委员会示范法的精神,但不同国家的仲裁法在制定和适用上仍有差别,它们会受到语言变化、根植的特定法律体系以及特定背景下运行的社会政治因素的各种阻力。项目建立了一个来自不同学科的30多名研究者的合作网络,他们分别来自13个不同国家,包括巴西、中国、捷克共和国、克罗地亚、丹麦、芬兰、法国、德国、印度、意大利、日本和马来西亚。项目结果通过一个国际期刊的数个编辑卷案、一个特刊以及两个国际会议(见下述参考文献)进行发布。本研究正是建立在上述项目的研究成果之上,根据对整个主题的兴趣程度、国际合作、各学科间的卓越研究机会和上述初始项目所提供的国际团队合作,决定以有基础的、情景化的方式,跨越语言、社会文化、政治和法律界限，聚焦于仲裁实践的现状，继续推进此前研究的发展。

本研究第二个项目的主要目标是通过对仲裁实践第一手和第二手资料进行文本方面、叙事方面和话语方面的解析，分析当下的仲裁实务的应用目的，即探索国际背景下仲裁实务的公正程度。仲裁实务，在这一背景下，被视为一个横跨"调解—仲裁—诉讼"这一专业且连贯的统一体的专业过程，仲裁过程中有许多法律与语言交汇的关键时刻和地方，为项目团队提供了一系列广泛的研究焦点。

总体而言，这一后续项目的研究结果是为加强国际商事仲裁作为非诉讼手段来解决商事争议的地位，并推进来自不同文化、语言、社会政治背景和法律体系的当事人的满意度。

本书中所编撰的章节旨在展示来自法律界、仲裁界和学术界的国际仲裁执业者们基于他们过去几年的话语分析研究而取得的成果。本书每一章均包含国际商事仲裁实践特定方面的具体内容。本书以鉴别一些通常问题和挑战为开头，逐渐深入到特定背景和司法辖区下的特定问题。本书所涉及的一些主要问题包括国际仲裁的模糊性、证人询问、证据、跨司法辖区和跨域裁决的执行、仲裁程序中的语言和权力、赞同和反对意见分析、仲裁裁决中的责任和声音、仲裁与其他形式的替代性争议解决机制的跨国比较、仲裁程序中仲裁员的中立性、仲裁在公共领域的保密性和公开性，以及诉讼对仲裁的"殖民"这一普遍问题，该主题贯穿了多数章节。最后一章则主要是从多学科和专业领域的交互式话语利用的角度出发，对国际商事仲裁中"有争议的身份"这一普遍问题进行鉴别并提供见解。

科研项目成果

Bhatia, Vijay K., Candlin, Christopher N., Engberg, Jan and Trosborg, Anna (Eds) (2003): *Multilingual and Multicultural Contexts of Legislation: An International Perspective*. Frankfurt am Main, Peter Lang.

Bhatia, Vijay K., Candlin, Christopher N. and Gotti, Maurizio (Eds) (2003): *Arbitration in Europe: Legal Discourse in a Multilingual and Multicultural Context*. Bern, Peter Lang.

Bhatia, Vijay K. and Engberg, Jan (Eds) (2004): *HERMES, Journal of Linguistics*, a special issue, Vol. 32.

Bhatia, Vijay K., Engberg, Jan, Gotti, Maurizio and Dorothee, Heller (Eds) (2005): *Vagueness in Normative Texts*. Bern, Peter Lang.

Bhatia, Vijay K., Candlin, Christopher. N. and Engberg, Jan (Eds) (2008): *Legal Discourse Across Cultures and Systems*. Hong Kong, Hong Kong University Press.

Bhatia, Vijay K., Candlin, Christopher. N. and Evangelisti, Paola (Eds) (2008): *Language and Legal Concepts Across Systems and Cultures*. Bern, Peter Lang.

Bhatia, Vijay K., Candlin, Christopher. N. and Gotti, Maurizio (Eds) (2010): *The Discourses of Dispute Resolution*. Bern, Peter Lang.

Bhatia, Vijay K. (Ed.) (2011): Interdiscursive Colonisation of International Commercial Arbitration Practice, *World Englishes*, Vol. 30, No. 1 (76-80).

科 研 团 队

主要研究者

维杰·K.巴蒂亚(Vijay K. Bhatia),香港城市大学

协同研究者

克里斯托弗·N.坎德林(Christopher N. Candlin),澳大利亚麦考瑞大学

拉杰什·沙默(Rajesh Sharma),香港城市大学

克里斯托弗·杜(Christopher To),中国香港仲裁中心

国际合作者

澳大利亚
卢克·诺塔奇(Luke Nottage),澳大利亚悉尼法律学院

巴西
赛琳娜·弗雷德(Celina Frade),巴西里约热内卢农村大学

文莱/新加坡
帕罗·尼哈拉尼(Paroo Nihalani),文莱达鲁萨兰大学
苏基塔·卡帕利亚(Sujata Kathpalia),新加坡南洋理工大学
科林·Y.C.翁(Colin Y.C. Ong),文莱达鲁萨兰国柯林法律服务中心

克罗地亚
苏珊·撒切维奇(Susan Šarčević),克罗地亚里耶卡大学法学院

丹麦
让·恩伯格(Jan Engberg),丹麦奥胡斯大学商学院

芬兰
塔佳·萨勒密-托罗尼(Tarja Salmi-Tolonen),芬兰约恩苏大学

法国
安妮·瓦格纳(Anne Wagner),法国滨海大学

中国香港地区
克里斯托弗·哈夫纳(Christoph Hafner),香港城市大学

意大利
毛里济奥·戈地(Maurizio Gotti)、尤里斯·布罗迪(Ulisse Belotti)、斯蒂芬妮娅·马西(Stefania Maci)、米歇尔·萨拉(Michele Sala)、帕特里齐亚·阿妮萨(Patrizia Anesa)、拉里萨·丹吉洛(Larissa D'Angelo),意大利贝尔加莫大学

古丽安娜·佳宗妮(Giuliana Garzone)、帕拉·康特纳秋(Paola Catenaccio)、齐阿拉·德佳诺(Chiara Degano),意大利米兰大学

帕拉·伊凡吉利斯第(Paola Evangelisti),意大利罗马体育与运动大学

吉罗拉摩·特索托(Girolamo Tessuto),意大利那不勒斯第二大学

印度
贾吉德·库马尔(Gajender Kumar),印度新德里辩护人

爱尔兰/法国
苏菲·伽西亚古蒂-费祎(Sophie Cacciaguidi-Fahy),爱尔兰国立大学

日本
泰信佐藤(Yasunobu Sato),日本东京大学
岩濑(Iwase)、真映美(Maomi),日本兵库县立大学
里克·鲍威尔(Ric Powell),日本东京大学

中国澳门地区
珍·龙(Jane Lung),中国澳门理工学院

马来西亚
阿兹拉·哈希姆(Azirah Hashim),马来西亚大学

中国
王文英(Wang Wenying),中国仲裁研究院
余建龙(Yu Jianlong),中国国际经济贸易仲裁委员会

波兰
乔安娜·杰米耶尼亚克(Joanna Jemielniak),波兰华沙科兹明斯基商学院

西班牙
伊格纳西奥·巴斯克斯·奥尔塔(Ignacio Vazquez Orta)、罗莎·洛雷斯(Rosa Lorés)、伊莎贝尔·科罗拉(Isabel Corona),西班牙萨拉戈萨大学

大卫·J. A. 凯恩斯(David J. A. Cairns),B. Cremades 及联营公司事务

所争议解决合伙人

英国

珍妮特·科特里尔(Janet Cotterill),英国卡迪夫大学

约翰·贾维斯(John Jarvis),英国伦敦律师、仲裁员

博士生

韩正瑞(Han Zhengrui),香港城市大学

帕特里齐亚·阿妮萨(Patrizia Anesa),意大利贝尔加莫大学

拉里萨·德安杰洛(Larissa D'Angelo),意大利贝尔加莫大学

基娅拉·德佳诺(Chiara Degano),意大利米兰大学

劳拉·马丁内斯·埃斯库德罗(Laura Martínez Escudero),西班牙萨拉戈萨大学

戴安娜·希内尔(Diana Giner),西班牙萨拉戈萨大学

第二部分
分析与证据

第二章
解决国际仲裁的矛盾:澳大利亚的残酷教训*

〔澳〕卢克·诺塔奇(Luke Nottage)

国际仲裁领域的巨额成本和大型律师事务所

最新的实证研究甚至更多的案例证据表明,日益增加的成本和延误已成为国际仲裁中的重大难题。这听起来有些耳熟。在20世纪80年代及90年代初,有关国际商事仲裁(ICA)的类似不满已初露端倪。克里斯汀·布尔林-于勒(Christian Buehring-Uhle)在威廉姆·帕克(William Park)教授①手下进行博士论文研究时,于1994年开展了开创性的调查和采访(尽管是小范围的),部分证实了该等不满。伊芙·德扎乐(Yves Dezalay)教授和布莱特·高斯(Bryant Garth)采访了更大范围的仲裁员,对该研究进行了补充。他们揭示了该领域是如何由一些在20世纪五六十年代担任仲裁员的"元老"(多数为欧洲大陆的教授)发展起来的,以解决东西南北之间十分棘手的投资和贸易争端;但自20世纪70年代开始,越来越多来自美国律所、英国律所的律师开始进入并发展这一新兴领域。②

---

* 本章以题为"培养跨境争议解决的共同文化:澳大利亚、日本和亚太地区"的项目研究为基础,该项目由澳大利亚联邦共和国通过澳大利亚—日本基金会(隶属于外交贸易部)资助。

① Bühring-Uhle, Christian et al. (1996): *Arbitration and Mediation in International Business: Designing Procedures for Effective Conflict Management*, The Hague, Kluwer Law International.

② Dezalay, Yves and Garth, Bryant (1996): *Dealing in Virtue: International Commercial Arbitration and the Construction of a Transnational Legal Order*, Chicago, IL, University of Chicago Press.

然而,21世纪伊始,仲裁界似乎已经成功地解决了国际商事仲裁过分形式化的问题。在20世纪90年代末,一些主要仲裁机构修改了仲裁规则以鼓励提高效率,并鼓励当事人及仲裁员根据其特定需求制定仲裁程序。一些仲裁员,尤其是卡尔-海兹·波克斯提格(Karl-Heinz Boeckstiegel)教授因采取"棋钟"和其他方法以尽量减少延误而被广为拥戴。国际和国内立法者开始审阅仲裁立法以强调当事人意思自治和遵循更加精简程序的权利。[3] 尽管亚洲仲裁机构开始兴起和复苏,亚洲仲裁员在获取业务方面一开始进展相对缓慢,但当亚洲当事人在国际商事仲裁案子中开始崭露头角的时候,既定的规则和实践也受到了挑战。[4]

在21世纪第一个十年的中期,有关国际商事仲裁成本的担忧再度浮出水面。事后看来,这并不太过奇怪。各国法院民事诉讼程序的改革已经表明,更为快速的程序并不必然导致更低的成本,因为大家都趋向于着重事前准备,因而也加大了成本。[5] 举例而言,克里斯汀·布尔林-于勒在2001—2002年的后续调查中确认,仲裁员之间的态度和经历因法律背景不同而仍然存在差异,在仲裁程序中寻求和解(仲裁调解)相当艰难。[6] 莎拉·阿里(Shahla Ali)在2006—2007年开展的大规模(但仍然不是随机的)调查和采访中发现,接受其调查采访的这些在亚洲具有丰富实践经验的仲裁员对这些很有可能更为快速、经济地解决商业纠纷的方法仅仅保有

---

[3] Nottage, Luke (2000): The Vicissitudes of Transnational Commercial Arbitration and the Lex Mercatoria: A View from the Periphery, *Arbitration International*, Vol. 16, No. 1, 53-78; Nottage, Luke (2006): The Procedural Lex Mercatoria: The Past, Present and Future of International Commercial Arbitration, Vol. 6, No. 51, *Sydney Law School Research Paper*. Online at 〈http://ssrn.com/abstract=838028〉accessed 27 August 2011.

[4] Pryles, Michael, (Ed) (2006): *Dispute Resolution in Asia*, The Hague, Kluwer Law International; Kim GL (2007): East Asian Cultural Influences. In Pryles, Michael and Moser, Michael, (Eds) *The Asian Leading Arbitrators' Guide to International Arbitration*, New York, Juris, 17.

[5] See for example Zander, Michael (1997): The Woolf Report: Forward or Backwards for the New Lord Chancellor?, Vol. 16 (July) *Civil Justice Quarterly* 208.

[6] Those from the German law tradition remained open to more intense forms of ARB-MED: Bühring-Uhle, Christian et al. (2005): *Arbitration and Mediation in International Business: Designing Procedures for Effective Conflict Management*, 2nd edition, The Hague, Kluwer Law International, 122.

更为开放的态度。⑦ 克里斯汀·布尔林-于勒的研究重点在于西方的仲裁执业者,在这15年之后,莎拉·阿里的研究发现,东西方执业者对国际商事仲裁在跨境诉讼中的优点的认识更趋一致了。⑧

尤其,在比较最初调查的西方执业者(20%)及最近调查的东方执业者(36%)对国际商事仲裁程序"更加经济"这一假定优点的认识上,两者的认同度之低并无显著数据差异。正如她在后期研究中所注明的那样,尽管是在国际商事仲裁(尤其是在中国)成本趋于更低的背景下,仍然得出上述结果。⑨ 由卢卡斯·米斯特里斯(Lukas Mistelis)主导的其他近期调查和采访也展现了一直以来有关国际商事仲裁成本的担忧。⑩ 确实,这些担忧现在已经扩展到投资者—东道国的仲裁案件当中,这是随着20世纪90年代外商直接投资(FDI)领域的开放及允许投资者直接对东道国提起全部仲裁诉请的投资条约的激增而兴起的最新增长领域。⑪ 现在这本书及其统一

---

⑦ Ali, Shahla (2010): Barricades and Checkered Flags: Comparing Views on Roadblocks and Facilitators of Settlement Among Arbitration Practitioners in East Asia and the West, *Pacific Rim Law & Policy Journal*, Vol. 18, No. 2, 244-278. 虽然从她公布的数据里看不出细致的划分,她的大部分调查对象似乎在中国内地和香港地区特别活跃。

⑧ Adapted Ali, Shahla (2009): Approaching the Global Arbitration Table: Comparing the Advantages of Arbitration as seen by Practitioners in East Asia and the West, *Review of Litigation*, Vol. 28, No. 4, 799-844, 833.

⑨ Ibid, 840-841. 更为普遍地,就所有问题而言,我们预期更多来自东方的调查对象会比西方的调查对象容易看到的优点,因为在亚洲,尤其是发展中国家,法庭和民事程序的缺点更为明显。

⑩ Mistelis, Lukas (2004): International Arbitration—Corporate Attitudes and Practices—12 Perceptions Tested: Myths, Data and Analysis Research Report, *American Review of International Arbitration*, Vol. 15, Nos 3-4, 525, especially Parts II. B and II. J; and online at ⟨http://www.pwc.co.uk/eng/publications/international_arbitration_2008.html⟩, accessed 27 June 2010.

⑪ See, for example, Nottage, Luke and Miles, Kate (2010): Revising Rules in Australia and Japan for Public Interests. In Nottage, Luke and Garnett, Richard, (Eds) *International Arbitration in Australia*, Sydney, Federation Press (based on their 2009 article in *Journal of International Arbitration*, Vol. 26, No. 1); and Nottage, Luke and Weeramantry, Romesh (2009): Investment Arbitration in Asia: Five Perspectives on Law and Practice, *Arbitration International* (forthcoming, with an earlier draft at ⟨http://sydney.edu.au/law/scil/documents/2010/SCILWP21_NottageWeeramantry_updated.pdf⟩, accessed 9 September 2011), both with extensive furtherreferences. 一些定量研究对仲裁所涉成本轻描淡写,例如,Franck, Susan (2007): Empirically Evaluating Claims About Investment Treaty Arbitration, *North Carolina Law Review*, Vol. 86, No. 1, 1. 但是,她的研究所依赖的是少量公布的裁决(例如,未包括早期解决的争议,所涉费用可能十分高昂)、仲裁及律师费用(例如,不包含政府试图解决该等争议所花费的时间),并从这些少量样本提出概况结论。

国际商事仲裁中的话语与实务：问题、挑战与展望

主题⑫也揭示困扰着国际商事仲裁及整个国际仲裁领域中顽固的成本问题。

本章节探讨了上述问题的一个可能根源。首先，尽管许多评论家甚至政策制定者谈及国际商事仲裁的省钱省时，但这并不是主要因素。因此，受到 CBU 研究结果的影响⑬，当事人必须要么放弃（或即便案情对自己有利还是要和解）要么坚持仲裁——几乎不管成本。而且，要进一步分析德扎乐和嘎斯的观点，我们必须牢记律师对国际商事仲裁领域日益扩大的影响。特别是在过去 10 到 15 年，国际大型律师事务所飞速发展，导致其在该领域的主导地位日益扩张并且绝大多数均按时计费。他们通常严格实施"计费时间"制度，而不实施固定收费（例如，根据争议金额收费），这可能会导致更高的成本压力。举例而言，为了说明国际商事仲裁程序中妨碍和解的财政压力，阿里引用了一位来自西方的在一家国际律师事务所中国香港办公室工作的初级合伙人的评语：⑭

> 当我还是一位新晋合伙人时，我参与了几个仲裁案件，我在案件初期很容易就发现了和解的机会，我向其他合伙人提出了案子可轻易和解的建议。他们没有任何回应，言下之意就是该建议并不可取，因为他们计费时间的达标以仲裁程序的延长为前提。这决定了他们的年终奖。

不可否认，本章认为全球范围内大型律师事务所的兴起和计费时间业务模式与最近的有关国际商事仲裁飞速膨胀的成本问题有关。有些司法辖区，如日本，在过去十年中出现了许多大型律师事务所——先是国内所，然

---

⑫ 由中国香港特别行政区政府研究基金委员会资助的国际研究项目【项目编号 9041191（CityU 1501/06H）】项目主题为国际商事仲裁实践：话语分析研究，http://www. english. cityu. edu. hk/arbitration/，2011 年 9 月 9 日访问。

⑬ Above n. 6,128："在当事人看来，(国际商事仲裁)不是'替代性的'程序，而仅仅是在国际背景下操作的诉讼程序。作为诉讼，仲裁可以引发巨额的费用，随着程序的进行不断增加，这形成了包围国际仲裁的危机感。"

⑭ Above n. 7,268. 感谢阿里博士在她的访谈记录中确认这个人在中国香港地区的一家大型国际律师事务所工作。

后是国际所——但国际商事仲裁案件一直不多,这可能还有更多重大原因。⑮ 的确,从短期来看,这些律所和其中的国际商事仲裁专家可能在形成仲裁文化方面扮演重要的角色。然而,从中长期来看,大型商业律师事务所的典型业务模式会导致成本的增加,降低这些地区对国际商事仲裁的吸引力。如果这些专家之间的竞争高度激烈和/或工作压力太大,以至于他们希望和解或以其他方式将迟延和成本降到最低从而尽快进入下一阶段的案子,则上述情况发生的可能性肯定较低。但在已有的且"核心的"仲裁地点,如巴黎、伦敦或纽约,或现在的香港或新加坡,上述情况可能愈演愈烈,在日本或澳大利亚这样仍然在努力争取足够多的国际商事仲裁业务的国家则不然。

不可否认,在一些司法辖区也存在相反的情况,如中国香港地区,其大型律师事务所的运营模式为计时收费,但同时国际商事仲裁业务量也在持续增长。然而,更加近距离的比较分析结果表示,这一特定的增长与20世纪90年代末中国内地仲裁业务量的下滑息息相关。有争议观点表明,这与非中方当事人和其法律顾问越来越意识到有可能说服中方生意伙伴同意在香港而非大陆仲裁相关。相类似的,尽管新加坡特别是从2008年起国际商事仲裁案件大有增加,且同时有越来越多的大型国际律师事务所在新加坡立足,后者更像是新加坡国际商事仲裁业务量增长所带来的后果而非诱因。后者反而好像与近年来中国贸易的繁荣和印度的崛起更有关联。

因此,总体而言,大型律师事务所的市场支配及其计时收费制度会降低其所在地区的吸引力,这一观点相当可信。这可能可以解释为什么定量分析表明,在以1985年联合国国际贸易法委员会(UNCITRAL)国际商事仲裁《示范法》(ML)为现代仲裁立法模板的国家,包括大洋洲的许多国家,国际

---

⑮ 包括政府对国际商事仲裁的较弱支持,参见 Nottage, Luke (2004): Japan's New Arbitration Law: Domestication Reinforcing Internationalisation? *International Arbitration Law Review*, Vol. 7, No. 2, 54-60。同时,似乎大型的日本律师事务所没有像国际律师事务所那样强烈的计时收费文化,即使是在日本国外的日本律所也是这样。

商事仲裁业务量鲜有增长。⑯ 然而,由于缺乏地区内有关律师事务所兴起、特别是其计时收费实践的充分定量数据,本章采用了以澳大利亚相关发展为重点的案例研究方法。

  本章下一部分内容主要涉及澳大利亚努力发展国内仲裁和吸引国际商事仲裁案件的情况,虽然澳大利亚1989年便采纳了《示范法》。该部分内容表明,尤其是在20世纪80年代到90年代⑰,超大型律师事务所的兴起,基本上与商事争议中更广泛采用"计时收费"的方式所引发的日益严重的担忧同步。⑱ 从这一角度而言,澳大利亚于2010年6月实施的《示范法》2006年修正案以及众多其他修正案似乎并不足以在态度和实践方面引起太大的变化,这从国际商事仲裁业务增长量方面可以反映出来。大型律师事务所的商业规则甚至可以解释为什么2010年修正案相对众多其他利益相关者建议的版本而言更为保守。就与更加成熟的仲裁地(如新加坡或中国香港地区)相竞争,以及从澳大利亚到国外执业作准备方面,有任何修正案毕竟都比没有强。

  本章第二部分中的教训可能对其他司法辖区更具共鸣性,特别是那些实施了最初的《示范法》但因为国际商事仲裁业务量持续低迷而在考虑进一步修订的国家和地区。该司法辖区内大型律师事务所特别是那些在仲裁领域执业的大型律师事务所的作用可能是一个关键的变量因素。同样地,本章第三部分所详述的来源于澳大利亚经验的一些更为常规的建议对其他司法辖区而言具有相关参考性。为扩大国际商事仲裁业务,需要对管理制度,包括《仲裁法》(如有关仲裁调解的条款)以及更为宽泛的领域进行更为

---

  ⑯ Drahozal, Christopher (2004): Regulatory Competition and the Location of International Arbitration Proceedings, *International Review of Law & Economics*, Vol. 24, No. 3, 371.

  ⑰ Aronson, Bruce (2007): Elite Law Firm Mergers and Reputational Competition: Is Bigger Really Better? An International Comparison, *Vanderbilt Journal of Transnational Law*, Vol. 40, No. 3, 763.

  ⑱ See for example Mark, Stephen (2004): The Cost of Justice or Justice in Costs—The Experience of the OLSC in Handling Costs Complaints, *UNSW Law Journal*, Vol. 27, No. 1, 225(还可参见新南威尔士大法官斯皮格尔曼(Spigelman)对计时收费制度的批评,他认为这种制度会导致无效率的工作); and Chief Justice Wayne Martin's speech launching the Australian Law Week on 17 May 2010, 'Billable Hours-Past Their Use-by Date', online at ⟨http://www.lawsocietywa.asn.au/AnnouncementRetrieve.aspx? ID = 32465⟩, accessed 5 July 2010.

第二章
解决国际仲裁的矛盾:澳大利亚的残酷教训

大胆的改革。仲裁机构在开会、指定仲裁员和公布信息(即使是披露仲裁员名称的裁决文稿)时,应作好创新的准备。当事人和法务顾问应与双方外部律师和仲裁员协商更为灵活的安排。

不进行上述改革,有关国际仲裁成本和延误的抱怨将不绝于耳。该情形导致了有关效率和合法性的担忧,因为其阻碍了司法途径的畅通,维持了交易直接或间接的高成本,限制了跨境贸易和投资。[19]

解决澳大利亚本身的仲裁矛盾[20]

2010 年改革的背景

澳大利亚联邦于 2010 年 7 月 7 日颁布的联邦立法——《2010 年国际仲裁修正案法案》,原本应为澳大利亚带来国际商事仲裁的新曙光。长久以来,该国对国内和国际仲裁持有相当矛盾的态度。作为前英国殖民地的联邦,澳大利亚从英国继承了详尽的仲裁立法。[21] 以此为依据,在某些特定领域如建筑行业,可由仲裁员而非法院通过仲裁发布具有约束力的决定来解决纠纷。[22]

然而,所继承的英国传统还包括法院对仲裁程序和结果的大范围监督。在英国,这一传统可能与非专业仲裁员(很少接受过法律培训)的大量存在相关,这些仲裁员从专业领域(如全球货物贸易)的商业人士中指派以解决

---

[19] More generally, See Spigelman, JJ (2006): Transaction Costs and International Litigation, *Australian Law Journal*, Vol. 80, No. 7, 438.

[20] 经过作者和出版社的同意,这一部分对卢克·诺塔奇(Nottage, Luke)和理查德·加内特(Garnett, Richard)(2010)的第二部分有所删减。In Nottage, Luke and Garnett, Richard (2010): Introduction. In Nottage, Luke and Garnett, Richard, (Eds) (2010): *International Arbitration in Australia*, Sydney, Federation Press, 1-37.

[21] 在国内日益流行的是使用仲裁(和调解)解决某些行业纠纷,参见 Owens, R. J. and Riley, Joellen (2007): *The Law of Work*, South Melbourne, Oxford University Press, Chapter 3 (with a 2nd edition in preparation)。然而,该等创新并没有引发商事争议仲裁(本书的重点)的蓬勃发展。

[22] 然而,即便是在这里,私密的基于成文法的(裁决)专家决策机制开始流行起来,参见 Davenport, Philip (2004): *Adjudication in the Building Industry*, 2nd edition, Annadale, NSW, Federation Press.

主要涉及事实问题而非法律问题的争议。[23] 但司法监督与英国的律师制度相适应,律师常被任命为仲裁员以裁判(更具法律性的)争议,也会被任命为法官,他们可能喜欢"保持介入"以在退休后能够证明自己具有再担任仲裁员的资格。确实,正如新南威尔士州的首席大法官(当时上诉法院的主席)在拉格诉沙利文(Raguz v. Sullivan)一案中所指出的那样,在20世纪英国法官密切监督仲裁的一个更为直接的动力是:仲裁从法院那里分了案子,而法院当时的主要经费来源于办案费用而非政府经费。[24]

拉格一案,是发生在2000年悉尼奥林匹克运动会期间的一宗体育仲裁上诉案,[25]其背景为新南威尔士州1985年《商事仲裁法》(CAA)。该法采用了20世纪80年代澳大利亚所有州和领土所统一采用的立法形式,深受英国1980年《仲裁法》的影响。该两套立法都有突破,均允许当事人通过仲裁条款约定排除因仲裁员法律错误而向法院上诉,但仅限于国际仲裁。拉格一案中的法院遵循下述理解(目前已被全球广泛认可),即国际仲裁通常是指当事人所选择的"位置"系在国外的仲裁(在该案中为瑞士,管理重大国际体育仲裁的体育仲裁"法院"的所在地),即使一些或全部听证发生在当地(在该案中为悉尼)。

然而,就仲裁员法律错误而言,目前国内仲裁中当事人不太愿意为寻求更为快速和确定的裁决而排除法院监督。澳大利亚《商事仲裁法》并未使仲裁在解决国内争议方面的地位显著提高。仲裁员经常因"技术上的不当

---

[23] 这种浅显的"听嗅仲裁"在远离全球商品市场的澳大利亚在过去和现在都不普遍,尽管澳大利亚有大量的自然资源和初级产品出口。

[24] See *Angela Raguz v. Rebecca Sullivan & Ors* [2000] NSWCA 240 at [47] per Spigelman, C. J. and Mason, P., drawing on Mason, Keith (1999): Changing Attitudes in the Common Law's Response to International Commercial Arbitration, *The Arbitrator* [now: *The Arbitrator and Mediator*], Vol. 18, No. 2, 73.

[25] See also Sturzaker, Damian and Godhard, Kate (2001): The Olympic Legal Legacy, *Melbourne Journal of International Law*, Vol. 2, No. 1, 241 and more generally Holmes, Malcolm (2005): The CAS: A Case Study of an International Arbitration Institution, *Australian Bar Review*, Vol. 27, No. 1, 56.

行为"(例如,《商事仲裁法》项下的不当行为)被澳大利亚法院质疑。㉖ 确实,甚至或尤其是在建筑争议领域,有关仲裁变得太像"没有假发的诉讼"的担忧导致了 20 世纪 80 年代末私人提供的调解和其他替代性争议解决(ADR)服务的发展。㉗

在发展具体以国际商事仲裁为重点的立法框架的时候,澳大利亚有些矛盾。一方面,在采用 1958 年《关于承认和执行外国仲裁裁决的纽约公约》(简称《纽约公约》)方面,澳大利亚的进程相对缓慢,于 1974 年《国际仲裁法案》(IAA)中才承认其效力。㉘《纽约公约》旨在仲裁程序的最后重要阶段发挥作用;但通过要求当地法院在除列明的情形下保持司法程序(《纽约公约》第 2 条),其也在最初阶段为外国仲裁程序加强了支持。

另一方面,1989 年澳大利亚相对迅速地将《示范法》纳入国际仲裁法案。联合国国际贸易法委员会于 1985 年颁布了《示范法》(并于 2006 年修订)以作为那些通过立法为境内国际仲裁的开展提供进一步支持的司法辖区制定仲裁程序法的模板。《示范法》由众多不同司法辖区(包括许多欧洲大陆民法传统辖区或者深受该传统影响的辖区)的代表一致达成,且相对英国法传统而言,该法纳入了更多有关当事人意思自治的约定,缩小了司法干预的范围。例如,法院可以撤销国际仲裁(定义见第 1 条,包括如当事人营业地在不同州的情形)裁决的理由(在第 34 条中列明)不包括仲裁员适用法律错误(即使是严重错误)。然而,起初澳大利亚《国际仲裁法案》的确允许当事人脱离《示范法》而采用《商事仲裁法》制度。这的确给法院审查重大错误(即使是国际争议中的错误)留有一定余地——除非当事人,像

㉖ See Donnenberg, Vicki (2008): Judicial Review of Arbitral Awards under the Commercial Arbitration Acts, *Australian Bar Review*, Vol. 30, No. 2, 177.

㉗ 澳大利亚替代性争议解决的发展,参见 Nottage, Luke (2009): Comparing ADR in Australia and New Zealand: Introduction and Update, 22 *SCIL Working Paper*. Available at: http://sydney.edu.au/law/scil/documents/2009/ SCILWP22_Nottage. pdf [accessed 27 June 2010]。就英国建筑方面争议解决的行成,参见 Flood, John and Caiger, Andrew (1992): Lawyers and Arbitration: The Juridification of Construction Disputes, *Modern Law Review*, Vol. 56, No. 3, 412。

㉘ 有关纽约公约在全球范围内各成员的加入日期(及保留),以及公约文本,参见 http://www. uncitral. org,2010 年 6 月 27 日访问。《国际仲裁法》(和《商事仲裁法》,以及一些澳大利亚案例法)的文本可以通过 Austlii 获得, http://www. austlii. edu. au,2010 年 6 月 27 日访问。

拉格一案中那样,通过达成进一步协议排除了该种可能性。㉙ 与《示范法》的方式一致,该制度不仅尊重当事人意思自治,同时也使得澳大利亚的政策制定者在 1989 年更容易接受将《示范法》纳入《国际仲裁法案》。

和其他快速采纳《示范法》以使仲裁立法现代化和精简化的司法辖区一样,如中国香港地区(在 1989 年采用了《示范法》)和新加坡(虽然直到 1994 年才采用),澳大利亚以吸引更多的国际商事仲裁案件到其国内为目标。这不仅可以给澳大利亚仲裁员、律师和仲裁机构带来更多的专业收费,还可以随之为相关服务行业,如住宿和旅游,带来收益。早在 1985 年,澳大利亚国际商事仲裁中心(ACICA)已设立,最初设立于墨尔本,但在其形成期间也处理一些国内争议。㉚ 在 1990 年当许多超大型全国性律师事务所开始在澳大利亚形成的时候,政府还在律政部(相当于澳大利亚司法部)内设立了国际法律服务顾问委员会(ILSAC)以"提高澳大利亚法律和相关服务的国际地位……和履行"。㉛ 国际法律服务顾问委员会的成员来自于公共和私有领域,注重国际商事争议解决以及全球法律服务和市场进入、国际法律合作以及国际法律教育和培训。

然而,颁布为国际仲裁量身订制的立法——即使是《示范法》——是吸引更多国际商事仲裁业务到该辖区内的必要而非充分条件。㉜ 问题一部分在于《示范法》本身,其对意思自治的强调无疑创造了定制仲裁协议及实施灵活的仲裁程序的可能性,这更能满足商业社会中大多数人以及政府和整个法律制度的期待。就商业争议而言,当事人通常寻求一个以一些最低公

㉙ Above n. 24. 一些澳大利亚(和新加坡)案例法允许排除示范法,参见 Nottage, Luke and Garnett, Richard, (Eds) *International Arbitration in Australia*, Sydney, Federation Press, Part III. B. 澳大利亚在解决这个问题方面晚了一步,且解决方式较为粗糙,在国际仲裁法 2010 年修正案中,仅仅删除了任何选择排除——至少对 2010 年 7 月 6 日后达成的仲裁协议是这样(但是在下述文本中留下了一个"黑洞")。Compare also Nottage, Luke and Garnett, Richard (2010): The Top Twenty Things to Change In or Around Australia's International Arbitration Act, in ibid (Eds), Part IV. A.

㉚ See generally:⟨http://www.acica.org.au⟩[accessed 27 June 2010].

㉛ See:⟨http://www.ilsac.gov.au/⟩[accessed 27 June 2010].

㉜ See also, for exmple, Drahozal, above n. 16.

平标准为基础,但可快速、经济地得出最终结果的争议解决机制。㉝

但《示范法》仍然需要就在全球立法或实践中引起重大差异的众多不同问题作出规定,即使明示或暗示地表述为"默认规则",当事人如有相反约定,则以当事人的约定为准。采纳《示范法》的司法辖区,包括澳大利亚,通常会加入进一步的或不同的规定。㉞ 制定更为详细的规则可以为更为正式的法律推理打开空间,这受到各地,尤其是有英国法律传统的地区(如澳大利亚)的法律职业者的喜爱。㉟ 当律师同客户合作起草并与客户的对家协商不同协议的时候,自由协定的窗户进一步打开了,但这在之后可能受制于法院的审查。

此外,尽管是相当泛泛的规定,《示范法》坚持程序公正的基本原则,例如所有当事人在仲裁程序中享有同等的陈述机会(第18条)。政府和法律体系要求该等最低标准以维持对该制度的基本公众信任,该制度在众多不同方面受益于公众支持,包括相对其他以合同为基础的关系的执行制度而言更为有利的执行制度。

因此,采纳《示范法》的司法辖区是否在事实上将吸引更多的国际商事仲裁案件将取决于许多其他因素。其中一个因素即法院如何解释其条款。如果司法辖区(如澳大利亚)面对在该地从未真正处理过许多国际商事仲裁案件的困境——更不用说有关该等案件的法院质疑和判决,则很难预测。

㉝ See, for exmple, Rubino-Sammartano, Mauro and Kantor, Mark (2006): Is Full Armor Absolutely Necessary to the Arbitration Process?, *American Review of International Arbitration*, Vol. 17, No. 4, 615;自2002年起,克莱顿尤治律师事务所/悉尼大学国际仲裁讲座系列有许多演讲,http://www.ialecture.com,2010年6月27日访问;伦敦大学研究者主导的关于使用者态度的实证研究(上文注释10)和香港城市大学研究者关于国际商事仲裁话语和实践的实证研究,http://www1.english.cityu.edu.hk/arbitration,2010年6月27日访问。

㉞ See generally, Sanders, Pieter (2004): *The Work of UNCITRAL on Arbitration and Conciliation*, 2nd edition, The Hague, London, Kluwer Law International.

㉟ See Atiyah, Patrick and Summers, Robert (1987): *Form and Substance in Anglo-American Law: A Comparative Study of Legal Reasoning, Legal Theory, and Legal Institutions*, Oxford, Oxford University Press, extended for example in Nottage, Luke (2000): Practical and Theoretical Implications of the Lex Mercatoria for Japan: CENTRAL's Empirical Study on the Use of Transnational Law, *Vindobona Journal of International Commercial Law and Arbitration*, Vol. 4, No. 2, 132, and Nottage, Luke (2007): Changing Contract Lenses: Unexpected Supervening Events in English, New Zealand, US, Japanese, and International Sales Law and Practice, *Indiana Journal of Global Legal Studies*, Vol. 14, No. 2, 385.

这样的司法辖区还可能面临一个更大的风险,即早期立法或观点不断重申(即便是间接的),进而导致《示范法》制度的解释偏离其他地区所广泛认同的解释。这些司法辖区还趋向于引发大量不正常的国际商事仲裁案件,这些案件涉及有关协议执行的国外仲裁或外国裁决的执行。[36] 更为深广的狭隘观念可能也会占有一席之地。[37] 这些司法辖区内的法院将需要不断表明其尽可能支持国内和国外当事人及仲裁员自治的态度,且支持程度同其他采纳《示范法》和《纽约公约》的司法辖区一样。

如果法院行动不足,正如澳大利亚在20世纪90年代以及21世纪初所发生的那样,[38] 立法须作好立刻介入的准备。政府也可通过审查和修改其他立法框架,以帮助尽量降低早期传统的影响,尤其是在国内争议方面。中国香港地区和新加坡在统一境内仲裁立法以更接近《示范法》制度方面均相对迅速,新加坡在推翻两个有关处理退出《示范法》的成文法规定的法院判决方面尤其表现出了积极的态度。[39] 为突破法院及律师逐渐建立起来的复杂先例,经常需要立法纠正,这常常伴有最善意的企图,且该机制常常塑造最佳普通法法官。[40] 然而,过度正式化的风险常常与国际法律文件的介入相伴,这些文件由外国立法者煞费苦心地起草制定,但仍然由不同的

---

[36] 处理《国际仲裁法》的公布判决梳理大量增长,尤其是在过去十年里,但是这些绝大多数涉及裁决的执行。See Sanig, Michael (2009): Exclusive Jurisdiction—A Matter of National Interest, *Australian ADR Reporter* (*Chartered Institute of Arbitrators Australia*), Vols 10-11, 18. 他的初步实证研究发现,从2000年到2009年中期有55个不同的案件涉及发布的一个判决(40%在联邦法院,33%在新南威尔士高院,18%在维多利亚高院;与1990年到1999年的20%形成对比)。

[37] More generally, see also Crawford, James (2009): International Law in the House of Lords and the High Court of Australia 1996—2008: A Comparison, *Australian Yearbook of International Law*, Vol. 28, 1 (earlier available at: http://law.anu.edu.au/Cipl/Lectures&Seminars/2008/KirbyLecture_Crawford.pdf [accessed 27 June 2010]) and Volume 27 of that Yearbook.

[38] See Garnett, Richard (1999): The Current Status of International Arbitration Agreements in Australia, *Journal of Contract Law*, Vol. 15, No. 1, 29; and some subsequent case law introduced in Nottage and Garnett, above n. 29.

[39] Above n. 29.

[40] See, for example, Rishworth, Paul (1997): *The Struggle for Simplicity in the Law: Essays for Lord Cooke of Thorndon*, Wellington, Butterworths.

第二章
解决国际仲裁的矛盾:澳大利亚的残酷教训

国家法院而非超国家的司法机构来解释。[41]

　　法学家们如果认定"既定的公认黑字法"——条约、成文法和案例法——必然在很大程度上影响着商业决策(包括跨境争议在哪里仲裁),那就太过武断了。中国通过国际经济贸易仲裁委员会(贸仲)成为亚太地区第三个见证国际商事仲裁案件快速增长的司法辖区。但是,中国的仲裁法改革发生得相当晚且并未直接参照《示范法》,使得国外很难获取或评估中国的判例法。[42] 贸仲业务的膨胀受到许多因素的影响,其中一个因素是中国政府鼓励国有企业和其他公司争取到贸仲仲裁,以及法院体系内的顽疾。业务膨胀的另一直接因素是1979年中国改革开放之后,跨境贸易和投资的巨额增长。因而,不可避免地导致争议的增加。与像澳大利亚这样有着与更广泛的经济伙伴发展关系的传统的国家相比,新加坡,尤其是中国香港地区,也从这个姗姗来迟的"中国繁荣"中获益。特别是新加坡也从政府处获得了对新加坡国际仲裁中心(SIAC,于1991年建立)较为大力的支持。[43]

　　有些奇怪的是,这三个亚洲司法辖区进一步因澳大利亚努力争取区域内的合作而获益,澳大利亚鼓励商业人士选择在更近的地方而非传统的、很远的"核心"仲裁地区(欧洲及美国)进行仲裁。从20世纪90年代末开始,澳大利亚同其他许多亚太司法辖区一样,为国际商事仲裁采纳了一个

---

　　[41] 对国际商事法律制定更为普遍的批评,参见 Stephan, Paul (1999): The Futility of Unification and Harmonisation in International Commercial Law, *Virginia International Law Journal*, Vol. 39, 743 (earlier version available at: http://papers.ssrn.com/sol3/papers.cfm?abstract_id=169209 [accessed 27 June 2010])。

　　[42] See, for example, Wang, Sheng Chang and Hilmer, Sarah (2006): China Arbitration Law v. UNCITRAL Model Law, *International Arbitration Law Review*, Vol. 9, No. 1, 1; Peerenboom, Randall (2001): Seek Truth from Facts: An Empirical Study of Enforcement of Arbitral Awards in the PRC, *American Journal of Comparative Law*, Vol. 49, No. 2, 249. 有关国际商事仲裁案件量的比较数据信息,请参见本章后文。

　　[43] 参见2008年揭牌的"麦斯威尔商会", http://www.maxwell-chambers.com/, 2010年6月27日访问。

类似的(以《示范法》为基础的)立法框架。㊹ 受益于此,一些澳大利亚仲裁员在该区域各地的仲裁程序中变得十分活跃。这些程序由更加新的机构如新加坡国际仲裁中心,或"核心"机构如国际商会主导,该机构近期通过在中国香港地区和新加坡设立办公室以争取更多的亚洲客户。㊺ 例如,作为澳大利亚国际商事仲裁中心的长期主席,麦克·普莱尔(Michael Pryles)博士担任许多仲裁机构的仲裁员,包括新加坡国际仲裁中心,他于2009年被任命为新加坡国际仲裁中心的主席。在2004年于悉尼召开的一个会议当中,他曾提议澳大利亚国际商事仲裁中心在建立亚太地区仲裁集团(亚太地区仲裁集团)方面起主导作用。㊻ 该集团是一个区域性的仲裁机构和组织(现有30个)的联合,旨在提高国际仲裁的标准和认知度(主要通过区域内的年度会议),以及代表区域向各个国家组织和国际组织提交意见。㊼

该等举措,与那些个体机构和政府采取的措施以及亚太经贸合作组织(APEC)项目一起,㊽无疑对亚洲范围内的国际商事仲裁活动起到了整合和进一步刺激增长的作用。如果要扩张业务,则需要对"供方"进行努力改善以满足(可能甚至是刺激)以区域内大量经济增长为基础的跨境争议解决服务的需求,这在十年前已十分明显。㊾ 的确,在1997年亚洲金融危机以

㊹ See further Secomb, Matthew (2000): Shades of Delocalisation: Diversity in the Adoption of the UNCITRAL Model Law in Australia, Hong Kong and Singapore, *Journal of International Arbitration*, Vol. 17, No. 5, 123.

㊺ See: http://www.iccwbo.org/index.html? id = 34530 [accessed 27 June 2010]; and Greenberg, Simon, ICC Arbitrations and Australia. In Nottage, Luke and Garnett, Richard, (Eds), (2010): *International Arbitration in Australia*, Sydney, Federation Press, 122-36. 一项有关2000年至2005年提交的国际商会仲裁的研究表明,与东亚当事人日益增长的比例相比,以东亚国家为仲裁地的比例和有东亚国家背景的仲裁员的比例相对较低。Kim, above n. 4, 33-6.

㊻ See Pryles, Michael (2004): The Asia Pacific Regional Arbitration Group, *American Review of International Arbitration*, Vol. 15, No. 2, 311.

㊼ See: http://www.aprag.org/ [accessed 27 June 2010].

㊽ 参见亚太经贸合作组织关于跨境争议解决的多个能力建设项目, http://www.apec.org/Groups/Committee-on-Trade-and-Investment/Investment-Experts-Group.aspx, 2011年9月9日访问。

㊾ See, for example, Pryles, Michael (1997): *Dispute Resolution in Asia*, The Hague, Boston, Kluwer Law International (with the latest third edition was published in 2006). See also Thirgood, Russell (2004): International Arbitration: The Justice Business, *Journal of International Arbitration*, Vol. 21, No. 4, 341.

第二章
解决国际仲裁的矛盾:澳大利亚的残酷教训

及随之而来的(为期较短的)实体经济停滞之后的几年,国际商事仲裁案件申请数量达到了前所未有的水平,我们预计2008年全球金融危机之后将发生同样的情况。[50] 然而,令澳大利亚当事人和法律从业者脱离欧洲或美国仲裁导致了国际商事仲裁业务在贸仲、新加坡国际仲裁中心和香港国际仲裁中心的剧烈增长。[51] 这三个机构在过去十年左右不仅从其接收的国际商事仲裁案件数量的绝对增长中获益,还从年度增长率中整体获益。

然而,澳大利亚—亚洲的其他一些仲裁机构(例如韩国商业仲裁委员会和吉隆坡区域仲裁中心)虽然基数要低得多,也开始见证大量的业务增长。不幸的是,同日本商事仲裁协会同病相连,澳大利亚国际商事仲裁中心目前不属于其中之一。即使是算上其他仲裁机构(如国际商会)负责的仲裁案件[52]和临时仲裁(针对临时仲裁,基本上从来获取不了任何综合数据),每年在澳大利亚境内仲裁的国际商事仲裁案件仍然不超过十二个。

澳大利亚的贸易流通结构可能是一个更深层次的原因。大量(常常是大额)的自然资源及其他货物出口(与相关投资一起)经常是发生在具有长期合作关系和行为准则(可能包括将仲裁作为最终保障,如英国)的"老伙伴"之间。然而,即使是在这些领域,新参与者也在快速崛起,澳大利亚出口许多其他种类的货物和服务,这给其他地区带来了国际商事仲裁案件,而且澳大利亚本身也进口许多不同的产品。[53]

---

[50] 有趣的是,虽然也可能涉及其他因素,上海国际仲裁中心截至2009年12月31日处理160个案件,其中132个由上海国际仲裁中心负责管理,比2008年增加了64%。同时,韩国商事仲裁委员会2009年处理了78个国际仲裁案件(和215个国内案件),而2008年国际仲裁案件是47个,国内案件是215个。See APRAG, *Regional Arbitration Updates*(May 2010), 5 and 9, available at:http://www.aprag.org/ [accessed 25 June 2010].

[51] See Appendix I to Nottage, Luke and Garnett, Richard, above n. 19, 32-3, also accessible via Nottage, Luke, 'International Commercial Arbitration Reform in Australia, Japan and Beyond'(12 July 2010), online at⟨http://blogs.usyd.edu.au/japaneselaw/2010/07/international_commercial_arbit.html⟩, accessed 17 March 2011. See also Greenberg, Simon, Kee, Christopher and Weeramantry, Romesh (2011): *International Commercial Arbitration: An Asia-Pacific Perspective*, Melbourne, Cambridge University Press,尤其是有关亚洲仲裁发展的第1章。

[52] See Greenberg, above n. 45.

[53] 有关澳大利亚跨境贸易和投资的概览,http://www.dfat.gov.au/aib/trade_investment.html,2010年6月27日访问。

总之,许多活跃的仲裁地(如新加坡或中国香港地区,同时也如瑞士和法国)吸引着那些甚至不涉及当地公司的国际商事仲裁活动。第三国当事人选择这些司法辖区,一部分原因是因为这些地区的中立性。特别是在该等情形下,地理便利成为除习惯的作用和更广泛的经济形势(如中国兴起)外的另一个重要因素。澳大利亚在这一方面无疑存在痛点,但问题似乎并不是不可解决的。例如,它可以作为东亚和智利当事人,或新西兰和东南亚当事人之间的便利(或至少对双方都不便利)仲裁地。尤其是那些标的较小或不太复杂的纠纷,当事人总是有可能摒弃口头听证或(在当今社会)使用视频会议。

因此,持续低迷的国际商事仲裁活动,或"被遗忘的澳大利亚",引发了澳大利亚政策制定者和法律职业者们日益严重的担忧。正如前文表述的那样,该地区其他区域国际商事仲裁的发展可以使澳大利亚的仲裁员间接受益,也可以使澳大利亚律师(为其典型的澳大利亚客户在澳大利亚外的仲裁提供咨询和代理服务)和教育者(培训这些澳大利亚专业人员,或那些国外的人员,他们可学习他们祖国经常采纳的核心国际文件)受益。然而,澳大利亚在专家费用和更广泛的仲裁相关服务的收入方面仍然不足。尽管许多到欧洲、美国或现在的亚洲去执业的人常常又返回澳大利亚,但依旧面临有能力的执业者"人才外流"的风险,即使意味着他们在回来时必须要转变执业方向。澳大利亚只有较少的激励机制,并因此缺乏使用国际商事仲裁最佳实践来改善国内仲裁、其他替代性争议解决制度和实践、投资者—东道国争议解决(特别是根据投资条约)[54]、甚至是民事诉讼程序的机会。

因此,早在21世纪,律政部设立了一个非正式的组织以开始讨论以《示范法》为基础的《国际仲裁法案》立法改革的可能性。但是会议的召开并不频繁,且在联合国国际贸易法委员会决定就修订1985年《示范法》开始正

---

[54] More generally, see Bath, Vivienne and Nottage, Luke, (Eds) (2011): *Investment Law and Dispute Resolution Law and Practice in Asia*, London, Routledge.

式国际讨论后,就搁置了。㊾律政部派工作人员代表澳大利亚参加了联合国国际贸易法委员会在维也纳和纽约的大多数会议,但也有时候依赖私人领域的执业者参与会议。《示范法》制度日益凸显的重要性和知名度转而导致了《商事仲裁法案》修订的中止,《商事仲裁法案》是基于1996年英国《仲裁法》及后续(相当复杂的)案例法发展起来的,㊿已经进展到了由维多利亚和新南威尔士官员起草的修正案阶段。在联合国国际贸易法委员会于2006年取得修订《示范法》的国际一致同意(以及像新西兰这样的国家立即决定采用该等修订以更新其仲裁立法)后,㉗要求澳大利亚联邦政府"行动"的压力再度浮现。

由于私有领域的举措,侧面压力也在升级。澳大利亚最大的六家律师事务所同意提议悉尼为仲裁地,且将一个具有吸引力的网站公之于众。㉘澳大利亚国际商事仲裁中心颇有效率地将其办公总部从墨尔本搬到了悉尼(尽管在2010年前仍然没有专用办公地点),并在珀斯设立了一家分支机构。它也开始与其他仲裁组织,特别是特许仲裁员协会澳大利亚分部(CIArb),开展更为紧密的合作。㉙自2004年起,澳大利亚国际商事仲裁中心引进新的专家成员以组建规则委员会,该委员会制定的规则即澳大利亚

㊾ See generally Sorieul, Renaud (2000): Update on Recent Developments and Future Work by UNCITRAL in the Field of International Commercial Arbitration, *Journal of International Arbitration*, Vol. 17, Part 3, 163. See also:⟨http://www.uncitral.org/uncitral/en/commission/working_groups/2Arbitration.html⟩, accessed 27 June 2010.

㊿ 有关英国相关发展的批评,参见 Marriott, Arthur (2006): Breaking the Dispute Deadlock, *Arbitration International*, Vol. 22, No. 3, 411。

㉗ See Nottage, Luke (2008): Reforming International Commercial Arbitration (ICA) Law: The UN, New Zealand—Why Not Australia?, *Australian ADR Reporter*, Vol. 7, 15. Online at:⟨http://sydney.edu.au/law/scil/documents/2009/SCILWP6Finalised.pdf⟩, accessed 27 June 2010.

㉘ See:⟨http://www.sydneyarbitration.com/⟩(包含一些不严肃的因素,如牡蛎的价格对比); and more generally:⟨http://www.acica.org.au/sydney_arbitration.html⟩, both accessed 9 September 2011.

㉙ 例如,许多澳大利亚国际商事仲裁中心的成员属于特许仲裁员协会,或向其新出的季度期刊《澳大利亚替代性争议解决通讯员》投稿,参见 http://www.ciarb.org/branches/australasia/australia-branch/,2011年9月9日访问。特许仲裁员协会一贯重视国内仲裁(如澳大利亚仲裁员和调解员机构),参见 http://www.iama.org.au, 2010年6月27日访问。与澳大利亚仲裁员和调解员机构不同,特许仲裁员协会不管理仲裁。

国际商事仲裁中的话语与实务：问题、挑战与展望

国际商事仲裁中心《2005 年仲裁规则》。⑩ 律政部为宣传这些规则提供了一些有限的财政支持。这些规则还构成了澳大利亚国际商事仲裁中心《2008 年快速仲裁规则》的基础，该规则旨在适用于较小或较简单的争议。那些规则反而被澳大利亚海事和交通仲裁委员会（AMTAC）在仲裁中作为核心规则，澳大利亚海事和交通仲裁委员会是澳大利亚国际商事仲裁中心内部于 2007 年设立的，是为亚太地区运输和交通争议的解决提供专家服务的机构。⑪

澳大利亚和亚洲许多地方也经历了更为广泛的更新换代。在欧洲——国际商事仲裁早期发展的地方——和之后的美国，新一代的仲裁专家，包括具有天赋的更为年轻的执业者和教授，已经开始崛起。国际商会和其他主要仲裁机构开始设立"年轻仲裁员"团体，提供更多分享和积累国际商事仲裁相关经验的非正式的及相互交流的机会。熟悉该等举措的澳大利亚专家，经常定期到欧洲或美国执业或调研，与其他人一起在 2004 年设立了国际仲裁澳大利亚论坛（AFIA）。该论坛也主办非正式的研讨或活动，有时候也提交涉及公共利益的仲裁问题。⑫ 许多成员通过实际仲裁程序（尽管大多数在澳大利亚之外进行）或国际商业仲裁赛会的模拟仲裁程序或其他针

---

⑩ 直到那时，澳大利亚仲裁员和调解员机构适用 1976 年联合国国际贸易法委员会仲裁规则管理国际商事仲裁案件。2005 年澳大利亚仲裁员和调解员机构仲裁规则仍以该等联合国国际贸易法委员会规则为基础，但会受到审查。See Greenberg, Simon, Nottage, Luke and Weeramantry, Romesh, ACICA's Arbitration Rules of 2005—Revisited。见 Nottage, Luke and Garnett, Richard,（Eds）(2010): *International Arbitration in Australia*, Sydney, Federation Press. 然而，考虑到澳大利亚仲裁员和调解员机构在管理仲裁案件方面采取更为积极的角色的可能性，委员会（我自 2004 年起在那里就职）也讨论并起草了一些其他条款。

⑪ See:⟨http://www.acica.org.au/amtac.html⟩, accessed 9 September 2011.

⑫ See:⟨http://afia.asia/⟩, accessed 17 March 2011. 国际仲裁澳大利亚论坛的活动主要由大型律师事务所主办（但有一次是在悉尼法学院），地点为悉尼或墨尔本（但是前后也有越来越多的大型活动在更为广泛的大洋洲地区举办）。

对学生的仲裁比赛,在国际商事仲裁方面有相当丰富的经验。[63] 这一局面得到了澳大利亚各个大学所提供的仲裁课程、研究和其他措施的支持。[64]

立法史:概论

在2007年大选中,由凯文·路德(Kevin Rudd)和劳动党领导的一个组织从约翰·霍华德(John Howard)领导的组织手中夺得对众议院的控制权,而约翰·霍华德自1996年起便担任澳大利亚的首相。路德的新任司法部长罗伯特·麦克勒兰德(Robert McClelland)发起了旨在减少法庭内外争议解决复杂程度、成本和延误情况的数起审查。[65] 2008年11月21日,他宣布对《国际仲裁法案》进行正式审查,律政部发布了讨论稿(DP)要求在较为紧张的期限内上交意见。该审查的目的在于该法案是否需要进行如下修改:

- 保证其提供一个规范澳大利亚国际仲裁的全面的、清晰的框架;
- 在尊重仲裁最基本的合意的基础上,提高仲裁程序的有效性和效率;和
- 考虑是否采纳外国仲裁法的"最佳实践"发展。

该讨论稿特别提及了《国际仲裁法案》修正案可以使澳大利亚对国际商事仲裁更有吸引力的希望,尤其是在亚太地区。在澳大利亚的夏季期

---

[63] See 〈http://www.cisg.law.pace.edu/vis.html〉, accessed 27 June 2010 (in Vienna since 1993) and 〈http://www.cisgmoot.org/〉, accessed 27 June 2010 (in Hong Kong since 2003), and generally Nottage, Luke (1999): Educating Transnational Commercial Lawyers for the 21st Century: Towards the Vis Arbitration Moot in 2000: Part Two, *Hosei Kenkyu* [*Kyushu University*], Vol. 66, No. 1, F1. 这是培养国际商事仲裁技能的多数新机遇中的一个,澳大利亚相关人士占了主导地位,http://sydney.edu.au/law/anjel/content/anjel_teaching_comp.html, 2010年6月27日访问。

[64] See Nottage, Luke (2007): International Arbitration and Commercial Law Education for an International World. In Deguchi, Masa and Storme, Marcel, (Eds) *The Reception and Transmission of Civil Procedural Law in the Global Society*, Antwerp/Apeldoorn, Maklu, 71-80 (also at 〈http://ssrn.com/abstract=838030〉).

[65] See 〈http://www.attorneygeneral.gov.au/〉, accessed 27 June 2010; and for example, Nottage, Luke and Green, Stephen (2011): Who Defends Japan? Government Lawyers and Judicial System Reform. In Wolff, Leon, Nottage, Luke and Anderson, Kent, (Eds) *Who Judges Japan? Popular Participation in the Japanese Legal Process*, Cheltenham, Edward Elgar(关于削减政府法律成本)。

间,总共收到了来自个人(包括本卷的编辑)、组织(如澳大利亚国际商事仲裁中心、国际仲裁澳大利亚论坛和特许仲裁员协会澳大利亚分部)和其他团体(包括司法机关)的30份意见书。⑯

(当时的)新南威尔士首席法官在2009年2月2日悉尼的演说当中,也追随主流舆论表达了对澳大利亚商事仲裁制度的其他担忧:⑰

> 我们总是提议并强调商事仲裁作为商业争议解决的一种方式,但商事仲裁还未成为一种更为节约成本的争议解决模式。我们统一的国内仲裁立法体制现在已经十分落后,亟须全面改写。1984年实施的国家制度还未根据国际最佳实践的改变进行调整。当然,在我们这个联邦,在多个辖区就这样一个技术问题达成一致总是会发生延误。商事仲裁法案改革方面的延误现在十分令人尴尬。在这个时代,基于最低标准原则所达成的和谐是不合时宜的。

> 在我看来,走出僵局的途径是将《示范法》作为澳大利亚国内仲裁法来适用。该法是一个可运作的体制,现在受制于联邦层面的审核。将其作为澳大利亚国内仲裁法来适用将给国际商事仲裁社会发出这样的信号:澳大利亚在担任国际仲裁中心的角色方面是认真严肃的。在这方面,我们的竞争者们,如中国香港地区或新加坡,并未对其境内和国际仲裁制度界定严格的界限。我们也不应该如此。

澳大利亚首席检察官常务委员会(SCAG)在2009年4月16日至17日召开的会议中对这一路线达成了一致,以作为对上述呼吁的回应:⑱

---

⑯ 和讨论稿一起,大多数意见书可参见 http://www.ag.gov.au/internationalarbitration, 2010年6月27日访问,还可参见这些意见书的概要 http://sydney.edu.au/law/scil/documents/2009/ArbitrationTableSummary_Nottage.pdf, 2011年9月9日访问。

⑰ See 〈http://www.lawlink.nsw.gov.au/lawlink/Supreme_Court/ll_sc.nsf/vwFiles/Spigelman020209.pdf/$file/Spigelman020209.pdf〉, accessed 27 June 2010 (18-19)。

⑱ 参见2009年4月决议摘要, http://www.scag.gov.au/lawlink/SCAG/ll_scag.nsf/pages/scag_meetingoutcomes, 2010年6月27日访问(重点补充)。2009年10月15日的征询稿, http://www.scag.gov.au/lawlink/SCAG/ll_scag.nsf/pages/scag_pastconsultations, 2010年6月27日访问,澳大利亚首席检察官常务委员会在2010年5月7日宣布同意商事仲裁法案草案的内容。

部长们同意起草新的基于《示范法》的有关国际商事仲裁的统一商事仲裁立法,并以任何必要的或适合国内体制的其他规定作为补充。这一《示范法》草案旨在执行商事仲裁的首要目的,即提供比诉讼更为快速、便宜和非正式的终局性争议解决方法。司法机关在采纳该《示范法》草案前,将询问利益相关者的意见。

2009年11月25日,司法部长向众议院提交了《国际仲裁法修正案》。他在后来的发言("二读")中表示,改革"将确保法案保持在国际仲裁最佳实践的最前沿",并总结道:"该法案将不仅帮助澳大利亚各个行业解决纠纷,并将确保提高澳大利亚作为世界各地当事人争议解决仲裁地的吸引力"。司法部长强调,如果禁止非《示范法》制度项下的国际仲裁,将减少困惑;该修正案在采纳联合国国际贸易法委员会对《示范法》的2006年修正案同时,将为当事人增加新的选择性条款;以及,进一步的新的解释性的条款:⑲

在明确定义和界定了法院在国际仲裁中的作用(并没有折损法院所行使的重要保护性功能)的同时,意在强调国际仲裁中速度、公正和节约成本的重要性。

之后不久,澳大利亚国际商事仲裁中心于2009年12月4日在墨尔本召开题为"国际商事仲裁:高效、有效、经济?"的会议,司法部长作为主要发言人再次强调了类似的观点,并呼吁更为广泛的"文化改革":⑳

……要建立真正的澳大利亚国际商事仲裁品牌,立法改变只是要求中的一部分。我们需要的是——以及我所希望该修正案所包含的立法改革将引起的是——有关仲裁如何在澳大利亚开展的文化改革。

虽然该修正案本身很好地表达了政府的意思,但这并不是政府可

---

⑲ 该演讲(强调)以及法案的初稿和解释备忘录,http://parlinfo.aph.gov.au/parlInfo/search/display/display.w3p;adv=;db=;group=;holdingType=;id=;orderBy=;page=;query=Id%3A%22legislation%2Fbill home%2Fr4261%22;querytype=;rec=0;resCount=,2010年6月27日访问。

⑳ 《澳大利亚国际商事仲裁:更加有效和确定》,http://www.attorneygeneral.gov.au/www/ministers/mcclelland.nsf/Page/Speeches_2009_FourthQuarter_4December2009-InternationalCommercialArbitrationinAustraliaMoreEffectiveandCertain,2010年6月27日访问。

以为之立法的事情。该修正案中写道,在使用或解释法案和《示范法》时,法院必须考虑到仲裁是一个高效、公正的、可执行的和及时的商业争议解决方式。这一表述清晰地表达了政府对国际仲裁的期望。

正如这一会议的主题所示,目前这个国家所开展的国际仲裁是否符合该表述,存在一个大大的问号。仲裁员需要不再把自己看作不穿法袍的普通法法官,而开始把自己看作服务提供者。同样地,法院应尊重仲裁的这一重要特征。

如果澳大利亚要成为仲裁中心,我们需要仲裁员来提供其他地方所没有的服务——超越"简化的诉讼"的服务。我们需要发明一种为当事人量身订制的仲裁方式,以适应商业的需要。这是一种准备好摒弃多余的形式并以鉴别和解决当事人之间问题为中心的仲裁方式;是一种能够快速并节约成本地达到结果的仲裁方式;是一种新颖的、具有创造力的仲裁方式,将使仲裁界那些当之无愧的人才熠熠生辉。当你希望快速、公平地解决问题的时候,我们需要有能力推进自己前进的步伐。法案一旦被修订,将为上述方式提供强有力的法律支持框架。

不幸的是,该修正案并没有被提交到任何专家议会委员会以征询公众意见,这在澳大利亚联邦政府的实践中并不鲜见。然而,它被提交到了"主要委员会",导致许多个人和组织分别私下里向司法部长表达了对修正案众多条款的担忧。作为部分回应,他在2010年3月17日代表政府提议了该修正案。主要委员会在5月13日同意修订,并于6月15日提交给参议院,司法部长像在向众议院提交该修正案的最初稿时一样,发表了同样的"二读"演说。参议院在6月17日的"三读"(且是终读)中同意了该修订,影子司法部长(乔治·布兰迪斯,George Brandis)发表了简短演说以表明反对派对该修正案的支持。他提到仲裁是除诉诸国家法院外最主要的争议解决方式,通常能根据当事人的要求制定程序且"因此更有可能维系当事人之间的关系";以及,该立法旨在"增强澳大利亚作为国际商事仲裁的仲裁地的吸引力……澳大利亚应在该高价值的服务中占有特别的竞争优势"。议会同意的修正案在2010年6月28日获得了司法部长的批准,经修订的《国际仲裁法案》适用于颁布之后开始的或正在进行的所有国际仲裁。⑦

统一《商事仲裁法案》的修正案随即吸引了许多注意力,这些修正案以修订的《国际仲裁法案》和《示范法》为新的核心。2009 年《商事仲裁法修正案》(新南威尔士),主要以《示范法》为基础但现在只适用于国内仲裁,于 2009 年 5 月 12 日被提交到新南威尔士的立法委员会,2010 年 6 月 10 日通过委员会审核(经过一些修改),同日被提交到立法大会,并于 2010 年 6 月 22 日被立法大会通过。(当时)新南威尔士的司法部长约翰·哈兹斯特格(John Hatzistergos)在其提交该修正案的"二读"演说中,与首席大法官斯皮格尔曼(Spigelman)在其 2009 年演讲中的某些观点如出一辙:⑫

> 新南威尔士在发展本示范法案方面处于领先地位,将成为第一个引进基于示范法案的立法并为商业提供最先进国内仲裁法的司法辖区。从考虑国际仲裁发展的层面而言,这场国内仲裁立法改革十分及时。反映已被认可的国际实践的统一国内立法所造就的规律性和稳定性有益于高效商务。而且,澳大利亚法院处理国际仲裁的能力是建立在其国内仲裁经验的基础上的。值得注意的是,在国际仲裁业务方面与我们相竞争的司法辖区并没有不一致的国内和国际仲裁法律,我们也不该如此。

根据该修正案,当执行规定于 2010 年 10 月 1 日颁布的时候,旧《商事仲裁法案》(新南威尔士)被废除,取而代之的是 2010 年《商事仲裁法案》(新南威尔士),现在基本适用于国内仲裁程序以及颁布之前或之后达成的仲裁协议。然而,尽管有 2009 年 4 月份的澳大利亚首席检察官常务委员会的承诺,截至 2011 年 3 月,没有其他州颁布平行立法。

---

⑦ 对于一些例外和更多的细节,参见 Garnett, above n. 29, Chapter 2 Part VII. The complete legislative history and documentation is available online via the Parliament's website, above n. 69(包括合并初始草案的"解释备忘录"和"补充解释备忘录"的"经修订的解释备忘录",作为政府修订的法案的附件)。

⑫ See 〈http://www.parliament.nsw.gov.au/prod/parlment/nswbills.nsf/V3BillsHome〉, accessed 27 June 2010.

但是，一些旧《商事仲裁法案》法律框架项下的近期案例法可能已经表现出了拉近《商事仲裁法案》和《示范法》制度间距离的期望。[73] 同时，在2010年3月3日，联邦司法部长及其新南威尔士的同行约翰·哈兹斯特格，宣布将（与澳大利亚国际商事仲裁中心和澳大利亚商事争议中心一起）提供600,000澳元用以在悉尼的一个黄金地段装修新的"澳大利亚国际争议中心"，该中心将自年中开业。[74] 这一举措可溯源至新南威尔士司法部长于2009年5月份发布的《新南威尔士替代性争议解决蓝图（讨论稿）》，该讨论稿试图针对新加坡国际仲裁中心改善的业务量和基础设施进行回应：[75]

提案11：为了将悉尼塑造成更好的国际商事仲裁中心，建立一个在一个地点同时具备物理空间、组织设备、秘书人员、电脑和研究支持的悉尼国际仲裁中心。

澳大利亚的残酷教训

很明显，政策制定者们在过去几年里一直是"光说不练"，虽然认识到

---

[73] See *Gordian Runoff Ltd v. Westport Insurance Corp*【2010】NSWCA 57,该院认为（阿索普（Allsop P.）主张，斯皮格尔曼（Spigelman, C. J.）和麦克法伦（Macfarlan, J. A.）同意），相比维多利亚上诉法院在石油盆地公司诉 BHP 比利顿公司一案（Oil Basins Ltd v. BHP Billiton Ltd）【2007】（维多利亚上诉法院255）中设想的解释商事仲裁法（维多利亚）的论证标准而言，商事仲裁法（新南威尔士）项下对仲裁员的论证标准要求更低。这些冲突的方法导致了"特令"（Special Leave）的颁发，戈尔迪案的判决被上诉至澳大利亚高院：参见韦斯特波特保险公司和组织诉戈尔迪罗纳夫公司一案（Westport Insurance Corporation & Ors v. Gordian Runoff Limited）【2010】澳大利亚高院233, http://www.austlii.edu.au/au/other/HCATrans/2010/233.html, 2011年3月17日访问。See further Part Ⅲ.J in Deboos, Jonathan., Croft, Clyde, Gehle, Bjorn and Garnett, Richard, ACICA's Expedited Arbitration Rules of 2008. In Nottage, L. and Garnett, R.,（Eds）*International Arbitration in Australia*, Sydney, Federation Press; Nottage and Garnett, above n. 29, Part Ⅳ.F.

[74] See 〈http://www.lawlink.nsw.gov.au/lawlink/Special_Projects/ll_splprojects.nsf/pages/aidc_index〉, accessed 27 June 2010. 该中心于2010年8月3日开业, http://www.disputescentre.com.au/, 2011年3月17日访问。2008年开业的"麦斯韦尔商会"，也许得到了新加坡政府更为大力的财政支持：above n. 43.

[75] See 〈http://www.lawlink.nsw.gov.au/lawlink/Corporate/ll_corporate.nsf/vwFiles/ADR_Blueprint.doc/$file/ADR_Blueprint.doc〉, accessed 27 June 2010.

第二章
解决国际仲裁的矛盾：澳大利亚的残酷教训

国际商事仲裁在全球范围内特别是亚太地区飞速发展而在澳大利亚停滞不前的担忧。他们也将这一现象与过度形式化联系起来：成本、延误及来源于国内仲裁甚至是诉讼的解决商事纠纷的老方法。但他们"付诸行动"了吗？政策制定者们采取足够的措施来确保国际商事仲裁业务量增长了吗？确保仲裁文化的活跃性不损害各方利益了吗？显然没有，不仅仅是因为新加坡、中国内地及香港地区已经如此超前，韩国现在也得到了巨大的发展。这个背景下另一个主要问题还大量存在且未得到解决：澳大利亚国际商事仲裁行业内以计时收费制度为主导的大型律师事务所的大量存在。

西澳大利亚（西澳）的首席大法官最近解释了以 1/10 个小时（六分钟）为增量单位来记录律师工作的观念，最初是在美国 20 世纪 40 年代的美国文献中推荐的成本核算工具，是怎样在 20 世纪 50 年代和 60 年代被管理顾问在西澳推广成为客户计费制度的。接着在 20 世纪 70 年代中后期，这一制度在澳大利亚生根发芽。⑯对律师事务所而言，其优点包括管理效率、价格与成本的关系（尽管在涨价时有变化）、与竞争者之间更佳的可比性（至少理论上是如此），以及将风险转移给客户。但是，早在 1999 年，西澳法律改革委员会已经（由首席大法官马汀主持）批评计时收费催发了承担不必要工作和维持低效率实践的动力。它呼吁法律职业及法院开发更为合适的收费方式，降低计时收费制度的显著性。然而，直到 2010 年初期，西澳才开始行动起来，针对一些非诉任务的收费幅度达成一致。首席大法官继续详述了计时收费制度被发现的许多及日益严峻的缺点：

- 利益冲突；
- 客户承担所有风险；
- 无价格上限；
- 高投诉率；
- 关注小时数而非价值；

---

⑯ Chief Justice Wayne Martin,'Billable Hours-Past Their Use-by Date', Address to the Perth Press on the Launch of Law Week 2010, Kings Park, 17 May 2010, available via 〈http://www.lawsocietywa.asn.au/AnnouncementRetrieve.aspx? ID = 32465〉, accessed 6 July 2010.

- 造就了一种生产线心态；
- 鼓励过度服务；
- 不鼓励项目管理或案件计划；
- 不鼓励成本利益分析；
- 不利于技术发展
- 造就官僚主义；
- 参考服务而非客户的价格；
- 客户间的交叉补助；
- 不鼓励律师与客户之间的交流；
- 报告机械功能而非真正的进步；
- 鼓励通过推进目标来推进利润；
- 鼓励填时间表；
- 不基于成本计算费率；
- 不鼓励专业性（如师徒教导、参加专业机构）；
- 扭曲评估；
- 削弱同事合作；
- 鼓励囤积小时数；
- 不鼓励公益工作；
- 降低生活品质；
- 将律师从社会和家庭中隔离出来。

首席大法官马汀通过推荐众多替代选择作为总结：

- 关注价值；
- 按案件收费；
- 固定收费；
- 混合计费小时率（不分律师等级而采用同一小时费率，鼓励经验丰富收费高昂的律师从事低级别工作）；
- 风险代理费（如果胜诉则有"上调"，这在澳大利亚普遍被允许）；
- 混合方法（结合上述所有变量因素）。

第二章
解决国际仲裁的矛盾:澳大利亚的残酷教训

这一颇具影响力的演说没有真正提及的问题是计时收费制度目前尤其在澳大利亚各大律师事务所占据主导地位,即使在更小型的律师事务所和出庭律师当中,这一制度的使用也十分广泛。大型律师事务所十分依靠这一制度,将其作为一项管理工具,初级律师甚至是合伙人每年需达到最低小时数才可以获得晋升或奖金。还需注意的是,这些大型律师事务所在20世纪70年代兴起,在20世纪80年代和90年代飞速发展,就像20世纪60年代美国大型律师事务所和计时收费制度的发展一样。⑰

当然,在澳大利亚还有一些其他因素发生作用,就像其他那些见证了大型公司制律师事务所兴起的国家和地区一样。自从20世纪80年代以来,国际商业壁垒开始消除且管制越来越少,客户业务开始全国化。随着"顶尖"律师事务所的发展,尤其是通过合并,其他律师事务所也依葫芦画瓢以维持声誉并保证更大规模所带来的类似利益。但是在2005年左右,澳大利亚有12到15家全国"精英所"(包括六家顶尖所),雇用了32,300名律师中的25.9%——这比美国、英国、日本相对律师总人数的比例(从5.6%到7.3%)和德国的比例(2.9%)要高得多。⑱ 直到21世纪初,澳大利亚律所开始注重营利性,扩张之势才有所放缓。通过增加的杠杆率(每个合伙人手下的律师更多了)、更长的晋升道路(据报道在2006年需要经过12年,而非8到10年的计时工作才可以晋升为合伙人)、对优质律师更激烈的竞争、律所重组和活跃的横向市场,这一目的得以实现。⑲

大型律师事务所的显著扩张和计时收费制度的繁荣发展,尤其是在20世纪90年代,与澳大利亚明显不能吸引国际商事仲裁案件到国内或更广泛

---

⑰ See generally Galanter, Mark and Palay, Thomas (1991): *Tournament of Lawyers: The Transformation of the Big Law Firm*, Chicago, IL, University of Chicago Press.

⑱ Aronson, above n. 17, 805. 他还主张(807)澳大利亚这些大型律所比美国和英国律所的小时费率低很多,意味着更低的盈利,这限制了大型外所进一步探索澳大利亚市场的兴趣。但是,这些费率必须与生活指数成本相比较,绝对盈利似乎并不是很低(在2006年顶级律所合伙人每年的收益超过100万澳元),以及(除2006年欧华律师事务所与菲利普福克斯所合并外)诺顿罗氏和安理近期正向澳大利亚扩张,参见'Allen & Overy to Open Australia Offices, Target Deals (Update 1)', Bloomberg, 8 February 2010, ⟨http://www.businessweek.com/news/2010-02-08/allen-overy-to-open-australia-offices-targetmining-mergers.html⟩, 2010年7月7日访问。

⑲ Ibid, 807-8.

地不能发展新的仲裁文化的时间段相吻合。相反的,澳大利亚经历了私人调解服务的快速发展,在解决商事争议方面,私人调解成为替代法庭诉讼的更优选择。[80] 这些调解员通常的确也按小时收费(或按日收费),律师经常与当事人一起参与调解,且并不保证会有具约束力的决定。但调解员的费用(甚至是律师的费用)与争议金额相比通常很低,尤其是当争议可以通过早期干预解决的时候。就国际争议而言,商事当事人更容易被说服去选择澳大利亚外的仲裁地,因为那些地方不像澳大利亚已被高收费大型律师事务所和计时收费制度所主导,或者至少差不多,但是具有其他竞争优势,如新加坡或中国。这一大背景可能不仅可以解释为什么国际商事仲裁从20世纪90年代以来从未真正获得发展,而且还可以解释《国际仲裁法案》修正案启动的推迟,以及后续的立法过程和具体结果。尽管澳大利亚国际商事仲裁中心和许多其他机构曾公开要求法律改革,而他们的许多领导人也来自于大型律师事务所。具有很强的不确定性和复杂性的仲裁体制可以使这些律所在经济上受益,特别是在涉及(在澳大利亚法院,以计时收费为基础)拒绝执行外国仲裁裁决或仲裁协议声明仲裁地为澳大利亚外的其他地方的时候。而且,相比与国际商事仲裁制度更具利益关系的其他利益相关者,如从事仲裁教育或业余参与仲裁的教授,大型律师事务所可能更有动力看到至少一些修正案得到通过。毕竟,任何形式的法令都可以使他们通过日益精细的宣传计划向客户和国外执业者报告"进展"。

立法者的教训

从这个角度来看,澳大利亚的经验可以给那些大型律师事务所(和其他)越来越依赖严格的计时收费制度的国家带来许多教训,包括在仲裁领域。首先,有关立法改革,所有利益相关者尤其是政府必须积极主动,持之以恒并保证透明。澳大利亚在修订其《国际仲裁法案》方面不仅进展相对缓慢,而且,修订程序的开启也是因为律政部发布了涉及十分有限的前期

---

[80] Nottage, above n. 27.

洽询的讨论稿。这当然是政府的特权,而且讨论文件的目的在于引出进一步的观点和公众辩论。但是,讨论稿将注意力放在了立法修订相对明晰的领域,它于 2008 年 11 月发布(刚好在澳大利亚暑假开始之前),公布的反馈期十分紧张,并且最初并没有在网络上公开分享那些意见书的机制。2009 年整年都没有开始正式讨论会,如果有的话,利益相关者可以讨论许多其他来源于意见书的改革提议。[81] 政府仅仅提出了修正法案,但后来并未将之提交专业议会委员会,如果提交了的话将使后续的讨论和任何法案的修正更加集中化、过程更为透明化。[82] 结果,正如本章第二部分中所提到的,对最初法案不满的利益相关者需要直接向联邦司法部长写信。这一过程有利于那些声音最响或在接触部长方面最具资源的人,包括大型律师事务所或与其具有亲密关系的专业组织。

有证据表明,2010 年 7 月颁布的修正案在许多方面令人失望,这与缺乏公众意见征询不无相关。它们忽略了或淡化了许多提倡简化形式——从而可降低国际商事仲裁潜在成本和时间花费——的改革建议。例如:[83]

- 尽管草稿较为晦涩,我们不得不回到这一解释没有溯及力的一般法律推定上,似乎《国际仲裁法案》第三部分的修订仅适用于 2010 年 7 月 6 日之后订立的仲裁协议。[84] 因此,我们很可能不得不再等上几

---

[81] See AGD's Review of the International Arbitration Act—Comparison of 24 Submissions (as of 13 March 2009) Sydney Centre for International Law ⟨http://sydney. edu. au/law/scil/documents/2009/ArbitrationTableSummary_Nottage. pdf⟩, accessed 7 July 2010.

[82] 对比,例如,参议院委员会对"澳大利亚消费者法"改革的询问,该改革由 1974 年贸易惯例法的两个修正案执行,各州之前也同意"一旦在联邦层面颁布便"适用"(或引用)该法以作为州立法,http://acren. wordpress. com, 2010 年 6 月 27 日访问(有进一步参考文献),以及参见 Nottage, L. (2009):Consumer Law Reform in Australia: Contemporary and Comparative Constructive Criticism, *QUT Law and Justice Journal*, Vol. 9, No. 2, 111。这意味着相关意见书在参议院网站上公开了,与之相关的是,这显示了议会程序中法案的进展,而且,委员会经常从提供意见的人那里调取证据,在议会特权下留存在案,并在之后公布在网上和议会议事录,http://www. aph. gov. au/senate/committee/economics_ctte/tpa_consumer_ law_10/index. htm, 2010 年 6 月 27 日访问。

[83] See Nottage and Garnett, above n. 29 (based on our 2009 Submission and subsequent article published in *Asian International Arbitration Journal* (2010), Vol. 6, No. 1, 1-43), especially Parts II. B, II. E, III. C, IV. A, IV. E, IV. F, IV. G and V. A.

[84] See Nottage Garnett, above n. 20, 27-28; Garnett, above n. 29, Part Ⅶ.

年(直到那些新订立的协议项下有争议发生)才能看到2010年修正案中所包含的改革使那些选择在澳大利亚仲裁的当事人受益。那个时候,改革的"新颖效应"和教育影响可能已经消失殆尽,其他"区域竞争者"很可能已经更新了它们自己的仲裁立法以使它们成为更有吸引力的仲裁地。⑧⑤

● 该法律改革方案中似乎还存在一个重大的立法错误。具体来说,针对2010年7月6日以前订立的国际仲裁协议,如果当事人(例如,来自不同国家)同意在悉尼仲裁,但是排除了《示范法》的适用(这在旧的《国际仲裁法案》的第21条项下是可能的),则出现了一个"立法黑洞"。这通常意味着,《商事仲裁法案》(新南威尔士)适用,但旧法已经被废除,而新的2010年《商事仲裁法案》(新南威尔士)并不适用于该等"国际"仲裁协议。⑧⑥如果在新南威尔士的法院有案子质疑该等仲裁协议的效力,澳大利亚"重视"仲裁的声誉将必然再度遭受重挫。

● 就在澳大利亚境内执行协议或裁决或开展仲裁而言,2010年修正案中并没有进一步澄清什么事项是"可仲裁的",⑧⑦这没有与其他强行法(如贸易惯例立法)有所不同。

● 有效仲裁协议的书面要求已经放开了,但没有完全放开(即使是在澳大利亚进行的仲裁)。

● 没有声明允许澳大利亚法院执行被外国裁判为无效的裁决。

● 没有条款允许仲裁员颁布(甚至是无约束力的)单方"初步命令"以支持诉中保全措施,如同实施《示范法》2006年修订案的多数国家一样,并且第18C条使得当事人不可能就此另行达成协议。

---

⑧⑤ 参见香港新仲裁法令,标题为"仲裁法令(60)"在2011年6月1日生效,该法令统一了香港的区外和区内仲裁法律。For details see Choong, John and Weeramantry, Romesh, (Eds) (2011): *The Hong Kong Arbitration Ordinance: Commentary and Annotations*, Sweet & Maxwell.

⑧⑥ See further Garnett, Richard and Nottage, Luke, The 2010 Amendments to the International Arbitration Act: A New Dawn for Australia?, *Asian International Arbitration Journal*, Vol. 7, No. 1, 29-53 (earlier at ⟨http://ssrn.com/abstract=1676604⟩, accessed 17 March 2011).

⑧⑦ 例如,有关专利许可争议的可仲裁性的困惑近期变得明显,参见 Larkden Pty Limited v. Lloyd Energy Systems Pty Limited[2011] NSWSC 268(1 April 2011).

第二章
解决国际仲裁的矛盾：澳大利亚的残酷教训

- 似乎没有可能排除《示范法》制度而选择适用外国仲裁法，而外国法在简化国际商事仲裁形式方面可能比较灵活（虽然通常不建议这样选择适用的法律）。
- 没有参引国际"软法"文件，如国际律师协会（IBA）在1999年达成的《国际商事仲裁取证规则》（以及2010年修正案）或国际法协会提议将"公共秩序"作为拒绝执行外国裁决的有限理由之一的《2002建议》。
- 没有关于仲裁调解的规定。
- 没有关于裁决中推理程度的要求的明确法律规定。
- 缺乏有关合并仲裁的规定。
- 加入了新的保密规定，不过是选择性的（且没有明确规定当事人是否可以通过协议进一步修改以及可以修改到何种程度）。

因此，澳大利亚的经验表明，其他正在寻求国际商事仲裁制度进一步改革，尤其是国际商事仲裁业务量还未达到举足轻重地位的国家，在那些大型律师事务所和计时收费文化占主导的地区需要特别努力。立法改革可能需要扩展到仲裁立法之外的领域，包括贸易惯例甚至是第三方资助诉讼（及潜在的仲裁）的法规。[88]

像澳大利亚这样的国家还应该努力发展投资者—东道国仲裁交叉领域方面的专长。然而，澳大利亚政府在该方面并不积极。澳大利亚（财政相关的）生产力委员会在2010年12月发布的一则报告中建议澳大利亚在未来的投资条约或自由贸易协定中大规模缩减该等程序。2011年4月份发布的"吉拉德政府贸易政策声明"更变本加厉，要求在条约（甚至是未来与

---

[88] 自从坎贝尔现金和运输公司诉佛斯提付公司一案（Campbells Cash and Carry Pty Limited v. Fostif Pty Ltd）【2006】（澳大利亚高院41）以来，作为非律师投资者获取原告所得的损害赔偿一定约定比例（美国许多律师都这样做）的交换条件的第三方资助已被普遍接受。这使得，至少是在澳大利亚境内，支持仲裁诉求的资助协议受到质疑的可能性降低为零（例如，新加坡最近的情况：Ng, Jern-Fei (2010): The Role of the Doctrines of Champerty and Maintenance in Arbitration, *Arbitration*, Vol. 76, No. 2, 208）。在拥有适当的监管保障的前提下，负责任的第三方介入仲裁可以对原告律师尤其是原告本身起到"事实检查"的作用，有助于控制成本。

发展中国家的条约)中避免投资者—东道国仲裁条款。然而,该委员会的建议缺乏坚实的理论和论据支撑。政府这一巨大的政策转变似乎是对史上第一例针对澳大利亚提起的投资条约案的过度反应,菲利浦·莫里斯·亚细亚(Philip Morris Asia)——一家全球烟草公司的香港子公司——对新的普通包装立法不满。[89] 这一新的政策立场揭示了澳大利亚在通过国际仲裁解决争议方面愈发模棱两可的态度,并进一步折损了2010年改革在国际商事仲裁交叉领域的作用。

仲裁机构的教训

此外,仲裁机构可能需要在该等司法辖区努力扩展国际商事仲裁业务方面采取更为大胆的措施。建议之一是基于争议的金额收取费用(或制定费用范围),而不是按小时或按日收费,包括有关争议提前解决减少收费的明确政策。[90] 另外,在仲裁机构担任十分重要角色的委任仲裁员的工作方面,应更加小心谨慎,通常当事人不能就此达成一致。[91] 在接纳或维持(虽然现在不是强制的)仲裁员名单方面,他们应该谨慎收取高费用,这会对大型律师事务所的律师更为有利,因为他们能够承担该等高额费用作为日常管理费用或宣传费用开支。仲裁机构在过度依赖2004年《国际律师协会国际仲裁利益冲突指南》方面,也应小心。该指南由大量来自大律所的律师起草,甚至是在可能出现利益冲突的场合也允许任命该等律所的律师担

---

[89] See Nottage, Luke (2011): The Rise and Possible Fall of Investor-State Arbitration in Asia: A Skeptic's View of Australia's 'Gillard Government Trade Policy Statement', *Transnational Dispute Management*, forthcoming, also at ⟨http://ssrn.com/abstract = 1860505⟩; and Nottage, Luke, Repercussions of Australia's Plain Packaging Act (26 August 2011) at ⟨http://blogs.usyd.edu.au/japaneselaw/2011/08/repercussions_of_australias_to.html⟩, both accessed 27 August 2011.

[90] 参见2005年澳大利亚国际贸易仲裁中心仲裁规则第40条(采用小时费率)。

[91] 同上,第9条和第10条;以及2008年澳大利亚国际贸易仲裁中心《加速仲裁规则》第8条。通常情况下,各方当事人各自任命三人仲裁庭中的一名仲裁员。在该等情况下,由于利益冲突的原因,当事人通常不能任命其自己聘用的律所的人员,但律所可以推荐其他律所的一名律师以期获得互惠。对比小规模的执业者,大型律师事务所在仲裁程序中自然会遇到更多诉讼律师,他们可能会向客户推荐这些律师,或至少在律师平台(如"法律顾问名人录"(*Who's Who Legal*))上进行推荐,http://www.whoswholegal.com/practiceareas/20/commercial-arbitration/#lawyers,2010年7月7日访问。

任仲裁员,这太过宽松了。⑨

从更广的角度来看,仲裁机构应积极寻找那些不太被计时收费环境影响的人担任仲裁员。在那种环境下,正如多数大律所那样,执业者很可能发现仲裁员的工作比律师或法律顾问更加有趣,并让他们的律所对仲裁工作计时,以作为与宣传或公益相同的计费小时。(如果费率低于他们作为其他事项律师的费率,这也很有可能得到同意,因为在获取未来律师或顾问业务方面,仲裁员的声誉对律师本人及其所在的律所很有帮助。)然而,这种情形可能使担任仲裁员的律师不愿意以最快速及最节约成本的方式解决问题,除非(仍然鲜见)是那些已经享有稳固地位的律师,他们一旦快速解决完待决事项也同样能保证得到丰厚的待遇和有趣的任命。

仲裁机构可以通过任命那些可令人信服地声明不受该等经济利益驱动的个人而减少上述问题,即便他们的规则要求仲裁员按时收费。退休法官就属于这一类人,他们常常已经经历过待遇丰厚的律师职业生涯——而且如今确实享有很高的退休金,这使他们不太可能随意延长仲裁程序。另外,正因为他们现在已经退休了,担任仲裁员所带来的乐趣仍然可能使他们发生这样的情况。退休法官还可能因为太习惯诉讼实践,特别是他们家乡的司法实践,而不太能接受国际商事仲裁更加灵活和非正式的惯例(如仲裁调解)。

教授(不一定是退休教授)也属于这一类人。事实上,欧洲(及美国,范围更小)许多知名仲裁员仍然是全职教授,而不是兼职教授或其他。⑬ 尤其是那些来自普通法司法辖区的教授,他们在成为学者之前常常已经积累了几年的全职法律执业经验和/或正在律所担任兼职顾问,这使他们十分受

---

⑨ See Bond, Michael (2005): A Geography of International Arbitration, *Arbitration International* Vol. 21, No. 1, 105-110(尤其是涉及"可弃权红色名单"(waivable Red List)和"橙色名单"(Orange List)上的律师的作用的情况)。该等冲突,即便是根据指南进行了披露,当所涉及的标的较小时也不用太过担心。参见2008年澳大利亚国际贸易仲裁中心《加速仲裁规则》第8.6条。

⑬ 例子包括博科斯提格尔(Boeckstiegel)和帕克(Park)教授(上文已经提及)以及艾伯特(Albert van den Berg)、詹姆斯·克劳福德(James Crawford)、伯纳德·汉诺迪(Bernard Hanotiau)和考夫曼-科勒(Kaufmann-Kohler)教授。近期的一个有趣发展为一些具有跨境争议解决声望的法学院委任全职的国际商事仲裁律师为助理教授或与之建立其他联合关系。

益。如今他们许多人经常通过在十分热门的学生竞赛中提供帮助而获取更进一步的经验,[94]从而建立起有关国际商事仲裁法律的综合知识体系。维也纳和如今中国香港的国际商事仲裁模拟仲裁庭比赛以及东京的校际谈判和仲裁比赛就是很好的例子。[95] 这些赛事已成为律所招聘有志于国际商事法律的杰出青年才俊的沃土。然而,教授们通常在学术界还有另一个(完全能实现抱负的)生活需要继续。这使他们在担任仲裁员时有动力以更加快速和节约成本的方式处理案件。

在任命来自不同背景的仲裁员后,仲裁机构应在审核和披露这些仲裁员的表现方面更加积极主动。与投资者—东道国仲裁(牵扯到更多的公共利益)相反,保密可以并应作为国际商事仲裁的基本原则,因为它允许(但并不保证)当事人和仲裁员有更为非正式和灵活的操作。[96] 但如果一个妥善处理的案子和解或快速解决了,仲裁机构可以且应该寻求当事人和仲裁员的同意公开经过编辑的信息,例如,隐去当事人等应该匿名处理的信息,但是可以列明仲裁员。[97]

最后,仲裁机构和它们活跃参与的组织(如亚太地区仲裁集团)应通过给予许多不同专家充分参与会议和其他主要活动的机会来促进仲裁员任命的多样化。在这方面,被邀请在可能是最负盛名的国际商事仲裁会议——商事仲裁国际委员会(ICCA)一年两次代表大会上演讲的发言人个人档案里的变化很有意思。之后在克鲁沃(Kluwer)系列上发表的演讲评析(几乎包括所有在大会上的发言)表明,提交简历人士中教授的比例在过去二十年里大幅下降。[98]

---

[94] 关于对仲裁员(包括教授),在国际商事仲裁中展示实践经验所寄予的期望(颇有点"鸡生蛋"还是"蛋生鸡"的意味),参见 Moses, Michael, (2008): *The Principles and Practice of International Commercial Arbitration*, Cambridge, New York, Cambridge University Press, 118-19。

[95] See, respectively, 〈http://www.cisg.law.pace.edu/vis.html〉 and 〈http://www.cisg moot.org/〉, 〈http://sydney.edu.au/law/anjel/content/anjel_teaching_comp.html〉, accessed 7 July 2010.

[96] 据说这在亚洲尤其重要,从阿里的实证比较研究中衍生而来 (前文注释 8)。

[97] More generally, see Bhatia, Vijay, Candlin, Christopher and Sharma, Rajesh (2009): Confidentiality and Integrity in International Commercial Arbitration Practice, *Arbitration*, Vol. 75, No. 1, 75.

[98] For source date and broader context, see Nottage (2010), above n. 51. 数据包括已发布的国际大会和公约协会大会的数据和一些相关的会议项目。

第二章
解决国际仲裁的矛盾：澳大利亚的残酷教训

的确，绝对数量保持在相对稳定的状态，这似乎与投资者—东道国的主题越来越受欢迎相关。这是一个交叉领域，主要以国际公法为基础，由于这个领域的新颖性、复杂性和合法性问题（正如国际商事仲裁在形成时期直到20世纪70年代所面临的问题一样），使得这个领域的教授十分紧俏。但是，在过去二十年里发言人比重有所变化，因为大会规模越来越大，越来越多的非教授发言人也被邀请发言。值得注意的是，如今这些大会以及许多其他由专业机构召开的主要会议的会费通常十分高昂，甚至对全职学者都没有折扣。

结 论

本章前文所述的建议，旨在解决再度兴起的对国际仲裁延误、特别是成本费用的不满背后更为根深蒂固的问题，也指出了仲裁员、律师和当事人本身态度和实践的变化。许多仲裁员需要改变其思维方式并提高技能水平。在跨境争议解决方面有专长的律师事务所需要尝试用新的制度代替计时收费制度，在美国、英国和现在的澳大利亚，有些律所已经着手尝试。[99] 当事人，尤其是他们的内部法律顾问，需要不断推进该等创新。如果法官、大学、仲裁机构、专业组织和立法者也能鼓励这些举措，我们似乎可以期待符合联邦司法部长在提议《国际仲裁法案》修正案时所规划的蓝图的真正"文化变革"的到来。这些建议对澳大利亚之外的其他司法辖区也同样适用，特别是那些还未在国际商事仲裁领域崭露头角的亚太地区的司法辖区。

---

[99] See Martin, above n. 18（指英国的安永实律师事务所（Eversheds）和美国的瓦赫特尔·利普顿·罗森和卡茨律师事务所（Wachtel Lipton Rosen and Katz））。In Australia, see now〈http://www.marquelawyers.com.au〉, accessed 9 September 2011.

第三章
国际商事仲裁中的类型体系

〔巴西〕塞琳娜·弗雷德(Celina Frade)

导 论

在过去几十年里,全世界范围内仲裁的应用大幅增长,这巩固了仲裁作为最经济、最快速的替代性争议解决方式的地位,尤其是在国际商务和商业的背景之下。国际仲裁的关联性已经引发了不同层面的多学科调查研究。在法律层面上,因仲裁的灵活性和"国际上裁决可执行及法律支持的保障"(Jones 2006:275),众多仲裁机构相继设立,它们制定了一套规范仲裁程序的国内和国际规则以及法律模式。在语言方面,参与者们对有关它的结构、解读和使用条件的惯例和限制的看法越来越趋于一致(Frade 2009;Bhatia, Candlin and Engberg 2008a)。

一方面,如果我们讨论与仲裁程序相关的"类型",我们可以将其理解为镶嵌于一个稳定的宏观语言行为中的、体现于诸多亚类型和小类型的一系列行为①,结果就产生了巴泽曼(Bazerman)(1994)所说的类型体系。从起草仲裁条款或仲裁协议(明确各方当事人拟通过仲裁解决任何合同相关争议的意图)开始,直到仲裁庭发布最终裁决,一系列结构化、计划内的口头和书面的亚类型以及小类型相继发生,大致决定了参与者共同行为的顺序和结果。

---

① 本章中我们将采用"行为"作为"行动"或"发展"的同义词,这与斯威尔斯(Swales)(1990)提出的修辞概念不一致。

第三章
国际商事仲裁中的类型体系

本章将国际仲裁作为一个类型体系来讨论。我们以两个著名国际仲裁机构(国际商会(ICC)及巴西—加拿大商会(CCBC)仲裁和调解中心)的规则中所提取的数据为基础进行分析。本文的观点是鉴别国际仲裁程序中的类属体系,引导参与者在各个程序阶段采取所能选择的合适的行为类型,从而满足成功仲裁的条件。

类 型 体 系

在解释语言、论述、修辞和社会文化层面以及其他层面的专业交流背后的基本原理方面,类型分析十分有用(Bhatia, Candlin and Engberg 2008a)。尤其,研究国际仲裁言语的调查人员也依靠类型分析来"鉴别仲裁立法中的共同要素,这些共同要素的构成和解释发生在多语言、多文化背景下"(Bhatia, Candlin and Engberg 2008a:7)。

然而,多数研究均把界定清晰的单一行为、交流或特征认定为仲裁程序的一部分,但事实上它们可能并不相互关联和/或连接。而且,很少有人关注在国际仲裁各个节点提醒参与者有哪些潜在的合适行为或"具有可识别的成功条件的通用话语"(Bazerman 1994:96)。因此,认为国际仲裁是由一系列"互相紧密联系的、界定清晰的类型"所构成的综合体并最终组成巴泽曼(1994:96)所说的类型体系,似乎是合理的,下文将对此作简要分析。

作为其申请专利的分类研究的一部分,巴泽曼将类型体系的观念作为"特定情景下互相影响的关联类型"(Bazerman 1994:97)进行介绍。他主张,与"经常限制解释的灵活性的"类型识别和德维特(Devitt)(1991)主张的"代表多方互动中一方的"类型集的观念不同,类型体系"是实例化所有当事人参与其中的全面的类型集合"(Bazerman 1994:90-99)。

后来,该观念扩展到"高度发达的典型实践",例如法律(Bazerman 1994:88),在法律项下,每一法律活动均会引发不止一个行为或行动,需要以适当的、密切关联的类属形式来表现大量规则、规章、程序和文件。惯常和典型的法律类型包括合同、立法、成文法,也包括口头听证、交叉询问和律师—客户互动。大分类下面的众多不同小类型有利于加强仲裁协议本身的"类属力量"(Bazerman 1994:89)。另外,有关关联类型的任何瑕疵或误解都可能成为该类型失败的原因,从而导致整个仲裁程序的失败。

法律活动中的不同参与者可以规范自己的举动以根据成功所需的条件来采取适当的法律举措,也可以识别"对方反对举措所带来的【……】未预料到的结果并为对自己更有利的行动开拓道路"(Bazerman 1994:97)。这些行动体现于通过所有当事人的参与所表现出的典型类属形式,这些当事人在类型体系内"根据之前的行为建立目前的行为模式"(Bazerman 1994:99)。

在下述范围之内,吉登斯(Giddens)(1984:17)有关结构化理论的一个主要观点与类型体系相关:

> 来源于社会行为的产生和复制的规则和资源,同时也是手段和系统的复制(二元结构)。

通过研究,我们发现一些主要国际仲裁规则和立法是分等级的类型体系。在特定的仲裁发生之后,仲裁协议的内容将具体体现于由四大类行为所构成的一种宏观类型之中,这些行为又细化于亚类型之中,其后果又影响着更小的类型。正是这种"认同的类属感"(Bazerman 1994:100)使参与人的行为便于理解、行之有效。

方法和材料

这些材料构成国内和国际仲裁程序的两套规则和规范:国际仲裁商会(ICC)②和巴西—加拿大商会(CCBC)③。国际商会,据其官网所述,是"一家解决国际商事商务纠纷的领先机构",自其成立起已经处理了超过

---

② 〈http://www.iccwbo.org/uploadedFiles/Court/Arbitration/other/rules_arb_english.pdf〉,accessed 15 June 2011.

③ 〈http://www.ccbc.org.br/arbitragem.asp? subcategoria = regulamento% 20ingles〉,accessed 15 June 2011.

15,000 个案件;后者是巴西仲裁领域的先驱,在巴西和加拿大代表所有主要经济行业的巴西和加拿大公司。

根据之前一个有关法律写作类型变化的研究(Frade 2004),本文附件中展示了材料的文本组织概况。尽管在布局和信息包装方面可能存在不同,两份材料相对统一,可概括成由以下亚类型(条款和/或节)所具体体现的四大类行为:

1. 仲裁的启动;
2. 仲裁庭的组建;
3. 仲裁程序的进行;和,
4. 仲裁程序的结束,更不用说潜在的仲裁前和仲裁后的行为。

在这四类亚类型项下还有具体体现为更小类型的相互关联和联系的行为以及互文现象(扎根于条款和/或章节中的规则和规范)。

我们的分析旨在展示上述仲裁规则中亚类型项下的更小类型在横向顺序和竖向等级上是如何相互关联和联系,并引导参与者采取适当的行为并为国际仲裁类型体系的具体化作出贡献。

国际仲裁类型体系

国际仲裁是一个"高度专业化的、伴有特定行为和规范该等行为的具体规则的论域"(Bazerman 1994:97)。尽管可能存在不同情况,当今多方仲裁和/或大型的复杂商事争议案件的仲裁过程越来越复杂化、多层次化。④ 因此,可以合理推断的是,希望诉诸仲裁的当事人将经受有关意图、谈判、选择和程序方面的"繁文缛节"(Bazerman, 1994:96)。一般而言,如果当事人之间没有订立仲裁协议,则不能启动仲裁程序;反之,如果不任命仲裁庭来开展仲裁程序,则仲裁协议无效;如果没有指明适用规则且作出

---

④ See American Arbitration Association Commercial Rules and Regulations Including Procedures for Large, Complex Commercial Disputes at 〈http://www.adr.org/sp.asp?id=22440〉, accessed 15 June 2011.

裁决,则仲裁程序无法开展;最终,如果仲裁裁决没有得到执行,则仲裁也就尚未完结。在下文中,我们将论述就类型体系而言,国际仲裁程序是如何运作的。

仲裁的启动

在启动仲裁程序前,当事人须采取一些必要的仲裁前行为或行动,否则仲裁程序不能成功进行。当事人必须已经在对各方有约束力的合同中加入商事仲裁条款,同意通过仲裁解决由该等合同引起的任何争议。因此,当且仅当发生争议时,仲裁程序才会启动,为接下来的行为或行动埋下伏笔。

仲裁的关键在于当事人之间签订的、受《纽约公约》管辖的合同或仲裁协议中所包含的书面仲裁条款。一些主要仲裁机构制定了精简的示范条款,包括:

a. 条款生效和执行所要求的全部"必要因素"和措辞,如当事人明确要求仲裁的明示意图,仲裁机构或临时仲裁的适用规则以及仲裁员的人数;[5]和/或,

b. 当事人可以约定也可以不约定的"推荐因素",如仲裁地和仲裁裁决的效力(Liu 2006)。

如果起草不当,仲裁条款可能导致意外的不良后果或引发其他争议和/或诉讼:

1. 由当前合同引起的或与之相关的任何争议均应遵守照国际商会仲裁规则,并根据该规则指定一名或多名仲裁员最终解决;

2. 因本合同项下事项,包括其解释或执行,引起的任何争议均必须按照巴西—加拿大商会仲裁中心指南所指定的三名仲裁员通过仲裁解决。

需要指出的是,上述规则中"最终解决"的表述会限制当事人的后续程

---

[5] 机构仲裁是由仲裁机构管理,负责所有法律和程序方面事务;而临时仲裁由仲裁员自己管理,他们负责安排时间、监督仲裁过程。

序行为,当事人一旦确定仲裁,就不能够诉诸诉讼或其他争议解决方式。

从语言学的角度来看,仲裁条款是一种为避免语言病理条款而需符合语法一致性、惯用术语及充分和/或准确的多语言文本要求的约定俗成的语体。

仲裁条款生效后,通过适当的言辞交流,如仲裁请求,便可启动仲裁程序。在国际仲裁的法律背景之下,仲裁请求"不仅是可识别的,还须由程序上设定的应接收该等请求的特定人士将其视为仲裁请求"(Bazerman 1994:91)。在国际商会规则中,仲裁请求与仲裁启动前的行为相关,并为回应该等请求的后续行为奠定基础。只有发出特定范围内的回复才可以顺利完成原被告的程序行为:即被告在30天内提交包含所要求信息的回复(应诉书或反诉请求)。

3. 第4条—仲裁请求(国际商会)

1. 希望根据此等规则诉诸仲裁的一方当事人应向秘书提交仲裁"请求",秘书将把请求的接收情况和接收日期告知原告和被告。

第5条—针对请求的应诉书;反诉

1. 在收到秘书发出的请求后的30天内,被告应提交"应诉书",载明如下信息……

巴西—加拿大商会规则规定了启动仲裁的后续措施:存在约定仲裁中心有权开展仲裁程序的在先文件,该文件应作为合同的附件。仲裁中心应向双方当事人发送该等文件及其他信息:

4. 第5节—仲裁机构(巴西—加拿大商会)

5.1. 当事人在其他文件中约定仲裁中心有权通过仲裁解决合同争议的,应通知仲裁中心其仲裁意图,并随即声明争议的性质、涉及的金额以及对方的名称和相关信息,并附上相关合同的副本。

5.2. 仲裁中心应在15天内向另一方当事人发送上述通知、仲裁委员会的成员名单和此等规则的副本,并请该方指定一名仲裁员和候补仲裁员。仲裁中心也应向对方当事人发送相同的文件和信息,对方当事人应有权在同样的期限内指定仲裁员和候补仲裁员。

尽管不属于本章的探讨范围,时间限制对其所属的更小类型的影响作用以及其后果对其他类型的影响也是很有趣的研究。

仲裁协议(在该协议项下当事人"被视为事实上选择适用在仲裁程序启动日有效的规则"(国际商会仲裁规则,第6.1条))生效之后,仲裁庭的组建便立即开始了。

仲裁庭的组建

仲裁庭的组建被认为是仲裁协议项下最重要的一个步骤,会影响之后的行为或行动。迈尔斯(Miles)(2003:219)认为:

> 仲裁员的技能和资格以及仲裁庭的人数可能对整个争议解决过程有巨大的影响,并且最终影响仲裁裁决。

仲裁庭组建的主要问题包括对仲裁员的资格和技能要求,指派律师还是非律师,以及仲裁员的人数——独任仲裁员还是由三名仲裁员组成的仲裁庭(Miles 2003;Jones 2006)。有关这些问题的决定将影响具体表现仲裁庭构建及之后仲裁程序开展的后续类型。另一方面,在仲裁程序开始之前,如果仲裁员的任命引发了未曾预期的后果,如要求回避、死亡、辞职等,则当事人可以指定候补仲裁员,这可能会导致程序的延迟或成本的增加。

就仲裁员资格而言,国际商会规则并未作详细规定,该规则不要求仲裁员必须是律师。但是,迈尔斯(2003:221)指出:

> 在实践中,国际商会法庭趋向于确保仲裁员要么受过相关法律教育要么熟悉相关法律。

5. 仲裁庭(国际商会)

第7条

一般条款

1. 每一位仲裁员必须独立于仲裁当事人,并(在仲裁过程中)维持此种状态。

第 8 条

仲裁员人数

1. 争议应由独任仲裁员或三名仲裁员解决。

第 9 条

仲裁员的任命和确认

1. ……法庭应考虑潜在仲裁员……根据这些规则开展仲裁的能力……

巴西—加拿大商会规则没有明确规定仲裁员资格且并不反对任命非律师人员担任仲裁员,只要他们具有"清白的声誉和受认可的专业技能"。

6. 第 3 节—仲裁委员会(巴西—加拿大商会)

3.1. 将从具有清白声誉和受认可的专业技能的专家中选任仲裁员。

第 5 节—仲裁机构

5.6. 当事人在 15 天的期限内可约定由双方共同指定的独任仲裁员,包括候补仲裁员,开展仲裁……独任仲裁员应与三人仲裁庭一样遵守这些规则所规定的仲裁程序。

第 6 节—仲裁庭

6.2. 任何可能出现下述情形的人士均不得担任仲裁员:

a. 争议的一方当事人;

b. 作为一方律师、证人或专家参与过争议解决的,或就争议表达过任何法律或其他观点的人士;

c. 一方当事人的配偶或亲戚,与一方当事人具有直系或旁系三代以内的血缘或姻亲关系;

d. 一方当事人(律师)的配偶或亲戚,与一方当事人代理律师或辩护律师具有直系或旁系两代以内的血缘或姻亲关系;

e. 作为争议一方当事人或其股东的公司的董事会或行政机构的任职人员;

f. 一方当事人的好友或敌人；

g. 一方当事人或其配偶的债权人或债务人，包括与该等人士具有三代以内的直系或旁系关系的亲属；

h. 一方当事人预期的继承人、受赠人、雇员或雇主；

i. 争议开始之前或之后从任何当事人处接受礼物，为其就争议标的提供意见或支付仲裁费用提供资源的人士；

j. 代表一方当事人，与争议的解决具有利益关系的人士；

k. 仲裁开始前担任调解员或调停人的人士，除非双方另有约定。

然而，不同的是，巴西—加拿大商会规则通过规定哪些人没有资格担任仲裁员的方式限制了潜在仲裁员的选任范围，尽管"当事人从一开始应采取谨慎的态度避免受不必要的限制的影响"（Miles 2003：22）。

一旦满足了仲裁庭组建全部要求的条件，便开始进行仲裁程序——这似乎是程序中最为漫长和复杂的过程，因为可能涉及第三方以及其他书面证据的发掘。

仲裁程序的进行

仲裁程序的进行包含一系列基本规则⑥，这些规则的作用在于"通过列明和简要描述关于仲裁程序组织恰到好处的决定可能对哪些问题有用来为仲裁执业者提供帮助"⑦，而且：

> 规范仲裁程序的法律和当事人一致同意的仲裁规则通常允许仲裁庭在开展仲裁程序方面拥有较大的自由裁量权和灵活度。这十分有用，因为这可以使仲裁庭在采纳有关程序组织的决定时考虑案件的特定情形，双方当事人以及仲裁庭成员的预期，以及人们在争议解决中对公平和低成本的追求。

---

⑥ 基本规则"提供规则，或部分规则的适用信息"（Kurzon 1986：23）。

⑦ UNCITRAL Notes on Organizing Arbitral Proceedings,〈http://www.uncitral.org/pdf/english/texts/arbitration/arb-notes/arb-notes-e.pdf〉, accessed 15 June 2011.

仲裁程序所蕴含的一个普遍规则与听证有关。听证程序涉及听取证人的口头证言,可以开展由当事人和证人参与的直接或交叉询问。如果需要专家或专家证人出席,仲裁庭可以指派专家,当事人也可以为说明争议观点而要求专家证人出席。采纳口头证言的方式以及对听证程序的控制程度均由仲裁庭自主决定。这可能会有不同的情形,其中一种,即:

证人先是被仲裁庭提问,接着被各方当事人提问(由传唤该证人的当事人先问)。另一种可能是由要求该证人出席的当事人先提问,然后由其他当事人提问,而仲裁庭可能在当事人提问的过程中提出问题或在当事人提问之后就其认为还没有充分澄清的问题进行提问。[8]

听证前可能还会有许多其他行为,例如签发传票,即,通过签发书面传票要求出庭的命令,例如国际商会规则有下述规定:

7. 第 21 条(国际商会)

1. 当要举行听证的时候,仲裁庭经合理通知当事人,应传唤当事人按通知上固定的日期和地点出庭。

2. 如果任何一方当事人经合法传唤却未能出席且无有效理由,仲裁庭应有权继续开展听证程序。

另外,如果案件中一方当事人"未能出席且无有效理由",仲裁庭根据其自由裁量权可发起听证前的后续行动:要么缺席听证要么采取其他行动。

在巴西—加拿大商会规则中,听证前有一些其他行为,具体表现为口头和书面类型,例如预审听证、指定秘书、为提交书面证据而制备的"书面指控"以及通知日期:

8. 第 9 节—程序(巴西—加拿大商会)

9.1. 一旦提起仲裁,仲裁庭的主席可传唤各方当事人和其他仲裁员来参加预审听证,并应指定一名临时的专案秘书。仲裁庭应向当事

---

[8] American Arbitration Association Commercial Rules and Regulations Including Procedures for Large, Complex Commercial Disputes at 〈http://www.adr.org/sp.asp?id=22440〉, accessed 15 June 2011.

人声明与该程序相关的事项,并为管理仲裁程序的进程作出必要的决定。

9.2. 当事人应自听证日(若有)或提出该等要求的通知之日起10日内,提交各自的书面指控,指明其各自拟将提交的证据。

9.15. 如果需要专家证据,应自交送专家报告之日起30日内召开指示听证。如果不需要专家证据,应自第9.3条所述期限结束后30日内,视需要召开指示听证。

经当事人委托参与听证的证人和/或专家可要求进行口头听证(国际商会规则,上述第9.15节)。如果某一人士"通过教育、培训、经验或技术拥有专业知识",就可能符合专家的资格(Haydock and Sonsteng 1994:192)。因此,专家询问系对具有特定知识的专家进行提问以帮助当事人和仲裁员"理解证据或确定争议的事实"(Haydock and Sonsteng 1994:192)。我们认为,由于其法律之外的互文性质,专家证据的听证构成了听证组织架构小类型项下更小的具体类型。听证,如采用书面材料的方式进行,也可具体表现于等级化的类型形式。

在听证结束时,仲裁庭通常会假定当事人不会再提交进一步的证据或意见。⑨ 但是,一些后续行为还是允许的,例如提交归纳口头争论的笔记,只要它们不指向特定的新证据或新论点。

程序的结束

照例,当"听证结束且仲裁员在他/她办公室里对着若干证据笔录、当事人意见与诉请及律师的总结陈词时"(Tessuto 2008:181),仲裁程序即告结束。尽管就仲裁裁决的起草没有具体或固定的指引规则,裁决通常是约定俗成的类型,趋向于"更多地依赖内容而非正式的写作特征"(Tessuto 2008:182)。

---

⑨ American Arbitration Association Commercial Rules and Regulations Including Procedures for Large, Complex Commercial Disputes at ⟨http://www.adr.org/sp.asp?id=22440⟩, accessed 15 June 2011.

裁决应陈述结论所依据的"推理"和/或"基础"。为此目的,裁决必须写明该文件的法律主管部门是谁,当事人是谁,当事人被要求做什么,该等要求的法律基础是什么,以及该等法律基础为何适用于该事项(Hartwell undated):

9. 第 22 条—程序的结束(国际商会)

1. 如果确认当事人已经被给予合理充分的机会来陈述各自的意见,仲裁庭应宣布程序结束。之后,除非仲裁庭要求或授权,当事人不得提出进一步的意见或论点或证据。

2. 仲裁庭宣布程序结束时,应告知秘书裁决书根据第 27 条拟提交法庭审批的大致日期。如提交日期有任何延迟,仲裁庭应通知秘书。

第 23 条 裁决

2. 裁决应载明其所依据的推理。

在巴西—加拿大商会规则中,仲裁裁决颁布并执行后程序才结束。

10. 第 10 节 裁决(巴西—加拿大商会)

10.5. 裁决必须包含:

a. 载有当事人名称和争议概述的报告;

b. 解决事实和法律问题的裁决依据,如果被要求,须附有"公允及善良原则"的声明;

c. 裁决,包括其全部的具体内容和履行期限(若需要);及

d. 裁决公布的年月日和地点。

10.7. 公布裁决后,仲裁程序终结,仲裁庭主席应通过邮件或任何其他通讯方式向各方当事人发送裁决书,或亲自向当事人送达裁决书(附被送达人签收回执)。

在有关程序结束的条款之后,两个商会规则均规定了一些操作性条款,如翻译、语言、弃权等,这些规则事实上也适用于仲裁前行为,因为仲裁一开始就必须采取行动。有一个特别有趣的亚类型是与成本和费用相关的,

有待进一步调查研究:⑩在程序开始之时,通常需提交预付款以涵盖仲裁费用,有关仲裁成本(包括行政支出和仲裁员费用)的决定在仲裁机构提供的说明性表格中列明。

结　　语

有关国际仲裁的多学科研究显然为仲裁程序如何开展,包括从交流目的、法律共识和当事人获取类属能力等方面,提供了一些见解。从法律的角度而言,仲裁在持续进化以满足标准的普通法立法体制,并更加适应作为其应用环境的当代多文化和多法律背景下的工具;从言语的角度而言,大趋势是不同类型、亚类型和更小类型的话语越来越协调以达到顺利完成仲裁程序的条件。

本章把国际仲裁作为一个类型体系来讨论,其目的不仅仅是指出该体系中的全面互动,而是引导参与人选择有限范围内的行为类型以顺利完成仲裁程序。此外,在之前的研究中,我们的调查对象主要为不说英语的民法专家(如巴西人),他们在参与国际仲裁时试图以更有效的方式采取行动但却面临困难。我们的目的是表明巴泽曼(1994)提出的类型体系观念,一旦其当前的相关知识被知晓或掌握,可以帮助该等专家发掘其所不知道的(全部或部分)信息,并为他们提供"更为有益的行为模式"(Bazerman 1994:97)。

参考文献

Bazerman, Charles (1994): Systems of Genres and the Enactment of Social Intentions. In Freedman, Aviva and Meadway, Peter (Eds) *Genre and the New Rhetoric*, London, Taylor & Francis, 79-104.

---

⑩ See ICC Rules, articles 30, 31 ('Costs') and Appendix III and CCBC Rules, Section 12 ('Fees, Charges, Compensation and Expenses').

Bhatia, Vijay K., Candlin, Christopher N. and Engberg, Jan (Eds) (2008a): *Legal Discourse across Cultures and Systems*, Hong Kong, Hong Kong University Press.

Bhatia, Vijay K., Candlin, Christopher N. and Engberg, Jan (2008b): Concepts, Contexts and Procedures in Arbitration Discourse. In Bhatia, Vijay K., Candlin, Christopher N. and Engberg, Jan (Eds) *Legal Discourse across Cultures and Systems*, Hong Kong, Hong Kong University Press, 3-31.

Devitt, Amy J. (1991): Intertextuality in Tax Accounting: Generic, Referential and Functional. In Bazerman, Charles and Paradis, James (Eds) *Textual Dynamics of the Professions*, Madison, WI, University of Wisconsin Press, 336-57.

Frade, Celina (2004): Generic Variation across Legislative Writing: A Contrastive Analysis of the UNCITRAL Model Law and Brazil's Arbitration Law, *Hermes, Journal of Linguistics*, Vol. 32, 45-75.

Frade, Celina (2009): Generic Variation in Cross-Examination across Legal Systems. In Šarčević, Susan (Ed.) *Legal Language in Action: Translation, Terminology, Drafting and Procedural Issues*, Zagreb, Globus, 377-91.

Giddens, Anthony (1984): *The Constitution of Society: Outline of the Theory of Structuration*, Cambridge, Polity Press.

Hartwell, Geoffrey M. B. (undated): The Reasoned Award in International Arbitration. Online at 〈http://www.hartwell.demon.co.uk/intaward.htm〉, accessed 15 June 2011.

Haydock, Roger and Sonsteg, John (2004): *Examining Witnesses: Direct, Cross, and Expert Examinations*, Eagan, MN, West Publishing Company.

Jones, Doug (2006): Acquisition of Skills and Accreditation in International Arbitration, *Arbitration International*, Vol. 22, No. 2, 275-89.

Kurzon, Dennis (1986): It is Hereby Performed … Explorations in Legal Speech Acts, Amsterdam, John Benjamins.

Liu, Xiaohong (2006): Achieving Effectiveness of Arbitration Clauses—A Practical Survey from a Chinese Legal Perspective, *US-China Law Review*, Vol. 3, No. 6 (Serial Number 19), 33-41.

Miles, Wendy (2003): Practical Issues of Appointment of Arbitrators: Lawyers vs. Non-Lawyer and Sole Arbitrator vs. Panel of Three (or More), *Journal of International Arbitration*, Vol. 20, No. 3, 219-32.

Swales, John M. (1990): *Genre Analysis: English in Academic and Research Settings*, Cambridge, Cambridge University Press.

Tessuto, Girolamo (2008): Discourse Systems in English Arbitration Awards. In Bhatia, Vijay K., Candlin, Christopher N. and Engberg, Jan, (Eds) *Legal Discourse across Cultures and Systems*, Hong Kong, Hong Kong University Press, 181-97.

第四章
国际仲裁中的证据、证言和交叉询问

〔意〕法比奥·E. 齐卡尔迪(Fabio E. Ziccardi)

不同法系中的证据

　　本章旨在评估国际商事仲裁实务和规则(如有)证据领域在现阶段是如何应对语言问题的。有鉴于本章的多学科背景,我们将运用法律方法,包括当事人提交刑事或民事司法程序及仲裁的所有形式的事实材料所采用的技术工具,就证据可能是所有司法决议的合理基础这一论点进行论证。此处提及"证据",不仅仅指的是一项主张或抗辩,因为,一项法律甚至是司法裁决必然是基于对事实本身(或者法律上的)的认定,而非仅就主张本身的认定,且使得该认定的事实具有法律效力的前提是它被主张该事实以外的当事人所承认而使得该事实不再处于受争议的状态①,或者是该事实在司法程序中的专门的审判阶段中得以充分证实。

　　众所周知,证据作为法律程序中的基本组成部分,正如普通法系国家的普遍做法一样,应受法律条款的规制或存在于法典或部分习惯法中。然而,国际仲裁中的证据产生的问题之一便是类似规则的普遍缺失性,且现行的趋势是避免诉诸该等规则。尽管,在极少数案例中这些规则也适用于仲裁审判程序中的调查取证环节。此外,从法律层面,证据可分为两大类:

---

　　① 有个语义问题值得我们注意,在意大利司法实践中,虽然不规律,将此类无争议的事实称为"pacifici"(和平的),因为各方之间达成了"和平";因其无用,此类事件中的证据将不被采纳。

第一类是书面证据和现存证据②,第二类是口头证据或在诉讼或仲裁程序中形成的证据。③

目前,国内关于此类证据的规则在刑事和民事诉讼法中的规定截然不同,通常在刑事诉讼法中对证据规则规定得更为详尽。此外,无论证据规则是否规定于根本法律中,④它们在不同国家的法律中也存在显著差异性,且不必然按照大陆法国家和普通法国家之间的"重大差异"而进行区分。

事实上,与普通法国家对证据领域的法律规定⑤保持高度一致性所不同的是,在那些客观上属于大陆法系并可溯源至罗马法实务的国家,其证据规定在民事诉讼程序的发展过程中已经展现出截然不同的面貌,因为其构造已经发生了多次变化,甚至有时候这些构造上的杂糅已经超越了逻辑的范畴⑥;时至今日,该体系内的规则之间已经正式出现了实质性的重大区别,在某种意义上,引入某项 A 国(例如:意大利)的实务规则时,必须保持谨慎的态度,以使其能够遵循(而非适用于)在 B 国(例如:西班牙)的取证行为,尽管这两个国家的实体法或上文例证所适用的民事法律在措辞及其

---

② 其中还包括进一步的物证,如其生产构成侵权的商品,例如"立体"证据毫无疑问是刑事诉讼中十分重要的证据(例如凶杀案中的武器),而在民事案件中重要性居次,这类证据常由证人提交法庭,本章后文将对此展开讨论。一块土地也可作为证据,例如,案件涉及污染或其他形式的非法入侵或滋扰。毋庸赘言,以上证据不会引起语义误读。

③ 在意大利语中,法律理论创新性地使用了"prove costitute"(成型的证据)和"prove costituende"(不成型的规律)这些术语。普通法中被称为"affidavit"(发文)的证据需要证人宣誓,从法律的角度而言,这表达了对口头证据的预期,如被法庭采纳,将取代正式的证言,抑或在没有遭到对方质疑的前提下成为书面证据(见上文注释1,以及本章后文)。

④ 比较法学者越来越频繁地指出,随着成文法(包括英国和爱尔兰制定的起源于欧盟的成文法)和判例法的逐渐升温,两种法律体系正越走越近。但笔者认为两种法律体系是截然不同的,特别是在日常司法实践(这仍是一个国家法律制度的核心所在)中,事实已经证明无论何种法律体系,人们之所以难以理解外国的(大量的!)法律条款、案件摘要、法庭裁决,问题就在于语言障碍;要是内容来自另一套法律体系,法条、摘要、裁决通常(虽不总是)需要专业人士来解释其中的法律文化:一个意大利律师仅凭翻译还难以理解一份苏格兰的法庭裁决文件;与此相反,大陆法系的律师都能理解翻译过的阿根廷或土耳其的裁决(土耳其法律的核心是基于,实际上是翻译自,瑞士法律模式)。

⑤ 这种一致性通常会被那些国家的律师所忽视,他们可能更注重在提出问题、提出反对、捍卫反对意见,或者"抗辩"中的差异;但这些差异远不止是结构性的。

⑥ 现在,意大利至少有普通诉讼程序,如汇票快捷诉讼、产业关系特别诉讼、租赁诉讼、家庭诉讼、破产诉讼。

第四章
国际仲裁中的证据、证言和交叉询问

法律含义方面都较为相似。

由上述证据规则的差异性而产生的具体影响是:普通法系国家的证据体系或多或少是在审判程序就现有证据对口头证据进行取证的优先性原则基础上设立的证据体系,并大体上保留了对证据的预判性。从这个角度看,理论上,所有的书证均须在审判过程中被讨论,只有未受质疑的书证方能被视作一项证据。当然,任何对文件细微的质疑都将会由法院进行严格的评估,甚至进一步,会被陪审团进行更为严格的评估。

然而,就诸多隶属于大陆法系的法律体系而言,情况却并非如此,在这些法律体系中,书证和证言之间的关系可能是模糊的(在意大利,但不仅仅是意大利,一旦提供了书证,基于同样事实基础上的证言便不再被采纳),且整个程序中并不存在一个统一的、可供选择的证据管理模式。在一个国际大环境下,尤其是国际仲裁中,由于普通法院实务中所形成的任何"国内"依据的迥异特性,每组证据可能会产生不同的语言问题,以下笔者将就该等语言问题做简要说明。

国际商事仲裁下的书证问题

当关键性的语言问题在书证语言和仲裁语言中(仅一种)[7]存在不一致时,通常需要将书证语言翻译成仲裁语言,这时,就会产生关键性的语言问题。一般而言,甚至是在国内普通诉讼中,语言问题也被认定为"技术问题"而非法律问题。譬如,意大利上诉法院就确认[8],将书证所用语言翻译成仲裁语言的工作应由依赖该等证据获得利益的一方当事人而非法院来完成。因此,书证的翻译工作并不必然是由提供该等外来证据的一方当事人

---

[7] 仲裁诉讼的语言通常由当事人指定,要是当事人所使用的语言不一致,则采纳合同所使用的语言(完整的合同,或仅参照仲裁协议)为仲裁语言;当合同和协定是双语时,这种情况并非不常见(随着小型中国公司的出现,还有从前的苏联公司,现在的俄罗斯公司,双语文件多是为了方便今后作出"高级"的修改,而非出自商务或合同方面原因),这个问题就变得复杂了。

[8] 2006 年 12 月 28 日 1 号民事庭裁定(编号 27593);西班牙民事诉讼法对于笔译和口译的部分规定不清;西班牙是个双语国家。

完成的。⑨ 此外,如果合同另一方或多方对翻译或部分翻译内容提出质疑,他们需要就该主张的差异性内容承担举证责任,且最终由仲裁庭进行裁定。该裁定极有可能是在当事人双方提交的意见的基础上,由仲裁庭颁布临时裁定的形式做出。在一方当事人对专家意见的翻译提出质疑的情况下,如必要的话,⑩仲裁庭将会自行任命一名专家。综上,除翻译外,语言问题通常还须仲裁庭就其颁布一项裁决方能予以解决。原因在于,翻译成仲裁语言后书证的诉讼意义在于,书证是在证据内容的基础上所作判决的对象。因此,书证本身也是判决内容的一部分,而该等判决的做出正是仲裁庭部分职责所在。⑪

国际商事仲裁中的证言问题

证言通常被分为三类:当事人证言、目击证人证言和专家证言。然而,在世界各国的诸多程序法中,专家证言都不被认为是证据。其中,第一和第二种证据产生了极为显著的、足以直接影响对该等证据的法律评价的语言问题。

当事人证言

仲裁实务表明,在民事诉讼程序中以及国际商事仲裁程序中(后者更常见),当事人证言是一项在诉讼关系中用于在已查明事实基础上获取"事实真相"的有效手段,也因而引起仲裁庭的关注。再次重申,笔者认为,这不必然也不仅仅是语言问题。实际上,无论是在当事人一方或当事人一方正式授权的代表(公司董事长)完全不熟悉仲裁语言的情况所做的简单陈

---

⑨ 2008年,笔者作为意大利普通案件的辩护方,两次遭遇到由双语翻译造成的讽刺局面。本想准确翻译对方当事人的外语文书(英语和荷兰语),结果却把英语文书译得语焉不详,把荷兰语文书译得完全无法阅读,对于罗马人而言,荷兰语太过于异域风而难以翻译;从内容上看,两份文书其实对提交的当事方不利,对另一方更有利。

⑩ 在遴选仲裁员时,应该把具有国际仲裁的外语能力作为考虑条件。

⑪ 这完全符合法律翻译的原则,但其水准很高:1976年《联合国国际贸易法委员会仲裁法》第17条;关于言词证据的翻译(第25.3条)规定较为粗放。

述的情况下,抑或是在他经由翻译进行作答,即使有翻译错误,仍无法依据他的本意去纠正那些与本意不符的翻译内容的情况下,在经过如此"折磨"的特殊经历后,使得当事人一方或其授权代表足以娴熟的运用仲裁语言,他们几乎毫无疑问要比对手方"发挥得更好"。值得关注的是,一些国家的程序法(如意大利法)并不看重当事人证言,当然,由其长期的历史经验来看,它们也不必然排斥该等证言。此外,如果国际仲裁实务倾向于效仿该等普通法传统(假如仲裁双方均非普通法下的执业律师,缺乏任何特定的逻辑或法律基础),让我们假设对普通法传统的效仿是正确的前提下:询问环节(紧随其后的应当是交叉询问)应当由双方的辩护人而非由仲裁员(一般仲裁惯例)进行。实际上,只能在少数终局判决的情况下,仲裁员才会出面对其中的关键性问题进行澄清。这就赋予了仲裁庭对当事人的辩护人所提出问题进行复审,尤其是对其诉讼事实的重要性进行确定的基本职责,并以此来对抗一方当事人为在另一方当事人令人费解的回答中获取有利信息而提出的一长串问题(这被美国学术界戏称为"非法调查"),这些问题通常也使得证人在证人席上如坐针毡、备受煎熬。

实际上,将普通法规则充分运用于对"谁提出问题、谁将对这些问题"进行审查的做法也在盘问环节中处于弱势地位的一方当事人得到了充分保护,使他们免受上述一长串无关紧要问题的无端骚扰。原因在于,尽管一方当事人反对对方当事人的意见并非难事[12],然而,质疑仲裁员,尤其是主席仲裁员的意见,对他们而言却并非易事且是万万不被推荐之举。

虽然这有时对于他们并非易事,仲裁员仍应尽量避免任何过度自信的心理。但是,如果一个辩护人试图使他的客户免于回答仲裁员提出的问题,这将会给仲裁员留下当事人就此问题有所隐瞒的印象,仲裁员此时将非常热衷于在仲裁程序过程中极力地搜集很多其他证据以找出答案,这有时也会导致对翻译所做工作进行全面的复审。在翻译问题和答案的过程中,如有必要,仲裁庭会对当事人主张的在盘问过程中除其母语以外的其

---

[12] 事实上,提出抗议是不容易的,这是律师精湛技能之一。

他语言的错误翻译进行复审。

如辩护人注意到翻译就一个问题或者是当事人一方的回答进行的翻译存在错误的情况,这实际上就是对语言问题展开的一次辩论。⑬ 正如此前提及的书证翻译所述,与其他由证据本身产生的诉讼问题一样,该辩论将不仅仅被视为"技术"问题,因为在庭审过程中形成的关键问题是证据的一部分,如这些关键问题未得以承认并作为证据一部分的话,将会对仲裁庭最终形成的决议赖以支持的基础造成很大影响。因此,语言问题是对案件而言至关重要的法律问题。

目击证人证言

以上大多数内容同样适用于目击证人证言甚至更大的范围。假设,可能这个假设也不一定准确,国际仲裁的当事人一方都是在国际市场上运作的大公司,进一步推断,这些代表公司参加诉讼的当事人高管们都熟悉广泛使用的外国语言。⑭ 然而,对目击证人的选择标准并非由于他们是"好战士"而是基于他们对事实本身的了解,他们"曾经在那里"。(让我们设想一个建筑工程合同诉讼,该类诉讼通常需要就更多的事实进行实地考察或赶赴码头察看装货的全过程),而且因为他们已做足准备,并就此宣誓作证。⑮

木匠或吊车司机可能是施工工地或者是码头沿岸发生事件的最佳目击证人,然而他们几乎不熟悉仲裁语言。通常,他们的母语将会超出仲裁地翻译的专业技能范围。这些翻译员可能极其精通意大利语,但是他们并不一定通晓热那亚语或那不勒斯语。⑯ 在此情形下,如在诉讼程序中不得不需要翻译的话,双方当事人中的"工作人员",如初级律师、双方的雇员、董

---

⑬ 这类口头表述常不被认为是反对,虽然反对的定义是这样的:反对是一种语言行为。

⑭ 事实上,中小型企业的高层经常不懂外语,而他们的母语同国际语言又大相径庭,特别是来自大国、国内方言众多而年纪在五十以上的高层。在中国,只懂中文的公司高层所占比例很大。

⑮ 虽然仲裁中有对目击证人的强制令,但并非所有案件都有此要求,而且人们也不会强迫证人到国外去作证;这一规定只是"国内规定"。

⑯ 据笔者的经验,在科隆工作的意大利翻译,无论其语言工夫多么了得,在做意译英时都会对操着一口流利的贝尔加莫口音的首席木匠的意大利语大皱眉头;在那个仲裁案件中,一位日本测量员的英语同样令他难以理解。

第四章
国际仲裁中的证据、证言和交叉询问

事长助理可能会被要求承担翻译工作。

在诸如此类的情况下,遵循既有的程序法中已有的取证程序是把控该部分程序最好且唯一的方法。我们认为,在双方合意或就争议提交做出决定的情况选择适用普通法系规则,不仅仅是基于仲裁员片面的决议,更非一个隐含的决议。目击证人将被双方当事人盘问,且另一方当事人有权提出包括对问题和答案翻译不当(如有)的异议。在此之后,将会有一轮交叉盘问。最后,仲裁员将会据此提出更多问题。如果选择适用的是其他法系规则,如当事人此前提出的,缘起于瑞士的普通程序并在国际仲裁中获得了一些成功案例的"自由"问题规则,然而,加强主席仲裁的调查职责的方式可能会产生已被注意到的潜在问题,而不仅仅是取证过程中的语言问题。

但如果取证技术并未选用广为人知的普通法系规则,仲裁员们需要更加审慎地详述他们将在质询过程中产生的争议问题的解决规则。谁将会首个被盘问,即使在并非普通法系的环境下是否也应有交叉盘问?且如果面临再一次的直接盘问或再交叉盘问,又将会遇到怎样的语言问题?取证需要规则,且这些规则通常不会采纳国际仲裁法庭规则。据笔者所知,只存在两处例外[17]:1965年3月18日世界银行(或国际投资争端解决中心)华盛顿公约和阿根廷商会仲裁与调解中心的1992法规(以下简称"阿根廷规则")。

在投资争端解决华盛顿公约中,准确地说是在其程序规则中的第33条,就证据、书证、证言、专家及访问和调查确立了一些基本原则。[18] 目击证人须经双方当事人而并非仲裁庭的审查(第35.1条),正如我们所述,在评估不同趋势的过程中,如今欧洲,如需对上述规则规定的诉讼策略进行改变的话,必须征得仲裁当事人的合意。

作为一个值得关注的规则典范,阿根廷规则走得更远,它在第22条至

---

[17] 1976年《联合国国际贸易法委员会仲裁法》第24条、第25条确实提供了证据和听证会,但规定是很"宽泛"的,以至于所有获取证据的技术手段都符合这一规定:这不是程序规则,只是听证会中对所需采纳证据的警告罢了。

[18] 为补充公约的第43和44条,这些规定已被国际投资争端解决中心的行政理事会所采纳。

30条规定了有关证据的全套规则。值得注意的是,阿根廷仲裁机构选取的管辖调查取证的规则完全符合大陆法系的传统,尤其对需要向仲裁庭预先提交需要在仲裁程序中提出的问题这部分的规定,并进一步规定,仲裁庭同样也有职责撤销那些在仲裁过程中才提出的问题(第25条)。虽然阿根廷规则仅适用于国内诉讼,它仍然对如何应对语言问题(如有)起到了极大的帮助作用。

专家证言

专家证言是国际仲裁中另一个亟须制定有关规则,然而现阶段又尚无该等规定的相关证据领域。在普通法系国家和大陆法系国家有关规制该等"技术"证据的方法的显著差异,导致不同法系的律师之间的交流造成了极大的隔阂。在普通法系国家,专家证人的证言由当事人提供,法院或仲裁庭仅就有争议的专家意见作出判断。然而,在大陆法系国家,法院或仲裁庭自行指定专家(在一些国家被称为法律援助),后者对双方专家之间的技术争论拥有决定权,且审查具体事务的地点,并最终出具报告。⑲

第二种法系下的规则无疑是最佳选择。因为该法系并不要求法院乃至仲裁庭完成不可能完成的任务,即在法院或仲裁庭完全陌生的两种解决问题方案中作出选择。通常,由仲裁庭在两个法系规则间作出选择需要历经一个正式的仲裁程序,该程序通常包括合同双方提交意见并由仲裁庭出具的包含尽可能简短的意见的决议。此外,专家证言通常很少提及语言问题:在国际仲裁中选任的专家证人也会考虑其语言能力。通常,一个在其专业领域所向披靡的专家,极少会有不懂仲裁语言的情况。同样,选任一个适格的翻译也将成为取证过程中不可或缺的环节。

---

⑲ 讽刺的是,法院指定的专家替代人是由美国联邦证据法案规定的,但几乎从来没有使用过,原因是律师、法官都不愿意放弃这个传统的、外来的、英格兰唯一保有的法系。

第四章
国际仲裁中的证据、证言和交叉询问

参考文献

Blackaby, Nigel, Lindsey, David M. and Spinillo, Alessandro (Eds) (2003): *International Arbitration in Latin America*, The Hague, Kluwer Law International.

Campbell, Dennis and Meek, Susan (Eds) (2002): *The Arbitration Process*, The Hague, Kluwer Law International.

Caron, David D., Caplan, Lee M. and Pellonpää, Matti (2006): *The UNCITRAL Arbitration Rules: A Commentary*, Oxford, Oxford University Press.

Eijsvoogel, Peter V. (Ed.) (1994): *Evidence in International Arbitration Proceedings*, London, Graham & Trotman—Martinus Nijhoff.

Fouchard, Philippe, Gaillard, Emmanuel, Goldman, Berthold and Savage, John (1999): *Fouchard, Gaillard, Goldman on International Commercial Arbitration*, The Hague, Kluwer Law International.

Frick, Joachim G. (2001): *Arbitration and Complex International Contracts: With Special Emphasis on the Determination of the Applicable Substantive Law and on the Adaptation of Contracts to Changed Circumstances*, The Hague, Kluwer Law International—Schulthess.

Hirsch, Moshe (1993): *The Arbitration Mechanism of the International Centre for the Settlement of Investment Disputes*, Dordrecht, Nijhoff.

Holtzmann, Howard M. and Neuhaus, Joseph E. A. (1989): *Guide to the UNCITRAL Model Law on International Commercial Arbitration: Legislative History and Commentary*, Deventer-Boston, Kluwer-TMC Asser Instituut.

Lew, Julian D. M., Mistelis, Loukas A. and Kroll, Stefan M. (2003): *Comparative International Commercial Arbitration*, The Hague, Kluwer Law International. Redfern, Alan and Hunter, Martin (2004): *Law and Practice of International Commercial Arbitration* (with Nigel Blackaby and Constantine Partasides), 4th edition, London, Sweet & Maxwell.

Rubino-Sammartano, Mauro (2001): *International Arbitration Law and Practice*, 2nd edition, The Hague, Kluwer Law International.

Sanders, Pieter (1989): *Arbitration in Settlement of International Commercial Disputes Involving the Far East and Arbitration in Combined Transportation*, Deventer, Kluwer.

Smit, Hans and Pechota, Vratislav (1997): *Arbitration Rules Issued by International Institutions*, London, Sweet & Maxwell.

Ziccardi, Fabio (2009): *Il Ruolo dell'ordine Pubblico nel Processo Arbitrale*. In: Rubino-Sammartano, Mauro, *Arbitrato, ADR, Conciliazione*, Torino, Zanichelli, 603-25.

第五章
仲裁裁决在中国香港地区的执行：法律和政治挑战

〔印度〕拉杰什·沙默（Rajesh Sharma）

背 景

1997年后的香港地区，因其在一国两制政策下的特殊地位，面临着执行中国内地、澳门地区、台湾地区等涉外仲裁裁决的法律和政治挑战。在此政策的背景下，关于裁决执行的重要法律文件，即《承认及执行外国仲裁裁决公约》（NYC）的运作受到了影响，其本身也影响了中国内地、澳门、台湾的裁决在香港的执行。因内地和香港签署了关于承认和执行各自领域的仲裁裁决的互惠协议，内地地区裁决的执行在一定程度上已被区分出来。[①] 然而，至少从仲裁律师的角度，澳门和台湾仲裁裁决的执行问题没有完全解决。此外，针对外国国家的仲裁裁决在香港的执行，香港还面临着外国国家提出主权豁免抗辩的问题。香港作为争议解决的主要中心，这些问题都亟待解决。

本章将首先简要说明中国内地、澳门和台湾的裁决执行适用的法律制度。其次，本章将讨论仲裁执行中适用主权豁免的问题。分析将突出在香港一国两制原则背景下，仲裁及诉讼律师对于法律解释和适用的不同看法。

[①] 《关于内地与香港特别行政区相互执行仲裁裁决的安排》于1999年6月订立并于2000年2月1日生效。新的香港地区《仲裁条例》已将该安排纳入其第92—98部分。

内地裁决的执行

在1997年之前,英国将《承认及执行外国仲裁裁决公约》的适用延伸到香港。当时香港受英国统治,因此内地的裁决被视为公约裁决。② 根据《承认及执行外国仲裁裁决公约》,内地裁决像其他外国公约裁决一样具有可执行性。然而,1997年后,《承认及执行外国仲裁裁决公约》是通过中华人民共和国在香港适用的,对于其他外国公约裁决情况不变。鉴于《承认及执行外国仲裁裁决公约》是国际条约,中国又是香港的主权国家,可能无法适用《承认及执行外国仲裁裁决公约》来执行内地的裁决。也就是说,无法将内地裁决视为公约裁决,造成了内地裁决的法律真空问题。这种不确定性也阻碍香港发展为国际仲裁的中心。在此期间,一些法律专家转用《仲裁条例》第2GG节(第341章)作为替代方案,根据2GG节,仅经法院许可,仲裁庭作出或给予的裁决,无论是否在香港域内作出,和法院判决具有同等的执行力。③ 一旦许可,法院可根据裁决作出判决。另一种方案是依普通法提起诉讼要求在香港执行一项内地裁决。仲裁的胜诉方可通过令状程序向法院申请仲裁裁决的简易审判。在此程序中,仲裁裁决的数额可作为债务通过简易程序收回。无疑,以上两种替代方案都不如《承认及执行外国仲裁裁决公约》的制度高效。

为了给内地裁决执行铺路,香港特区政府和中央政府根据《基本法》第

---

② 公约裁决指在纽约公约签署国家或地区作出的裁决。但是,就香港来说,指"在除中国或中国任意地区之外的纽约公约成员的国家或国家的地区作出的裁决"。见新香港地区《仲裁条例》第2部分。

③ 第2GG部分称:

(1)由仲裁庭在仲裁程序中或就仲裁程序所作出或发出的裁决、命令或指示,可犹如具有相同效力的法院判决、命令或指示般以相同的方式强制执行,但只有在得到法院或法院法官的许可下方可如此强制执行。如法院或法官给予该许可,则可按该裁决、命令或指示而作出判决。

(2)尽管本条例另有规定,本条适用于在香港或香港以外地方作出或发出的裁决、命令及指示。

95 条关于香港和中国内地其他地区司法协助的规定进行了探讨。1999年,最终协商达成《关于内地与香港特别行政区相互执行仲裁裁决的安排》(《1999 年安排》),并于 2000 年生效。该安排基于《承认及执行外国仲裁裁决公约》的文义和精神产生。执行程序很简便,拒绝执行的依据也和《承认及执行外国仲裁裁决公约》的相同。至此,内地裁决在香港的执行得以和其在 1997 年之前依《承认及执行外国仲裁裁决公约》执行一样高效。④

中国台湾地区裁决的执行

无论是 1997 年之前还是之后,台湾的政治情况都使香港面临两难的局面。即便是英国也从未将台湾视为主权国家。而且,台湾没有签署《承认及执行外国仲裁裁决公约》,因而无法将台湾裁决视为公约裁决。可能是为了解决台湾和其他非《承认及执行外国仲裁裁决公约》成员国家的这个问题,香港《仲裁条例》引入了第 2GG 节。该节同样也在 1997 年后到《1999 年安排》开始实施之前期间解决了内地裁决的问题。根据第 2GG 节,台湾裁决属于在香港"以外"作出的裁决类别。当一项台湾裁决要在香港执行,胜诉方可申请法院许可,一旦法院许可,将就裁决内容作出判决。自不必说,任何台湾裁决都可依普通法通过简易程序收回债务方式执行。尽管台湾裁决可以通过上述两种替代方案执行,香港法院认为这些执行途径没有本质区别。无论哪种情况,法院的角色应"尽可能机械化",除非裁决显然无法履行,法院应允许其执行。⑤

中国澳门地区裁决的执行

对于澳门裁决的执行,香港在制定特定安排方面没有什么顾虑。香港

---

④ 自 1999 年至 2010 年 9 月,香港高等法院已处理了 9 项申请在香港执行内地裁决的申请,并准许了所有申请。参见 LC Paper No. CB(2)1129/10-11(01)。
⑤ 厦门新景地集团有限公司诉裕景兴业(集团)有限公司 [2008] 4 HKLRD 972(见第 47 和 67 段)

方面立法落实《1999年安排》的同时,就指出香港和澳门互相执行仲裁裁决的类似安排将尽快敲定。⑥ 然而,澳门经济快速发展,来自海外包括香港的投资大量涌入,再加上商界对仲裁作为争议解决方式的关注,意味着香港政府决定探讨这些安排的可能。关于香港和澳门互相执行仲裁裁决的任何安排对于香港都是有利的,因为:

1. 其将增加澳门裁决在香港的可执行性的确定性,反之亦然;
2. 其将建立一种香港和澳门相互执行仲裁裁决的简易机制;
3. 其将促进香港和澳门在民事和商业事务上的司法协作;并且,
4. 其将增强香港作为区域性商业争议仲裁中心的地位。⑦

考虑到这些,香港律政司和澳门相关部门在2010年下旬进行了商讨,并对此提案表示支持。2011年1月,香港律政司司长宣布,为了促进与澳门的司法协作,律政将积极推进同澳门签署一份以《承认及执行外国仲裁裁决公约》和《1999年安排》为基础的相互承认和执行仲裁裁决安排。⑧ 该项安排将是第一项中国的两个特别行政区,即香港和澳门之间的安排。

尽管目前为止还没有澳门裁决在香港执行,任何澳门裁决都可通过诉讼或依仲裁条例第2GG节申请简易执行的方式来执行。香港《仲裁条例》最近进行了修订,但第2GG节的条款被植入了新《仲裁条例》的第87节中。总之,在香港和澳门签署安排之前,要在香港执行的澳门裁决可以参照台湾裁决的方式在香港执行。

国外裁决的执行:新的挑战

无论在1997年之前还是之后,涉外裁决在香港的执行都通过《承认及执行外国仲裁裁决公约》途径获得有力保障。然而,考虑到香港独特的司

---

⑥ LC Paper No. CB (2) 1129/10-11(01) also see LC Paper No. CB(2)2016/99-00.
⑦ LC Paper No. CB (2) 1129/10-11(01).
⑧ 参见香港律政司司长于2011年1月10日在2011年法律年度开幕纪念仪式上的讲话。

第五章
仲裁裁决在中国香港地区的执行：法律和政治挑战

法情况,如果一项裁决针对的是外国政府,将产生新的挑战。根源在于主权豁免原则适用的不确定性。在 1997 年之前,同英国类似,香港遵循限制主权豁免主义。⑨ 而中国则采纳绝对豁免原则。问题在于香港目前采取何种原则,限制豁免主义还是绝对豁免主义。在 *FGH Hemisphere v. Democratic Republic of Congo*(FGH 案)中,香港法院就面临了主权豁免的问题。⑩

FGH 是一家位于纽约的公司,受让了仲裁的原始当事方——一家名为 Energoinvest 的南斯拉夫公司——在瑞士和巴黎作出的裁决,支持由刚果共和国支付全部本金和利息,成为两项仲裁裁决的受益人。仲裁是按照国际商会(ICC)规则进行的。了解到中国和刚果共和国的良好政治和经济关系,以及中国政府计划大规模投资刚果共和国进行矿产开发且中国公司将付款的情况,FGH 拿出了原诉传票申请判决许可要求中国公司财团执行裁决,同时申请了禁令要求这些财团不得向刚果共和国付款。这些财团是在香港设立的有限责任公司(不过是中国铁路集团有限公司的一家在中国设立的有限责任公司的全资子公司),其股票在香港股市上市。

一审中提出的问题之一即刚果共和国同意提交仲裁是否意味着其放弃了豁免权。此外,1997 年后,香港普通法是否承认限制豁免原则,或者说诉讼豁免是否是绝对的。尽管没有详细论述豁免适用原则,一审法院没有支持 FGH 关于放弃豁免的主张(而是支持了刚果共和国)。⑪ 上诉法院面临的问题是:

> 申请许可执行纽约公约下针对一国政府的仲裁裁决是否起诉外国政府;香港法律是否要对管辖和执行采用绝对主权豁免原则,而不是限制原则;同意将争议提交纽约公约成员国仲裁并按照 ICC 规则进行仲裁,非公约成员的外国,如有管辖和执行的国家豁免权,是否放弃了该等权利。⑫

---

⑨ 英国的《国家豁免法(1978)》,确定了国家不能因其商业目的豁免的趋势。
⑩ CACV373/2008 & CACV 43/2009.
⑪ See FGH case, paras 21-22.
⑫ See FGH case, paras 2.

简而言之,法院要决定两个问题:

1. 关于主权豁免,香港目前的实践是采取绝对豁免还是限制豁免;

2. 一国同意将争议提交《承认及执行外国仲裁裁决公约》国家仲裁并依据 ICC 规则仲裁,是否代表其放弃了管辖和执行豁免权。

上诉法院认为香港仍适用限制豁免原则。[13] 上诉法院明确说到:

> 在我看来,申请许可执行涉外仲裁裁决即申请请求法院的管辖权,当该裁决是针对一外国政府时,此种申请即寻求起诉该国,因此此管辖豁免问题应在那一阶段提出并解决。在没有具有更广泛影响力的立法的情形下,外国国家提交仲裁"仅仅是在仲裁的第一阶段除去国家豁免权,在该阶段,国内法院行使监督权",因此在本案中,刚果共和国提交国际商会仲裁不构成对香港法院考虑许可申请的管辖的弃权,也不构成对执行的弃权。[14]

结果,上诉法院判决道:

1. 刚果共和国没有放弃其享有的管辖和执行豁免权;

2. 申请许可执行涉外仲裁裁决是一项请求法院管辖的程序,同时也是起诉了刚果共和国;

3. 刚果共和国对香港法院的管辖享有限制性而非绝对豁免;

4. 需凭所作许可来执行仲裁裁决;且,

5. 刚果共和国对其可取得的、不作为主权用途的入门费没有执行豁免权。

斯多克(Stock)法官的意见得到了芮法官的支持(构成大多数意见),后者在另一意见中从不同角度得出了同一结论。芮法官认为限制豁免是一项国际法习惯,已成为普通法传统自 1997 年后在香港适用。因此,刚果共和国享有限制性而非绝对豁免。因此,绝大多数意见占上风,本案最终支持

---

[13] FGH 案以 2-1 大多数判定。斯多克法官和芮法官构成大多数,但杨法官表达了反对意见。最终上诉法院还未就此问题作出最终裁定。

[14] Justice Stock VP; see FGH case, para 177.

了FGH而非刚果共和国的主张。⑮

但是,杨法官对此持不同意见,对斯多克法官的意见表示不同意,认为"从全球视野出发,并考虑到香港特别行政区的宪制性和中华人民共和国明确的外交政策,在我看来,刚果共和国享有绝对豁免权"。⑯杨法官更明确说到"中华人民共和国将绝对豁免原则作为其国际法律义务,也同样适用于香港特别行政区"。⑰杨法官还提出了第三点理由,即"限制豁免原则不是国际法传统,因此刚果共和国享有绝对豁免权,尽管刚果共和国提交了仲裁,其并未放弃国家豁免权"。⑱

FGH案的大多数意见主要是从限制性主权豁免的适用参照普通法在香港的地位作出的。因此,法院的论证引出了一个重要问题,即在适用绝对或限制主权豁免原则上,一项法律传统是否构成一个国家作判断的决定性指示。

法律传统、主权豁免及裁决执行

一国的法律传统并不能指示其在主权豁免问题上的选择。例如,仅知道一国遵循普通法或大陆法传统不足以认定该国适用绝对主权豁免还是限制主权豁免原则。而遵循普通法传统的领头国家,如美国和英国适用限制主权豁免原则,则是另一个问题。⑲同样,大陆法系国家可能倾向于适用绝对豁免;然而,不能因法律传统得出普通法系国家遵循限制主权豁免原则而大陆法系国家遵循绝对主权豁免原则的结论。

法院在FGH案中的大多数意见主要是基于1997年以后,根据《基本

---

⑮ See FGH sase, Justice Yueng, para 246.
⑯ See FGH sase, Justice Yueng, para 182.
⑰ See FGH sase, Justice Yueng, para 224.
⑱ See FGH sase, Justice Yueng, para 231.
⑲ 美国适用了《外国主权豁免法(1974)》,英国将《国家豁免法(1978)》立法,设立了国家不能因其商业目的豁免的趋势。至少在普通法领域,这可作为既定方法。

法》第 8 条,香港仍然采普通法。[20] 据称,FGH 案中,法院仅因为 1997 年以后香港继续适用普通法而认为香港当时适用限制性豁免原则这一方式是错误的。的确,在 1997 年以前,1978 年英国国家豁免法("英国法令")适用于香港,因此香港彼时适用限制主权豁免。但是,1997 年以后,该英国法令不再适用,而又没有引入与之相对应的中国法律适用于香港,造成了法律真空。

由于没有任何成文法,法院选择引入英国法令与主权豁免相关的普通法态度。法庭参考了判例,认为香港应适用 *Mighelle* 案[21]、*Duff Development* 案[22]等案的结论(因此要求"明示的"弃权)。对此,斯多克法官总结说:"据此我认为 1997 年 6 月 30 日适用的香港普通法认可限制豁免原则"。[23] 法院进一步说到:

> 除非普通法本身发生了改变,香港法院采纳的规则必须逻辑上严格对照限制原则。既然其不可能因任何国际习惯法的变更而改变,其只能基于宪法和社会环境的要求而改变。我认为这类要求须非常明确,因为这种改变无疑是倒退性的。对此,我并非指普通法将会退回到一个早已弃用的态度这一明显的事实,而是指这会招致对公平正义原则的打击,而这种原则恰是商业当事人诉诸法院所追求的。如果允许国家利用管辖权选择法院起诉商业当事人,而在相反情况下拒绝承认管辖权,将是对公平正义原则的打击,这会使一些针对与国家主权行为无关的商业行为的有效诉请被拒之门外。[24]

尽管法院的说辞鼓舞了商界及香港这些国际仲裁的支持者们,但其论证有两项谬误:第一,没有条文法的情况下(即英国法令),同时基于普通法的一贯性,香港法院应遵循英国法令生效前,即 1978 年以前的普通法传统。第二,在英国法令生效前,英国遵循的是绝对豁免原则。因此,1978 年

---

[20] 《基本法》第 8 条称"香港原有法律,即普通法、衡平法、条例、附属立法和习惯法,除同本法相抵触或经香港特别行政区的立法机关作出修改者外,予以保留"。
[21] *Mighelle v. Sultan of Johore* [1894] 1 Q. B. 149.
[22] *Duff Development Company Limited v. Government of Kelantan* [1924] A. C. 797.
[23] FGH case, para 122.
[24] FGH case, para 81.

第五章
仲裁裁决在中国香港地区的执行:法律和政治挑战

以前作为普通法适用的绝对豁免原则应在1997年以后继续在香港适用。而英国法令在1978年生效时取代或替代了当时的普通法原则,即绝对豁免原则这一事实也印证了这点。换而言之,1978年以前,由于英国法令在英国和香港的适用,普通法的原则并不适用。而1997年当英国法令撤回之后,一度不被适用的普通法得以再次在香港适用。值得注意的是,斯多克法官提及"显然,这将使普通法退回到过去长期弃用的原则"时,他其实承认了这一点。同时,他也提出如果发生这种情况,将会是一种对"公平正义原则"的打击。法官没有根据其论证得出逻辑结论,而是基于其他原因,即"公平正义原则"转而作出结论是错误的。虽然可能令人难以接受,但是如同斯多克法官所说,逻辑上来说,在1997年以后,普通法原则应回到绝对豁免而适用于香港,才是正确的方式。

斯多克法官的另一个逻辑谬误在于忽略了普通法情形下适用主权豁免的一项重要因素,即只有主权国家享有主权豁免。主权豁免不能脱离主权而存在。法庭须承认,中国是香港的主权国家。在此情形下,适用普通法原则得出香港适用限制豁免原则而香港的真正主权国家遵循绝对豁免原则显然有误。无论一国遵循普通法还是大陆法传统,遵循绝对或限制主权原则,一国只可能有一个主权这一事实是共通的。㉕ 一个主权下产生两种主权豁免实践绝不是"一国两制"方针所设想的。

就普通法对于主权豁免的态度,斯多克法官在判决中也提到"其只能基于宪法和社会环境的要求而改变"。㉖ 这样看来,斯多克法官认可香港的社会环境发生了改变:

> 环境发生了改变。因为香港不再依附于一个放弃绝对豁免原则的主权国家,而是中国不可分割的一部分,而中国并没有[放弃绝对豁免原则]。㉗

㉕ 在加拿大,因宪法的特定条款,加拿大各成员省主张其各自独立并能要求豁免。然而,这种情况被广泛接受并成为习惯做法。

㉖ FGH case, para 81.

㉗ FGH case, para 82.

在此情形下,明确香港遵循何种豁免原则对仲裁律师和国际律师很重要。如果此情形第一次发生在一个国家,则一般该国的行政分支会知会法院,然后两者会传达一致意见。在 FGH 案中,驻香港的中国政府代表机构,即中国外交部驻香港特别行政区特派员公署分别向一审法院和上诉法院出具了公函。在第一封公函中,特派员公署称其已"获得正式授权"声明中国的原则性立场(关于主权豁免),而这正是 FGH 案的争议点之一。[28] 此外,第一封公函还提到:

> 中国一贯的和原则性的立场是,一国及其财产在法院中享有绝对豁免,包括管辖和执行的绝对豁免,从未适用所谓"限制豁免"原则和理论。

公函进一步明确,中国法院一向对作为被告方的外国国家和政府以及其财产采绝对豁免。公函强调"中国从未认可外国法院对中国或中国政府被诉的案件有管辖权,也不认可其对涉及中国或中国政府财产的案件有管辖权"。公函向法院传达了这样一个信息"中国政府的此原则性立场是一贯的、明确的"。[29]

尽管行政分支已明确声明,一审法院没有考虑这封公函,没有同行政分支沟通一致,而是发表了不同意见。雷耶斯(Reyes)法官不接受代表中国政府立场的行政分支的立场,他认为,在这一问题上,中国的立场前后不一致。他认为,既然中国签署了承认限制豁免原则的《2004 年联合国国家及其财产管辖豁免公约》(《2004 年公约》),那么,第一封公函则表明中国的立场前后不一致。

因为一审法院对考虑第一封公函持保留意见,特派员公署向上诉法院出具了第二封公函,并解释了关于《2004 年公约》中国的立场。[30] 第二封公函明确说到:

---

[28] 第一封函件于 2008 年 11 月 20 日作出,其中部分内容在 FGH 案第 90 段中重现。
[29] FGH case, para 90.
[30] 第二封函件于 2009 年 5 月 21 日作出,其中部分内容在 FGH 案第 91 段中重现。

签署公约后,中国坚持绝对豁免的立场并没有改变,也从未适用或承认所谓"限制豁免"原则或理论。

中国签署《2004年公约》是为了"表明中国对国际社会协作努力的支持"。中国是本着"协商、妥协与合作的精神参加公约的。尽管公约的最终内容不如中国预期满意,作为各方妥协的产物,中国支持联合国大会通过公约。"依据第二封公函,中国签署《2004年公约》"不能作为认定中国对于相关问题的原则性立场的依据"。[31]

尽管《2004年公约》没有被中国吸收,也没有发生约束力,有几点内容仍有必要关注。根据《维也纳条约法公约》,一旦签署了条约,一国就有责任按诚实信用原则行事,不能违背条约,而即使签署国没有吸收及/或批准条约,抑或条约本身没有产生约束力均不影响此诚实信用义务。[32] 换言之,签署《2004年公约》后,中国就承认了限制豁免原则,不得以抵触限制豁免原则的方式行事。上诉法院认为中国的声明与其签署《2004年公约》(其中认可限制豁免),无法反映中国关于主权豁免的立场。因此,照此逻辑更进一步,可以说,签署支持限制豁免原则的《2004年公约》的国家,即使该公约在该国得到批准并开始适用,一国仍有权宣称其坚持公约不认可的一项立场。这是否属于违反公约义务?因此,考虑到签署《2004年公约》的影响,法院没有采纳特派员公署的声明作为在香港适用绝对豁免原则的结论性意见。

司法部门和行政部门的不同立场还引发了另一问题,即如果要认定一国实行绝对还是限制豁免,哪个部门有权给出决定性意见?如果惯例是司法部门和行政部门要表达一致意见,那该意见由哪个部门负责发出?据称行政部门能够也有权作出其实践的声明,而司法部门在判决案件时应遵循或采纳其立场。这样一来,行政部门和司法部门就能保持一致意见。如果司法部门有权决定行政意见,将会产生尴尬场面。因此,对于香港,当在这

---

[31] FGH case, para 91.
[32] 《维也纳条约法公约》,第18条。

一方面产生法律真空而第一次面临此类争议时,应遵循中国方面明确清楚的立场,判决在香港应适用绝对豁免原则。毕竟中国是香港的主权国家。而且,行政部门已经先于法院对签署《2004年公约》的事实作出了明确声明,香港法院不应有其他理解和揣测。如果中国违反了其《2004年公约》下的条约义务,如有可能,也应由国际社会或其他签署国针对中国发表意见和采取行动。香港法院无权命令、决定或推定(在有明确清楚声明的情形下)中国关于主权豁免的立场。

即使在"一国两制"背景下,假设香港继续适用普通法,香港法院也无权决定主权豁免问题的立场。这应由主权国家决定,如果主权国家声称其遵循绝对豁免,1997年以后,香港法院应遵循同样的原则。这也应该成为1997年以后香港普通法的一部分,因为自那以后社会变更要求普通法立场由限制豁免转向绝对豁免。就香港来说,法院错误地将重点放在中国签署《2004年公约》的事实上。假如中国之后决定退出《2004年公约》呢?是否意味着中国再次改变了其立场?假设如此,是否可能在香港适用限制豁免原则而在中国内地适用绝对豁免原则?这将非常荒谬。此外,中国签署的条约,除非推广到香港,并不自动对香港发生约束力。迄今,中国尚未明确《2004年公约》也在香港适用。因此,香港法院应遵循同样的绝对豁免原则,且此原则不因香港实行普通法而改变或偏离。按主权豁免的惯例,必须有一主权国家,对于香港来说确有一主权国家,所以该主权国家的惯例对香港有约束力。

适用绝对豁免的情况下,当涉及仲裁裁决执行时,主权豁免弃权的例子将适用,而仲裁协议可作为此种弃权,可以是"明示的"或"暗示的"证据。此种豁免弃权应持续适用至执行完全完毕,除非执行的国家财产具有纯国家功能。否则,当国家财产适用于商业用途时,主权豁免弃权应持续适用。

豁免权放弃与裁决执行

私人相对人和一国家间的仲裁中,代表该国的豁免弃权可以三种方式

作出:

  a. 如国家同意仲裁;

  b. 如该国是《承认及执行外国仲裁裁决公约》的成员或约定在《承认及执行外国仲裁裁决公约》成员国仲裁;以及,

  c. 如该国同意了包含豁免弃权的仲裁规则。

  一旦一国同意与一私人当事人进行商业仲裁,其就放弃了对仲裁的豁免权,也放弃了对于裁决的执行豁免权。在仲裁律师看来,如果允许国家在执行阶段提出执行抗辩,无疑会阻碍关于仲裁的合意。就此有一个有争议的问题,即同意提交仲裁是否意味着一国同样放弃了其在执行阶段的主权豁免权抗辩?学者就此提出两阶段论进行分析。㉝ 这意味着一国同意进行仲裁不等于其同意或放弃执行阶段的主权豁免权。执行阶段被进一步划分为:

  a. 承认阶段;以及,

  b. 实际执行阶段。

  承认阶段仅表明当裁决的胜诉方将裁决提交执行法院而法院对裁决给予完全承认。实际执行阶段则表示执行法庭已经承认裁决可执行(在对另一方的反对意见作出判决后)并因此下令执行。然而,也有学者认为一旦一国同意仲裁,应视为其同样放弃了在执行阶段的主权豁免,这样仲裁方可通过执行实现其逻辑和实际效果。㉞因此,同意仲裁应包括裁决阶段的执行,而且"除非承诺仲裁是确定且可执行的,同国家的仲裁协议没有意义"且违反公平正义。㉟ 荷兰、美国、法国等国家普遍认为,"当一国同意仲裁而放弃了其豁免权,该等放弃的范围应延伸至裁决结果的确认或承认及执行

 ㉝ See in general, Fox (2008): *The Law of State Immunity*, 2nd edition, Oxford, Oxford University Press.

 ㉞ Toope, Stephen J. (1990): *Mixed International Arbitration: Studies in Arbitration between States and Private Persons*, Cambridge, Cambridge University Press, 146-50, as cited in FGH case, para 140.

 ㉟ FGH 案,第 138 段。上诉律师依据的是巴尚(Bachand)教授的文章(2009):克服以豁免为基础而拒绝在加拿大承认和执行国家同私人间裁决,*Journal of International Arbitration*, Vol. 26, No. 1, 59-87.

程序”。[36]

在FGH案中，有人提出刚果共和国不是《承认及执行外国仲裁裁决公约》的签署国；因此，不能假定刚果共和国同《承认及执行外国仲裁裁决公约》的其他签署国一样已经默示同意了不在执行时提出主权豁免，即执行裁决时，签署国要遵循限制豁免原则。[37] 因为，《承认及执行外国仲裁裁决公约》的签署国非常了解，根据该公约，主权豁免不能成为拒绝执行仲裁裁决的依据。然而，值得注意的是，即使是非签署国也可利用同意在签署国仲裁而获益，因为裁决结果将被认定为公约裁决，能够在任何公约国家执行。这可能是刚果共和国的商业伙伴以及刚果共和国同意将仲裁地选为瑞士和法国，从而可以通过《承认及执行外国仲裁裁决公约》的裁决承认和执行相关的简易流程执行裁决的一部分原因。因此，可以认为如果非《承认及执行外国仲裁裁决公约》签署国选定一个签署国作为仲裁地，可以认定该非签署国了解并接受裁决结果将同其他公约国家的公约裁决一样得到执行。

部分仲裁规则也可表明对执行裁决豁免的弃权。例如，国际商会规则第28(6)条：

> 凡裁决书对当事人均有约束力。通过将争议提经本规则仲裁，各当事人负有毫无延迟地履行裁决的义务，并且在法律许可的范围内放弃了任何形式的追索权，但以该放弃为有效作出条件。

原国际商会规则第24条，对应现规则的第28(6)条，包含“终局”和“申诉”的用词，现已分别改为“有约束力”“追索”。虽然不能确认国际商会是否将主权豁免考虑进了第28(6)条的适用范围。[38] 但是，法国法院认为，一旦同意适用国际商会规则，第28条相当于当事人承诺毫无延迟地履行同时准予放弃执行的豁免的义务。[39] 同样，美国法院也表示，同意适用国

---

[36] FGH case, para 138.

[37] FGH case, para 171.

[38] Deraines, Yves and Schwartz, Eric A. (2005): *Guide to the ICC Rules of Arbitration*, 2nd edition, London, Kluwer Law International, 303-28.

[39] *Creighton Ltd v. Government of the State of Qatar* (French Ct of Caeeation, ch. civ, 1; 6 July 2006).

际商会规则,第 28(6)条构成对豁免的"明示的"放弃。⑩

在 FGH 案中,当事人同意适用国际商会规则。然而,香港法院反对同意适用国际商会规则构成明示或暗示的弃权。法院声称:

> 据我判断,非《承认及执行外国仲裁裁决公约》签署国,同一私人当事人订立国际商会仲裁协议,并非向各公约国表示其同意在作出裁决的公约国对其执行裁决。在我看来,在此情形下,仲裁地国的管辖权只能由立法或由该外国向仲裁地国明确表明而取得。⑪

法院同时采纳了黛尔希(Diecy)的意见:

> 根据普通法,主权豁免放弃可以由或代表该外国作出,但是该放弃必须在要求法院行使管辖权时作出,而不能按提经法院或仲裁管辖的事先协议作出或推断出。⑫

据此,国际公法律师承认仲裁裁决执行时,外国法庭行使了管辖权,此时一国可以要求放弃管辖权。并且,既然"提经法院或仲裁管辖的事先协议"不足以构成对主权豁免的放弃,仲裁协议或同意适用国际商会规则(包含了暗示的放弃)也不能认定为刚果共和国的默示放弃。

国际公法律师的该种意见让仲裁律师难以接受,主要因为仲裁程序包含了作出裁决和执行,本质上同包含执行裁决的法院程序有所不同。在仲裁领域,仲裁协议启动了仲裁,而当事人自同意仲裁起就了解也能想象其结果,即如果发生争议将会通过仲裁解决,将适用约定的仲裁规则,将会在约定的仲裁地进行仲裁,将会适用《承认及执行外国仲裁裁决公约》执行裁决,且在执行阶段当事人仅有有限的理由质疑裁决。如果仲裁律师和私人

---

⑩ Walker International Holdings ltd v. the Republic of Congo 395 F.3d 229(5th Cir)(2004). 其中美国上诉法院判决"此外,刚果共和国同意遵守国际商事仲裁规定(第 28(6)条),因而不得援引主权豁免"并判定"因此,我们认为刚果共和国明确放弃了主权豁免。因此,我们无须再处理潜在的默示的弃权"。See FGH case, at p. 234.

⑪ FGH case, para 171.

⑫ Collins, Lawrence, Morse, C. G. J, McClean, David, Briggs, Adrian, Harris, Jonathan, McLachlan, Campbell and Hill, Jonathan, *Dicey, Morris & Collins on the Conflict of Laws*, 14th edition, Vol. I, London, Sweet & Maxwell, para 10-028, 285.

当事人必须在仲裁的每个阶段应对主权豁免的问题,其将不愿意与一国进行任何商业交易。此外,即使仲裁律师考虑了执行阶段的主权问题,如在协议中设置一项防止一国行使其主权豁免权的条款,也不能确定一外国法院会将该协议作为依据,因为事先"协议"可能不能认定为对主权的放弃。因此,在国际私法情况下运用国际公法原则无益于商界和仲裁程序,当交易方是国家并涉及主权豁免问题时尤其如此。

刚果共和国同意仲裁,同意适用国际商会规则进行仲裁(明知其要求当事人放弃其权利)并同意在公约国进行仲裁,都表明刚果共和国已默示(如未明示)其在裁决执行时的主权豁免权。

针对国家财产的裁决的执行

执行仲裁裁决时,解决法院对于国家的管辖权问题后,执行法院还要解决针对国家财产的强制执行问题。然而,必须注意,用于纯国家或外交目的的国家财产或账户是不能被强制执行的。只有用于商业目的的国家财产可以用于裁决的强制执行。接受限制豁免理论的所有国家,在涉及军事、外交、非商业目的的国家财产时,均无例外地坚持绝对豁免原则。[43] 因此,法院需要评估执行所涉财产或账户用于纯国家目的还是商业目的。判断财产或账户性质的测试是功能性测试,即该财产的用途或功能为何,而非如何取得。[44] 例如,如果一船舶是由国家购买,但用于商业目的,该船舶就可以被强制执行;但即使购买一战舰的经费是出自商业活动,该战舰应免于被强制执行。唯一的问题在于一项国家财产或账户同时用于纯国家目的及商业目的。在此情形下,该国家财产是否能被强制执行的问题悬而未决。[45]

《2004 年公约》第 19 条明确,不得在另一国法院的诉讼中针对一国财

---

[43] 根据 1861 年《关于外交关系的维也纳公约》,外交公约符合特别豁免,属于另一领域。
[44] FGH case, para 179.
[45] Redfren, Alan, Hunter, Martin et al. (2004): *Law and Practice of International Commercial Arbitration*, 4th edition, London, Sweet & Maxwell, 467.

第五章
仲裁裁决在中国香港地区的执行:法律和政治挑战

产采取判决后的强制措施,例如查封、扣押和执行措施,除非该国明示同意采取此类措施。公约没有说仅签署仲裁协议本身不表示可以对该国的财产采取判决后的强制措施。表明需要另外的对豁免的特别放弃。因此,如果仲裁协议同时包含对国家财产豁免的明示放弃,则该仲裁协议可构成对管辖和执行豁免的双重放弃。如果一国指定一项财产以满足索赔需要,则该指定财产不能在索赔执行阶段享有主权豁免。同时,用于政府非商业目的的(即商业目的)的国家财产,如果该财产位于仲裁地国家领域内且与强制措施针对的实体有联系,则其不属于豁免范围。对国家财产豁免的明示放弃也可从一国参加的国际条约推断,即《纽约公约》。

在 FGH 案中,FGH 申请了禁令要求中国铁路集团不得向刚果共和国支付相关"门票"。如果应向刚果共和国付款的中国铁路集团在香港没有办公室,也没有股票在香港证券市场上市,FGH 将没有执行的对象。应付给刚果共和国和采矿总会的"门票"达 35,000 万美元。[46] 因为投资机制结构的一些变动,最终导致 14,400 万美元的入门费应支付给采矿总会和刚果不动产,而不是之前的刚果共和国和采矿总会。表面上看,刚果共和国可能不再是该入门费的收款方;而 FGH 的问题是采矿总会和刚果不动产仅仅是代表刚果共和国行事的代理人或幌子。即便事实如此,如果收取的入门费将用于公共目的,其就应作为政府非商业资金享有主权豁免。但是,如果该入门费将用于商业目的,则根据法院的决定其将无法免于强制执行。杨法官在 FGH 案中说到:"必须承认,为满足针对一国的判决扣押和出售一国资产将严重影响该国利益,并可能使该国无法正常运作"。[47] 根据法院取得的材料,刚果共和国的预算将增加 2 亿到 2.5 亿美元用于公共目的。因此,该部分入门费可免于强制执行。剩余的刚果共和国政府将交付采矿总会的 1 亿到 1.5 亿美元则可能会强制执行,无法取得豁免。[48] 交付采矿总会的钱款是否属于用于公共目的则是另一个问题。但是,法院认为赋予

---
[46] FGH case, para 10.
[47] FGH case, para 234.
[48] FGH case, para 277-8.

采矿总会这一有其自身商业利益的政府相关实体的钱款不一定会用于公共用途,因此该钱款可以被强制执行。结果,如果全部入门费要用于公共目的,即便香港遵循限制豁免,FGH 也不得取得裁决钱款。此情形下,裁决执行会停滞不前,造成私人当事人的困扰,但是这与仲裁界可接受的实际情况是一致的,而且这种罕见情况不会让仲裁变成争议解决的累赘程序。

结　　论

在香港执行仲裁裁决面临着一些独特的挑战。不同地方作出的仲裁的执行也不同。作为中国不可分割的一部分,加上中国是其主权国家,执行的主要法律文件即《承认及执行外国仲裁裁决公约》不能适用。因此,内地裁决要通过依《承认及执行外国仲裁裁决公约》精神达成的香港和中国内地的特别安排来执行。但是,台湾裁决的执行已经设定了特别安排,主要是依据新《仲裁条例》第 2GG 节或普通法。澳门裁决也是同样情况。香港特区政府和澳门特区政府有望很快达成参照《承认及执行外国仲裁裁决公约》互相执行裁决的安排。

在《承认及执行外国仲裁裁决公约》签署国作出的裁决一向按照该公约在香港执行。但是,香港最近面临了一个新挑战,即针对一个非《承认及执行外国仲裁裁决公约》缔约国的仲裁裁决在香港的执行问题。此情况引发了一个重要的法律问题,即香港应适用限制还是绝对豁免原则。这个问题针对外国或其财产执行裁决也非常重要。这个问题还没有解决,因为香港最高法院尚未作出判决。一审法院和上诉法院的判决突出了仲裁律师和国际公法律师在这一问题上的冲突和不同理解。基本上,上诉法院从司法上判定了香港适用的主权豁免原则,而这本应提经政府行政分支决定。为执行裁决目的,香港的特殊法律环境以及内地律师和仲裁律师关于主权豁免的不同立场使针对一外国的裁决执行不可确定也不可预测。

"鉴于内地法院(处理裁决执行时)拒绝为仲裁裁决执行设立特别规

则"且其受司法程序适用的原则指导,这一情况变得更加困难。[49] 而仲裁又无法发展其自己的作为争议解决独立体系的实体法,因而仲裁本身是一个从属的而非替代性的争议解决体系。[50] 只要按法院程序一样处理仲裁,主权豁免及许多其他问题将成为仲裁顺利运作的障碍。

参考文献

Bachand, Frederic (2009): Overcoming Immunity-Based Objections to the Recognition and Enforcement in Canada of Investor-State Awards, *Journal of International Arbitration*, Vol. 26, No. 1, 59-87.

Convention on Diplomatic Relations (1861).

Convention on the Jurisdictional Immunities of States and their Property (2004).

Convention on the Recognition and Enforcement of Foreign Arbitral Awards (10 June 1958).

Creighton Ltd v. Government of the State of Qatar, French Court of Cassation, ch. civ, 1; 6 July 2006.

Deraines, Yves and Schwartz, Eric A. (2005): *Guide to the ICC Rules of Arbitration*, 2nd edition, London, Kluwer Law International, 303-28.

Collins, Lawrence, Morse, C. G. J., McClean, David, Briggs, Adrian, Harris, Jonathan, McLachlan, Campbell and Hill, Jonathan (2010): *Dicey, Morris & Collins on the Conflict of Laws*, 14th edition, Vol. I, London, Sweet & Maxwell, para 10-028, 285.

Duff Development Company Limited v. Government of Kelantan [1924] A. C. 797.

FG Hemisphere Associates LLC and Democratic Republic of Congo and ors, CACV373/2008 & CACV 43/2009.

Foreign Sovereign Immunity Act (1974).

---

[49] Fox, Hazel, State Immunity and the New York Convention. In: Gaillard Emmanuel and Di Pietro, Domenico, (Eds) *Enforcement of Arbitration Agreements and International Arbitral Awards: the New York Convention in practice*, 829-64, at 860.

[50] 威尔伯福斯勋爵 1995 年于上议院二度审议英国仲裁法令时。See Hansard, col 778, 18 January 1996.

Fox, Hazel (2008): *The Law of State Immunity*, 2nd edition, Oxford, Oxford University Press.

Fox, Hazel (2008): State Immunity and the New York Convention. In Gaillard Emmanuel and Di Pietro, Domenico (Eds) *Enforcement of Arbitration Agreements and International Arbitral Awards: The New York Convention in Practice*, Cameroon, May, 829-64.

Lord Wilberforce, The Second Reading of the *English Arbitration Act*, 1995 in the House of Lords, Hansard, col 778, 18 January 1996.

Mighell v. Sultan of Johore [1894] 1 Q. B. 149.

Redfren, Alan and Hunter, Martin (2004): *Law and Practice of International Commercial Arbitration*, 4th edition, London, Sweet & Maxwell, Thompson, 467.

State Immunity Act (1978).

Toope, Stephen J. (1990): Mixed International Arbitration: studies in Arbitration Between States and Private Persons, Cambridge, Cambridge University Press, 146-50.

Walker International Holdings Ltd v. the Republic of Congo 395 F. 3d 229 (5th Cir.) (2004).

第六章
仲裁程序中的语言和力量:理论和实践的洞察

〔意〕帕特里齐亚·阿妮萨(Patrizia Anesa)

> 我们中许多人很早就知道,一般来说,躺在地上歇斯底里地哭喊、双脚捶打地面并不会令我们得到自己想要的东西。劝说的艺术包括更为微妙的过程,在这一过程中我们有意识或无意识地希望与我们试图说服的对象建立起和谐一致的共鸣。(Hunter 1995:275)

导　论

本章旨在以当前的意大利为背景,描述仲裁程序中独具特色的主要语言和论述特征。本章的主要目标是就仲裁程序及其发展,以及在这一特定专业领域中发挥作用的权力动态的一些实例提供见解。本章分析以近期的仲裁程序实录为基础,并同时使用了该领域专家(尤其是意大利仲裁员)所提供的信息。本研究还具体考虑了权力、动态及社会和专业角色可能决定语言互动的发展的情况。而且,本调查的重点在于仲裁中某些法庭语言特征的使用,特别是它们在口头交流中的使用,并研究在这一上下文中诉讼对仲裁的"殖民"概念(Flood and Caiger 1993)是如何出现的。

人们普遍认为,仲裁区别于诉讼的一个主要方面是仲裁更为快速和简便。然而,仲裁仍然是法律程序,不可避免地需要使用相应的语言。特别是,作为仲裁员最终作出的决定,仲裁裁决具有法律约束力及与法院判决一样的效力从而可被执行。这一点尤其重要,因为这是仲裁区别于其他替代性争议解决方式(如调解或和解,其目的在于达成协商解决(Redfern and Hunter 2004:12))的显著特征。仲裁适用"一事不再理"原则,该原则系指有管辖权的法院的最终决定通常不可被推翻。相应的,裁决也具有法律决定的所有特征,其语言中带有诉讼程序中约定俗成的惯例。

本章的主旨不是支持或谴责这一类型语言在该背景中的复杂性,而是观察仲裁程序是否以及在何种程度上被法律语言和法律风格所影响。诉讼语言对仲裁文本的影响通常会在书面仲裁文书,如裁决中反映出来(Gotti and Anesa)。这一分析的特殊之处在于它试图探索案件参与人之间互动交流的口语水平,并展示法庭实践和语言如何能影响仲裁程序的开展。

另外,本调查揭示了仲裁听证的结构和作用以及这一交互性活动可能正在发生的变化。早在1950年,沃伦(Warren)和伯恩斯坦(Bernstein)提出了一个基本问题:"听证机制应鼓励简化形式还是追求法庭氛围?"(Warren and Bernstein 1950:21)。寻求更为简化的程序和需要法律风格之间的这种矛盾在仲裁程序中十分明显。的确,法律专家们倾向使用高度正式的技术风格,这与他们的心智和专业背景是密不可分的。

背　　景

仲裁在意大利的使用

近几年来,仲裁在意大利被越来越多地使用,现在已成为一种较为完善的争议解决方式。这一发展可归因于对替代性解决争议方式日益增长的需求,因为诉讼程序通常成本高昂且耗费的时间很长,而且还存在判决不公平公正的风险(Stesuri 2001:XIII)。这种对正常争议解决普遍的不信任常常促使私人客户和公司将仲裁视为有效的替代工具。近年来,在意大利通过仲裁解决的争议数量大幅增长。米兰仲裁庭确认,这几年来仲裁申请数量持续增长,例如,1997年有35个仲裁申请,而到2010年有129个仲裁

第六章
仲裁程序中的语言和力量:理论和实践的洞察

申请。①

尽管这些数据不能就意大利的仲裁发展提供全面的分析,也可以确定仲裁使用的普遍增长。这一趋势离不开仲裁程序的传统优势,如灵活性、技术专长、隐私性、保密性、速度和有限的成本。

在分析意大利仲裁程序的具体实例之前,有必要强调的是,2006 年意大利有些新的仲裁规则生效(2006 年 2 月 2 日的 40 号法令),对民事诉讼法典(CCP)项下意大利司法辖区内的仲裁程序进行了一些重大修改(特别参见芭比艾里(Barbieri 2007))。本章所有对民事诉讼法典的引用均指 2006 年的文本。

仲裁员的选择

仲裁员的选择(独任仲裁员或仲裁庭)至关重要,仲裁员的挑选是当事人必须要作的一个关键决定,临时仲裁尤其如此,②在临时仲裁中当事人享有一定的挑选仲裁员的自由权利。然而,很显然当事人的选择权受到一系列因素的限制,例如相关法律的规定以及仲裁条款所含要素。举例而言,仲裁员的人数通常要么是一位要么是三位,意大利《民事诉讼法典》第 809 条③明确界定了仲裁员人数应该:

> 仲裁员人数为一人或多人,但仅能为奇数。
> 仲裁协议必须规定仲裁员的任命或确定其人数及任命方式。
> 如果指定的仲裁员为偶数,应由仲裁庭的主席根据第 810 条规定的方式指定新增的仲裁员,除非当事人另有协定。如果没有明确仲裁员人数且当事人就此不能达成一致,应指定三名仲裁员;当事人未能任

---

① For further details see 〈http://www.camera-arbitrale.it/consulta.php?sez_id=4&lng_id=14〉, accessed 15 June 2011.
② 从广义上讲,临时仲裁是依照各方意愿或由仲裁庭设立的。与此相对,机构仲裁由指定的仲裁机构管理,例如仲裁法庭,并按照仲裁法规进行仲裁。
③ 皮耶罗·贝尔纳迪尼(Piero Bernardini)教授翻译的英文版意大利民事诉讼法参见《商业仲裁年鉴》2006 年第 31 卷,http://www.camera-arbitrale.com/upload/file/1241/620822/FILENAME/synoptic_chart.pdf, 2011 年 6 月 15 日访问。

命的,由仲裁庭的主席根据第810条规定的方式继续任命,除非当事人另有协定。

在本章分析的案例当中,当事人之间的合同仲裁条款中指定了仲裁员人数,示例如下:

(1) Qualunque controversia [...] sarà decisa in via esclusiva da un Collegio Arbitrale [...]. In caso di controversie che coinvolgano *4 e una o più delle altre parti, il Collegio Arbitrale sarà composto di tre arbitri. Un arbitro verrà nominato di comune accordo da *. Un arbitro verrà nominato dall'altra parte in lite. I due arbitri di potere designeranno di comune accordo il terzo arbitro, che assumerà le funzioni di presidente del Collegio Arbitrale.

[所有争议[……]应由仲裁庭解决。[……]如果争议涉及*④和一方或多方其他当事人,仲裁庭应由三名仲裁员组成*应普遍同意一名仲裁员的任命。应由争议的另一方当事人任命一名仲裁员。被任命的两名仲裁员应一致任命第三名仲裁员以担任仲裁庭的首席仲裁员。]

《民事诉讼法典》还详述了任命仲裁员应遵循的程序:

如果根据仲裁协议应由当事人任命仲裁员,各方应书面通知另一方其任命的仲裁员并要求另一方指定自己的仲裁员。被要求的一方应在二十日内书面通知另一方其所任命的仲裁员的个人信息(《民事诉讼法典》第810条)。

不论仲裁员与任命方的关系如何,仲裁员均应保持公正、履行职责。具体而言,在仲裁中,"独立"和"公正"是最基本的要素,罗道思(Rhoades),柯罗吉(Kolkey)和车尼克(Chernick)(2007:355)是这样描述的:

"独立"系指仲裁员与任何一方当事人或与当事人关系亲密的人均无关;"公正"系指仲裁员对当事人没有偏见或偏爱。

---

④ 为保护隐私,姓名及其他敏感信息均用星号替代。

第六章
仲裁程序中的语言和力量:理论和实践的洞察

塔姆派里(Tampieri)(2001:562)进一步解释了它们的区别:

"公正"和仲裁员与仲裁程序中的实际行动相关,而"独立"和仲裁员与当事人或当事人的顾问之间的私交、社会关系或财务关系相关。

一些评论员表示,在国际仲裁中,公正与中立可进一步区分。拉利弗(Lalive)(1984:24)表示,国家中立系指第三名仲裁员(或通常首席仲裁员)的国籍应不同于任何当事人的国籍。然而,本章沿用了穆瑞(Murray)(1990:323)的做法,未对这两个术语区分使用。

有关当事人任命的仲裁员的公正和独立问题十分复杂,因为可能发生利益冲突。如果以不同国家和不同法律制度为背景,就当事人任命的仲裁员的角色而言可能存在巨大差异,但普遍认同的观点是,"欧洲的传统是当事人任命的仲裁员保持独立和公正而非作为代表行事"(Murray 1990:323)。在这一方面,穆瑞还注明:

如果当事人想要的是基于自由谈判达成妥协,为什么不选择谈判?多增加两名仲裁员来担任顾问的角色因而导致费用的增加似乎缺乏合理性(Murray 1990:342)。

的确,即使由当事人任命仲裁员,仍应遵守独立、公正和中立的原则。克莱吉(Craig)、帕克(Park)和保罗森(Paulsson)(2000:196)表示,"当事人任命的仲裁员坚持任命他或她的当事人的立场不会对裁决程序有多大影响。"帕特斯德(Partasides)(2001:217)主张当事人需有能力鉴别仲裁员的特点以判断其是否可能"对案件有偏向该方的倾向"并补充:

当事人当然与旁观者不同[……]他们有能力影响仲裁庭的组成,这是仲裁程序至关重要的一个方面。他们有权任命仲裁员,也有权质疑仲裁员,这是他们最强大的两个工具。(律师可能不希望承认,但仲裁员的选择或排除甚至可能比顾问的选择更为重要——尽管可能一样重要)(Partasides 2001:217)。

然而,仲裁员的偏向性不应该妨碍其独立或公正行事,仲裁员须中立行事以保护其声誉不受减损,这对其自身有益。公正和独立被普遍认为是担任仲裁员的前提条件。的确,仲裁员在所有过程中公平对待当事人才符合公正仲裁程序的要求,违反这一基本原则可能对裁决的执行造成严重后果。

分析:角色和权力关系

仲裁程序显然包括不同的交流情形、模式和举证方式。考虑到构成整个仲裁程序的举证微观环境的多样性,本分析将仅仅关注一个具体阶段,即审查当事人阶段。尽管有人偶尔使用"各方自由质询"的表述,但更广泛使用的定义是"各方非正式质询",本文使用后一个译文。仲裁程序中这一阶段十分重要,仲裁员可以从当事人那里获得有关争议的信息。

我们的分析以意大利2004年至2007年之间发生的有关商业争议的三个仲裁案件程序的数据为基础。在这三个案件中,涉及的参与者常常为被告及其律师、原告及其律师、秘书人员和仲裁员。仲裁员人数为一个(案例1)或三个(案例2和案例3)。不同的互动者不可避免地承担明显不同的角色,力量和权力的复杂较量决定了他们之间的关系。

仲裁员

在这一特定背景中,仲裁员的作用十分重要,因此仲裁员必须维持良好信誉,这对目前程序和将来程序的顺利开展至关重要。仲裁员的角色特别复杂,因为一方面仲裁员需要寻求同意和一致,另一方面,又必须表明特定程序须得到严格遵守。根据对该领域一些专家的采访,尽管仲裁员可以将调解技术引进仲裁,但实践中调解的使用却十分受限,因为一旦仲裁程序开始,调解的空间通常很小。通常,调解被大家视为潜在的双赢局面,而仲裁则常常是输赢的局面,这意味着必然有一方赢而另一方输(Berger 2006: 537-8),仲裁中很少使用调解策略显然与这一根本情况相关。此外,博格(Berger)(2006:433)指出,"不同于调解员,仲裁庭受相关仲裁法的强制程序规则的约束"。

第六章
仲裁程序中的语言和力量:理论和实践的洞察

仲裁员的主要角色　仲裁程序必须根据特定规则和原则开展。例如,遵守明确的程序命令是质询正确、清晰和有条理地开展的基础。在案例2中,仲裁员强调了遵守具体命令的重要性:

(2) A1:[5] Un momento. Adesso noi dobbiamo procedere con ordine.

[A1:⑤肃静。现在我们必须有序地进行下去。]

此外,就像诉讼程序那样,仲裁程序中特定阶段的开始和结束都有明确的信号。这种方式有助于清楚地辨别不同的阶段,属于程序惯例的一部分。

(3a) A2: Do corso all'interrogatorio delle parti.

[A2:我在此宣布各方质询阶段开始。]

(3b) A2: Bene, allora io direi che l'interrogatorio libero pertanto lo possiamo ritenere terminato.

[A2:好的,我宣布非正式质询已经结束了。]

在各方质询阶段,仲裁员通常不得不提醒对方当事人这一特定程序阶段的功能:

---

⑤　以下标注用于指代说话人:
　　A1,A2,A3:仲裁员(仲裁员或仲裁小组主席)(案例1、2、3)。
　　AB2:仲裁员(仲裁小组成员)(案例2)。
　　AB3:仲裁员(仲裁小组成员)(案例3)。
　　AC3:仲裁员(仲裁小组成员)(案例3)。
　　C1:原告(案例1)。
　　CL1:原告律师(案例1)。
　　R1:被告(案例1)。
　　RL1:被告律师(案例1)。
　　C2:原告(案例2)。
　　CL2:原告律师(案例2)。
　　R2:被告(案例2)。
　　RL2:被告律师(案例2)。
　　C3:原告(案例3)。
　　CL3:原告律师(案例3)。
　　R3:被告(案例3)。
　　RL3:被告律师(案例3)。
　　无性别指称。
　　以上适用于所有案例。

（4）RL1：Ritengo che la domanda sia ininfluente［…］

A1：Però siccome qui siamo in un interrogatorio libero che serve per chiarire i fatti, io piuttosto pregherei l'avv.

CL1 di chiarire più esattamente qual è il punto che vuol fare evidenziare.

［RL1：我认为这个问题不相关［……］

A1：但是，在非正式质询阶段，主要目的就是澄清事实。

我希望CL1女士更为精确地说明她想强调的观点是什么。］

在这个案子中，有个律师认为对方当事人提出的问题与案件不相关，但是仲裁员提醒当事人，该阶段的主要目的是了解事实和情况，因此提出了该问题，更高的技术层面的法律相关性或问题合理性似乎不是非正式质询的首要任务，更好地了解事件和问题才是基本需要。仲裁员强调了不同情形下这一阶段的目标并提醒当事人其应当遵循的实践：

（5a）A2：Ecco, allora ribadisco: questo è esclusivamente un interrogatorio libero che il Collegio esperisce a chiarimento. Le chiarificazioni sono ammesse esclusivamente sul fatto principale, quindi tutte le alter considerazioni in questa sede non hanno in questo momento alcun rilievo.

［A2：对，我将重复：这是专家组为澄清而召开的非正式质询。只是针对主要事实的澄清，因此其他所有考虑都不相关。］

（5b）A1：Però siccome qui siamo in un interrogatorio libero che serve per chiarire i fatti, io piuttosto pregherei * di chiarire più esattamente qual è il punto in fatto che vuole evidenziare.

［A1：但是因为这是非正式质询，目的在于厘清事实，我宁愿要求*更加准确地说明他想强调什么观点。］

此外，仲裁员不得不反复确保当事人准确地回答问题，且问题与案情相关，这在下述案例中十分明显：

（6a）AB3：Mi scusi ma la domanda non è tanto se［.］, ma se［…］

[AB3：对不起，但问题不是［……］，而是［……］]

（6b）AC3：La domanda non è se lei ［…］ o ［…］ fossero la stessa cosa, la domanda era ［…］ La domanda è ［…］

AC3：问题不是你是否＊或＊是一样的事情，问题是［……］。现在的问题是［……］

（6c）AC3：Non vorrei che la mia domanda fosse stata male intesa. ［…］ La mia domanda era relativa specificamente a ［…］ Questa è la domanda perché di questo noi stiamo parlando.

［AC3：可能我的问题被误解了［……］我的问题特别提及［……］这才是问题，因为这是我们正在讨论的事情。］

为了确保清晰度和精准度，并方便理解，仲裁员可能还会要求他们的对话者重复或重述某些概念：

（7a）AB3：Ritorno su una domanda che le ho fatto prima e desidero se possibile

una più precisa risposta.

［AB3：我重提之前我问的一个问题，我希望得到更准确的回答。］

（7b）A3：Le chiedo di ripetere con molta calma le ultime affermazioni.

［A3：请冷静重复最后一段陈述。］

整个互动主要由仲裁员引导，有些时候他/她会打断发言者以确保特定的程序或秩序得到遵守，以及与争议有一定相关度的观点被进一步详细地分析：

（8）A1：［…］ concorda con quanto ha detto ora il signor C1, che aveva questo ruolo di ＊？

R1：Penso di sì io ǀ

A1：ǀ le chiedo se a lei risulta ［…］

［A1：［……］你同意C1先生说的话吗，即他起到了＊的作用？

R1：我认为是的 |

A1：| 我是在问你是否知道[……]]

在该案例中,仲裁员打断了发言人以澄清问题,最重要的是确保答案具有相关性。

仲裁小组 正如前文所述,仲裁员在各方非正式质询的交流互动中,以及整个程序中所起到的作用是至关重要的。特别是他/她可以分配参与者的发言顺序并履行监管发言权的职责(Anesa 2010)。

在有仲裁小组的案件中,小组主席的角色十分关键,因为"主席主导程序的开展,是仲裁整体取得成功的决定性因素"(Berger 2006：377)。仲裁小组内力量的较量十分复杂,特别是因为通常当事人双方会各指定一名仲裁员(见上文)。小组的主席通常主导听证全程的互动,有意思的是,在我们分析的一个案例中,当另一个仲裁员想要提问时,他向主席请求许可：

（9）AB3：Scusi posso fare una domanda io?

[AB3：对不起,我可以问个问题吗?]

尽管这并不常见,仲裁小组内存在某种权力等级,这是个有趣的发现,如下所示：

（10）AB2：Mi scusi presidente io su questo avrei un attimo la mia idea [⋯] quindi io francamente |

A2：| allora ci riserviamo.

AB2：Sarebbe stata comunque una domanda [⋯] che io avrei rivolto comunque poi alle parti.

A2：Allora se vuoi gliela rivolgi tu dopo, però non è a chiarimento su questo.

[AB2：对不起,主席,但我对这个[……]有自己的意见,所以,坦白说,我 |

A2：| 所以我们将保留[后期处理的权利]。

AB2：那的确会是我后面想要询问当事人的问题[……]

第六章
仲裁程序中的语言和力量：理论和实践的洞察

A2：如果你希望的话，你后面可以问，但它并不是关于此观点的澄清性问题。]

在该案例中，小组成员希望就一个问题进行提问，但主席立即打断了他并提醒他该问题并不十分相关，而主席通常不会被打断。此外，发言人互相说话的方式的不对等也反映出了权力关系的发展。AB2 使用第三人称代词(*lei*)，这是意大利的敬语，而主席在对另一个仲裁员说话时使用更为非正式的主语代词"*tu*"。

与仲裁员对话 不难想象，与仲裁小组主席说话基本都是高度礼貌和正式的，会引用他/她的称谓，如"*Presidente*"(主席)或"*Professore*"(教授)。律师(11a)和当事人(11b)都是如此：

(11a) RL2：Sì *presidente*. Intanto mi permetto sommessamente di ribadire come […]

[RL2：是的，主席。但是我虚心重申[……]]

(11b) RL2：Grazie *presidente*.

[RL2：谢谢您，主席。]

(11c) C3：No, *professore* è il contrario.

[C3：不，教授，恰恰相反。]

这种说话方式有点迎合的意味，可能来自对具有决定性权力的人的一种(相对有意识的)顺从。

律师

律师在各方非正式质询中也起到了十分重要的作用。律师，像在庭审中一样，要求当事人为强调某些有利观点的目的陈述问题，并为揭示对方当事人案件理论错误的目的向其提问。法律顾问为了用最恰当的法律术语强调某些观点还会引导其客户回答问题或再述其客户已经说过的某些概念。

正如前文所述，专业性是仲裁的一个主要特征，也是仲裁员应该展示的重要素质。因此，可以预料的是，当律师掌握与争议标的相关的特定技术

103

专长的时候,通常会热衷于表现他们在这一领域的知识水平。在一个案件中,一个律师承认自己不是所讨论领域的专家:

(12) CL1: Io, che non son un esperto di *, mi chiedo [⋯]

[CL1:我,并不是*的专家,十分好奇[……]]

对方律师也立即利用这种"坦白",他说道:

(13) RL1: Contesto quanto detto da *, che per sua stessa ammissione non haesperienza di *. Io ho praticato * [⋯]

[RL1:我质疑*所说的,他承认自己对*没有任何经验,而我已经从事*[……]]

被告的律师并不会错过这种展现自己专业经验的机会,并且这似乎间接地表达了他更能胜任该领域工作的观点,因而理应能够以更加专业和合适的方式来处理问题。

各方当事人

正如前文所述,仲裁员的发言特别正式,这是他们职业文化所赋予的传统。与法律职业者相比,受质询的各方所述语言通常具有不正式、缺乏法律专业性的特征,这并不令人惊讶。例如,在下述场合中,当事人一方甚至重复使用非标准意大利语的表述:

(14) C3: O te magni 'sta minestra o te butti dalla finestra.⑥

相反,仲裁员或律师通常不会使用地区用语、俗语或其他偏离高度正式化和标准化语言特征的语言。的确,这种风格与他们的职业文化格格不入,与仲裁的一般实践不符,而且对法律职业者一直以来希望建立的职业状态不利。

此外,由于有效沟通是法律职业的基础,法律职业者们发言时通常不会

---

⑥ 此句为"*o mangi questa minestra o ti butti dalla finestra*"的方言说法,指无法找出其他解决方案的状况。

第六章
仲裁程序中的语言和力量：理论和实践的洞察

有错误的开始或犹豫不决，但当事人在发言时经常会这样，他们的言辞听上去更加犹豫、不确定和不可靠：

（15）C3：Assolutamente sì ehm credo di sì. non so che risponderle professore. credo cioè ehm credo ehm capisco il suo punto ma non so come risponderle professore.

［C3：对，嗯，我认为是这样的。我不知道该回答什么，教授。我认为我想说的是，嗯，我认为，嗯，我知道你的观点但是我不知道该回答什么，教授。］

在仲裁程序的这一阶段，当事人可能或多或少地故意在陈述自己的个人情况时希望引起听众的同情，这并不令人惊讶：

（16a）C3：［…］il mio stato d'animo attuale lo può immaginare, quello di quell momento era forse peggio.

［C3：［……］你们可以想象我现在的心情；当时更加难过。］

（16b）C3：Cerco di tirare avanti. Io ho perso tutto, professore. Non sono un uomo che ha ancora delle riserve, non ho più niente. Quindi cammino e campo grazie a qualche amico e alla famiglia.

A3：Se vuole concentrarsi sulla domanda, cioè per quali ragioni［…］

C3：［…］

A3：No dopo nel ＊

C3：Scusi mi ero perso. Questo è precedente ha ragione.

［C3：我试图坚持。我没了一切，教授。我是一个什么都没有了的人，不名一文。多亏了朋友和家人，我才能坚持活下来。

A3：请注意问题，即为什么［……］

C3：［……］

A3：不，后来，在＊

C3：对不起，我搞错了。这的确是之前，你是对的。］

很显然，法律职业者使用专业的客观语言，而普通人偏向使用更为情绪

105

化、更具个人风格的语言。然而,仲裁员总是关注程序的遵守("请注意问题")和事实的描述。

正式与非正式的较量

在仲裁程序中,一方面需要简洁、灵活和速度,另一方面追求程序正确、遵守法律要求和形式,两者的较量是仲裁程序的核心。这种较量和仲裁程序的本质属性使得仲裁被置于特别的地位,有人说"仲裁既没有调解那么不正式,也没有法庭诉讼那么正式"(Flood and Craiger 1993:415)。接下来将简要探讨一下诉讼和仲裁之间的一些区别和联系。

环境

仲裁的环境与法庭质询的环境特征大相径庭。事实上,法庭对大多数人而言代表"奇怪且怪异的环境"(Gibbons 1994:32),这似乎有着重大的符号含义,即"法庭的物理环境和法庭中大家的行为所传达的最强烈的意义是权力的等级含义"(Gibbons 1994:32)。然而,在本文分析的案例中,质询通常是在办公室中发生,这当然不会传达"奇怪且怪异"的背景信息。在许多不同法律体系的不同国家里,仲裁程序都具有这一共同点。艾伦(Aron)、法斯特(Fast)和克莱恩(Klein)主张,"大多数替代性争议解决程序的地点都是私人办公室,而不是在雄伟的法院"(1996:22),并确认:

> 在替代性争议解决程序中,所有阶段都有尊重和礼貌的氛围,也有某种随意的氛围,让律师和当事人更加轻松、不受常规限制(1996:25)。

芮德芬和亨特(Redfern and Hunter)在描述仲裁程序的时候,表示"十分缺乏形式"并说道:

> 没有办事员、假发或长袍,只有一群人在租借的房间里坐成一圈。在外人看来,好像正在开会或商谈,一点也不像法律程序(Redfern and Hunter 2004:1)。

第六章
仲裁程序中的语言和力量:理论和实践的洞察

在交流过程中,诸如环境和参与者的位置等物理因素起着关键作用:仲裁员与当事人一样围坐在桌前,而不是像法庭的法官那样坐在长台后面。这种情形下,大家可能觉得参与者的角色(以及他们的权力分配)不能被立即分辨出来。然而,正如前文所述,角色的区分和权力的等级通过不同的动态最终显现。另外,仲裁的物理空间通常小于法庭,参与人数也更少;因而,一系列副语言因素会有不同,如参与者的语调。同样地,我们很容易知道与诉讼相比仲裁程序中的动作、空间关系、触觉和其他非语言要素均有不同的含义,但本章不对这些特征进行讨论。

根据对仲裁员和其他在该领域工作的教授的正式和非正式采访,仲裁程序中的物理环境与其他法律背景下的环境相比,不具有显著性。特别是,仲裁程序的不同阶段没有显著的物理环境差别。例如,在法庭互动中,起立和坐下标志着事件和交流行为的顺序,因而很关键;然而,在仲裁听证中,参与者通常在整个质询过程中都是坐着的。另外,在法庭质询中,常常省略某些交谈惯例,如问好或问候(Jackson 1995:413)。相反地,在仲裁听证中招呼当事人进入仲裁员办公室时,则经常使用这些交谈惯例,虽然十分简短。

仲裁员通常倾向于采取更为热情和乐于交际的方式,例如,他们会问当事人是否需要休息一下:

(17) A1: Poi chiedo, siccome io ho ancora qualche serie di domande, volete fare una pausa o preferite proseguire?

[A1:我想问一下你,我还有一些问题,你想先休息一下还是继续?]

虽然这种提议在法庭质询中也没有被先天排除,但在法庭中确实更加少见。相反地,在仲裁程序的某些场合,采用更加友好(或"不太敌对")的方式已经成为一种很好的实践惯例。人们基本同意在仲裁中可能出现更高水平的亲密度和随意性,但不是每个人都同意艾伦、法斯特和克莱恩的观点,即在替代性争议解决程序中"严格的礼节已被友好的交谈所替代"(Aron, Fast and Klein 1996:25)。仲裁的发生是因为存在争议,因此许多交谈不可能一直很友好。而且,礼节在一定程度上是必要的,因为礼节常常与程序正确相关,我们会在下一部分详述。

法律引用和实践

正如前文所述,与诉讼相比,仲裁程序的总体氛围在一定程度上更加随意轻松。然而,法律程序的惯例不可避免地要求一定程度的礼节。确实,仲裁语言也带有诉讼的典型要素。例如,不断引用与案件相关的法律原则或一系列法律文件和文本。根据对抗性原则("听双方陈述"原则),所有当事人应有平等合理的机会陈述案情,该原则是质询的基础原则之一,在《民事诉讼法典》(第 816 条)中有明确描述:

> 各方当事人可在仲裁程序开始前事先在仲裁协议或独立文件中约定仲裁员在程序中必须遵守的规则和仲裁语言。如果没有约定该等规则,仲裁员可以其认为最方便的方式自由管理仲裁过程并决定仲裁语言。在任何情况下,他们都必须遵守对抗程序的原则⑦("*principio del contraddittorio*"),给予双方当事人陈述案情的公平代遇。各方当事人可委托法律顾问参与仲裁程序。除非有明确的限制,给予法律顾问的授权应涵盖任何程序活动,包括弃权、决定和延长裁决颁布的时限。在任何情形下,法律顾问可代为接收裁决通知和追偿通知。

下述案例中的仲裁员明确提及这一法律原则:

(18) A1: Allora adesso, per diritto di contradditorio, chiederei a ＊ di riproporre la domanda di prima.

[A1:现在,鉴于 *diritto di contraddittorio*("听双方陈述"原则),我想让 ＊ 再问一遍上一个问题。]

引用法律文本,尤其是与正在开展的质询严格相关的书面法律文件,在仲裁程序中十分常见。法律专家们为协助其当事人引用其他法律文件,这

---

⑦ "对抗程序的原则"是贝尔纳迪尼教授的翻译。但 *principio del contraddittorio* 常译作拉丁语 *audi alteram partem*。

第六章
仲裁程序中的语言和力量：理论和实践的洞察

很正常，因为这是法律程序中的典型手段，也是意大利法律传统的一部分。在某些案例中，引用的是具有一般适用性的现行法律文件，如《民事诉讼法典》：

（19）RL2：［…］se ciò è da porre in relazione con la domanda di condanna al risarcimento dei danni ex art. 2497 Codice Civile［…］

［RL2：［……］如果这与损害赔偿主张相关（前《民事诉讼法典》第2497条）［……］］

在其他案件中，律师会交叉引用与目前程序相关的文件，尤其是诉书：

（20a）RL2：Intanto mi permetto sommessamente di ribadire come alla Parte Convenuta, siccome ad oggi non è stata data la possibilità di depositare una memoria,［…］in replica alla memoria del ＊ depositata da Parte Attrice, l'oggetto di questo giudizio è solo parzialmente conosciuto dal Collegio in relazione a quella che è la memoria depositata soltanto dall'una Parte.

［RL2：但是我想要谦卑地重申的是，被告还未被给予提交诉书的机会，［……］以作为对原告提交的诉书的回应，仅凭一方提交的诉书只能让专家组了解本案标的的一部分。］

（20b）C1：A pagina ＊ della nostra *memoria* si parla di questo

［C1：这在我们诉书的第＊页中有提及。］

尽管仲裁应该是更为简便的程序，但我们常常发现其所适用的法律原则及所使用的语言工具十分复杂。在这一方面很有趣的是，意大利《民事诉讼法典》第816条规定双方可以由律师代理，但是在多数情况下当事人会任命律师，因为他们坚信这么复杂的程序必须由法律专家来处理。在各个不同的法系，仲裁案件中的律师代理十分普遍，人们常说，当事人坚信律师代理会增加有利判决的概率，虽然这会显著地增加案件费用（Block and Stieber 1987：543）。

仲裁的法制化趋势？

马特里（Mattli）（2001：920）说道，"与必须遵守固定的程序规则且适用当地法律的公共法庭的法官不一样,仲裁员可以免除法律手续并适用最适合案件的程序法和实体法"。虽然仲裁员所做的选择的重要性是不可否认的,但马特里的解释似乎忽略了诉讼对仲裁程序的影响,忽略了仲裁员需遵守一套标准化实践方案,方能避免对仲裁员或仲裁裁决的质疑等的发生的事实。

经常有人强调仲裁员角色的复杂性,有关"仲裁员是否应争取根据对合同的严格解释调解分歧而非颁布判决"的问题一直处于热议之中(Warren and Bernstein 1950:21)。有些人已经产生了仲裁等同于一种"友好司法"形式的想法,但是仍需记住的是"仲裁员与法官所面临的任务是一样的,他必须找出法律、认定相关事实,并且适用法律"(Tobias 1960:597)。

许多评论员发现仲裁正被诉讼程序干涉或影响。仲裁中大量使用来自法律领域的仲裁员可能是诉讼对仲裁"殖民"的原因或结果之一。正如弗拉德和凯格(Flood and Caiger)(1993:440)所述,"基于律师对法治话语的控制权,他们对殖民具有巨大的影响作用"。这种法制化的进程并不新鲜。早在1960年,托比阿斯(Tobias)写道,"最近有关仲裁程序的批评认为仲裁变得太'法律化'并为非正式形式的遗失感到惋惜"(Tobias 1960:596),并且,作者强调法制的概念可从许多不同的角度来理解:"如果你相信法律本质上是恶的,则法制也是恶的。如果你相信法律是有用且伸张正义的,则法制也是积极良好的"(Tobias 1960:596)。因此,从这个角度而言,仲裁的法制化进程应该是不可避免的,不应成为先验理由或谴责的对象。

结　　论

本章以仲裁程序中各方非正式质询所反映出的一些语言和交流动态为重点,其宗旨不在于得出仲裁程序是如何操作的一般理论,尤其是不同程序皆有其特殊性。确实,"每个仲裁都是不同的,每个仲裁庭也是不同的"(Redfern and Hunter 2004:437)。本章的宗旨是在特定的学术背景下,为社交实践的理解做点贡献,更加具体地来讲,是通过分析若干真实案例来

第六章
仲裁程序中的语言和力量：理论和实践的洞察

提供一些有关仲裁程序的语言与散漫特性的见解。仲裁交流事件的构成必然是嵌入于特定的演说实践及权力关系之中的，我希望通过分析数据并从仲裁领域专业人员（他们的合作很珍贵）处获取信息来展示这些权力动态会如何发展。对诸如权威和权力等复杂问题提出主张似如履薄冰，本章并不是有关仲裁理论和实践方方面面基础的穷尽式分析。从开展的分析中我们发现，仲裁程序中权力的分配和决定权以及其不同阶段构成了一个复杂的问题。经常被重复的推定，即仲裁员有权决定质询的多数方面在某种程度上是正确的，尤其是与诉讼程序相对比而言；然而，由于需要遵守标准化的实践和惯例，非广泛接受或普遍使用的程序性操作在仲裁程序中的空间很小。

本章描述了某些法庭语言特征在仲裁中的使用，尤其聚焦于它们在口头交流中的使用。通过分析不同的仲裁参与者所担任的交流角色，特别是仲裁员的角色，本章试图展现特定情境下权力行使背后的动态演变。这一方向的分析还需要更深入的调查研究，因为专业的沟通性角色在仲裁论述的发展中发挥着基础作用。

参考文献

Anesa, Patrizia (2010): Spoken Interaction in Arbitration: An Analysis of Italian Arbitration Proceedings. In Bhatia, Vijay K., Candlin, Christopher N. and Gotti, Maurizio (Eds) *The Discourses of Dispute Resolution*, Bern, Peter Lang, 207-30.

Aron, Roberto, Fast, Julius and Klein, Richard B. (1996): *Trial Communication Skills*, Deerfield, IL, Clark Boardman Callaghan.

Barbieri, Giorgio (2007): *Il Nuovo Diritto dell'Arbitrato* [*The New Law on Arbitration*], Padova, Cedam.

Berger, Klaus Peter (2006): *Private Dispute Resolution in International Business: Negotiation, Mediation, Arbitration*, The Hague, Kluwer Law International.

Block, Richard N. and Stieber, Jack (1987): The Impact of Attorneys and Arbitrators on Arbitration Awards, *Industrial and Labor Relations Review*, Vol. 40, No. 4, 543-55.

Craig, William L., Park, William W. and Paulsson, Jan (2000): *International Chamber of Commercial Arbitration*, 3rd edition, New York, Oceana.

Flood, John and Caiger, Andrew (1993): Lawyers and Arbitration: The Juridification of Construction Disputes, *The Modern Law Review*, Vol. 56, No. 3, 412-40.

Gibbons, John (1994): *Language and the Law*, Harlow, Longman.

Gotti, Maurizio and Anesa, Patrizia (forthcoming): Professional Identities in Italian Arbitral Awards: The Spread of Lawyers' Language. Proceedings of the International Conference, *Issues of Identity in and Across Cultures and Professional Worlds*, Rome, 25-27 October 2007.

Hunter, Martin (1995): Reflections on Advocacy and the Art of Persuasion. *The Litigator*, 275-8. Online at 〈http://www.arbitration-icca.org/media/0/12232938101410/art_of_persuasion.pdf〉, accessed 15 June 2011.

Jackson, Bernard S. (1995): *Making Sense in Law*, Liverpool, Deborah Charles Publications.

Lalive, Pierre (1984): On the Neutrality of the Arbitrator and of the Place of Arbitration. In Reymond, Claude and Bucher, Eugène (eds) *Swiss Essays on International Arbitration*, Zürich, Schulthess, 23-33.

Mattli, Walter (2001): Private Justice in a Global Economy: From Litigation to Arbitration, *International Organisation*, Vol. 55, No. 4, 919-47.

Murry, L. Smith (1990): Impartiality of the Party—Appointed Arbitrator, *Arbitration International*, Vol. 6, 320-42.

Partasides, Constantine (2001): The Selection, Appointment and Challenge of Arbitrators, *Vindobona Journal of International Commercial Law and Arbitration*, Vol. 5, No. 2, 217-28.

Redfern, Alan and Hunter, Martin (2004): *Law and Practice of International Commercial Arbitration*, 4th edition, London, Sweet & Maxwell.

Rhoades, Rufus, Kolkey, Daniel and Chernick, Richard (2007): *Practitioner's Handbook on International Arbitration and Mediation*, 2nd edition, Huntington, NY, JurisNet.

Stesuri, Aldo (2001): *Gli Arbitri: Mandato, Responsabilità e Funzioni* [*Arbitrators: Tasks, Responsibilities, and Functions*], Milano, Giuffrè.

Tampieri, Tiziana (2001): International Arbitration and Impartiality of Arbitrators, *Journal of International Arbitration*, Vol. 18, No. 5, 549-71.

Tobias, Paul H. (1960): In Defense of Creeping Legalism in Arbitration, *Industrial and Labor Relations Review*, Vol. 13, No. 4, 596-607.

Warren, Edgar L. and Bernstein, Irving (1950): The Arbitration Process, *Southern Economic Journal*, Vol. 17, No. 1, 16-32.

第七章
反对意见和赞同意见的鉴定分析①

〔西班牙〕露丝·布里斯(Ruth Breeze)

导　　论

国际仲裁通常是在严格保密的情况下进行的,证明整个程序过程的唯一公开证据就是仲裁裁决本身(To 2008)。然而,多数已发布的仲裁规则允许不愿意签署最终裁决的仲裁员发表反对意见。签署裁决的仲裁员如果认为裁决没有充分解决案件的特定问题,也可以另行发表详尽分析的论述,称为赞同意见。这一实践起源于普通法体系,正在向全世界扩散,也许是因为在一些颇具影响力的仲裁程序中,例如伊朗—美国求偿法庭和国际投资争端解决中心(ICSID)主持的仲裁案件中,也有这样的操作(Hussain 1984)。

目前为止,鲜有语言学家对反对意见或赞同意见感兴趣。但是,这方面的研究是十分重要的,因为它可以帮助人们窥探仲裁密室之内发生的事情。因此,有些专家对发布其他意见持批评态度,他们认为反对意见和赞同意见的发布对程序的保密性和裁决的终局性产生了威胁,因为这些意见会揭露争议的主要领域并且在一些情况下凸显裁决本身的不足(Lévy 1989;Gaillard and Savage 1999;Sanders 1999;Wangelin 2004)。

---

① 本章的研究获得了中国香港特别行政区政府科研拨款委员会竞争性研究经费的资助[项目编号:9041191(CityU 1501/06H)],该国际研究项目题为"国际商事仲裁实践:话语分析研究", http://www.english.cityu.edu.hk/arbitration/。

第七章
反对意见和赞同意见的鉴定分析

撇开这些意见的相关争议,它们对于对仲裁感兴趣的语言学家而言是重要的信息来源,因为它们能够帮助语言学家了解仲裁程序中论辩的开展方式。起草其他意见的仲裁员一般会聚焦于他们在仲裁中提出的论据和反对观点,以及程序中各方当事人提交的书面文件。尽管发布的意见属于正式的书面类型,而且经过仔细的准备和数次的修改,其可能仍然带有前不久发生的口头讨论的痕迹。因此,对分歧意见语言的详细研究可以使我们尽可能深入地了解国际商事仲裁中的语言情境。

从语言学的角度而言,反对意见或个人赞同意见本质上是对话性质的,面向各种各样的读者(包括仲裁庭里的其他仲裁员、原告或被告、更广范围内的仲裁员专业团体,以及那些对国际法的当前发展感兴趣的人),并希望说服他们认同某些观点或论点的真实性、合法性或逻辑性,以及其他观点的不真实性、不合法性或不合逻辑。它的对话性来源于作者在起草时对其他(之前)文本的承接和对读者(之后)反响的重视。此外,该等文本本身的对话性还来源于它包含了不同的论点或主张,以及相对应的驳论,因而文本的大部分内容都聚焦于以具有说服力且连贯的方式解决相对立或相矛盾的行为之间的冲突。在所有意见中,仲裁员对外面向读者,对内解决争议,使用语言来增强、强调、削弱或攻击特定主张。形容词和副词通常并不必要,它们对文本氛围的作用常常超过对文本含义的作用,在这一层意义上它们是十分有趣的现象,而且可能是了解塑造仲裁言语基调的潜在态度和价值观的关键(Tessuto 2008)。

在这一章里,我们使用鉴定分析的工具(Martin 2000;Martin and Rose 2003)来探索使用形容词和副词以评估、表明立场和构建文本形象的方式。这一研究聚焦于过去20年中发布于国际投资争端解决中心网站上的六篇反对意见和两篇个人赞同意见。据该网站所述,英语是公布所有案件意见的官方正式语言。对这些文本中的形容词和副词的鉴定分析可以揭示仲裁实践中运行的价值体系的显著特征,并帮助我们了解仲裁员在程序中展示其职业形象和管理关系的方式。

背景:鉴定分析

鉴定分析是用于鉴别某个作者或发言者风格的语言学基础的一系列工具的名称(Martin 2000; Martin and Rose 2003)。鉴定分析常用于媒体文本,因为它可以帮助识别偏见或歧视,但鉴定分析也可以用于几乎任何种类的文本以鉴别根本的甚至是隐秘的价值体系,这些价值体系塑造了文本中所使用的可能对读者产生影响的语言。鉴定分析构成了有质量的语言研究的严密框架,让研究者能够通过对多种因素的细致检查来探索特定文本的基调。这一体系可以区分文本中表现出来的态度、判断和情绪反应,并且研究如何谨慎地管理该等态度和判断的表达以为可能面对的调整或矛盾做准备。这种语言学研究的方法与海兰德(Hyland)(1999)的语料库研究有一些共同点,但更加适用于涉及小范围文本详细分析的研究。

马丁(Martin)的鉴定分析框架,作为话语分析的工具包,是在系统功能语言学的框架中发展起来的。就文本的人际要旨而言,它提供了一种特定词汇的分类机制。尤其是非必要的词汇,如形容词和副词,它们被有意识或下意识地用来表达情感程度、道德判断或审美方面的态度。这些都涵盖于鉴定的标题之下,属于语言人际元功能的一部分,因为它涉及与读者或听者的态度交流。鉴定分析提供了一种衡量文字所传达的情感力量的方式,一种探测如何寻找价值来源以及如何结盟读者的方式(Martin and Rose 2003:22)

鉴定主要包括三个方面的态度:情感、判断和欣赏(Martin and Rose 2003:62)。这些大方面还可以再细分为不同类别,例如,判断可能与社会尊重(以正常性、能力或可靠性的形式表现)相关,或与社会认可(表现为准确性和适当性)相关。在这些细分的类别中,还有积极和消极两个方面。正常性这个类别包括在积极方面有使某人或某物显得特殊的正面品质,以及在消极方面有使某人或某物成为批评对象的负面品质。同样的,欣赏的领域细分为反应、结构和评价,这些都有积极和消极两个方面。鉴定分析

第七章
反对意见和赞同意见的鉴定分析

还包含一个略微不同的问题:强化(加强词),它可与其他方面中的一个方面共同协作运行。

这些分类看上去似乎已经很清楚了,但是在一些情况中,区别不同的类别并不容易。的确,一个词汇在不同的上下文中可能传达判断(认可一个人类行为)也可能传达欣赏(一个人类行为的后果)。因此,马丁认为,诸如"那是个好主意"的表达,既属于判断又属于欣赏。这提醒我们,在评价中存在模糊的边缘或界限不清的情况。在这种情况下,只有上下文可以揭示鉴定实质上是判断性的还是欣赏性的。上下文可以引导我们更多地从人类行为(判断)的角度而更少地从某些实体的内部品质(欣赏)的角度来看待特定的话语。这类例子区分于大多数的评估,大多评估在这方面并不模糊。

通过对当前案例的文本分析,我们认为,鉴定分析可以令我们了解仲裁员构建作者语言或文本形象的方式,也可以令我们了解相对于他们的辩论伙伴而言他们是如何定位自身关系的问题,从积极和消极两个方面来看。因此,鉴定分析可以提供一些关于国际仲裁争议中讨论要旨的见解,并可为与法庭语言的进一步详细对比奠定基础。

在研究的第一阶段,我们对这些文本进行了深入研究以获得所有在意见中作评估性意义使用的形容词和副词。这些形容词和副词被分为两类:用来形容作者自己的行为、论据和想法的,或用来表示对其他人行为、论据或想法的认可的,主要是仲裁庭或裁决中使用的那些(积极肯定);以及仲裁庭中多数人或裁决中使用的以表达对论据、行为或想法的不同意或不认可的那些形容词和副词(消极否定)。然后,我们使用马丁的鉴定分析原则将这些形容词和副词按照积极形式和消极形式分类,并从不同类别的形容词和副词中得出定量结果。通过对具体的形容词和副词的例子进行更加深入的分析以详细解析鉴定是如何在这一类型中起作用的。最后,在仲裁话语基础的价值体系层面对研究结果进行分析。

结果:形容词和副词的总体频率

这些文本中使用的形容词和副词相对较少,但在润色话语、加强仲裁员自己的论点以及削弱其反对的论点方面起着重要作用。我们考察了十个意见中在评价意义上使用的形容词和副词的总数。数据中以"形容词/同意"和"副词/同意"为标题的数字代表作者认可或同意的形容词或副词的数量（即当表达他/她自己的想法或他/她同意的想法或原则时）。两组以"形容词/不同意"和"副词/不同意"为标题的数据显示了表达不同意的形容词和副词的总数，以每一千字为标准单位，其目的是方便数据对比。

考察结果显示，不同意见中形容词和副词的频率不一样。多数作者常使用积极词汇，科瓦鲁维亚斯（Covarrubias）除外。有些文本使用形容词的频率较高（拉隆达、伯尔曼）（Lalonde，Berman），有些则很少使用。我们认为，这些差异有一部分可能是由个人风格、使用的论据类型或文本的长度造成的。作者的第一语言也可能对此产生影响：以科瓦鲁维亚斯为例，他的意见的最初官方版本在国际投资争端解决中心网站上是以英文和西班牙文并列发布的，但是没有指名哪个语言版本是最初书写的版本。科瓦鲁维亚斯的写作风格似乎相当朴素，很少使用形容词和副词，这很好地体现了罗马法传统的法律写作和辩论语言方式。萨科维克（Sarčevič）（2008）指出，非英语母语者在国际仲裁中处于相对不利的地位，我们认为，语言问题可能不只包括错误、含糊不清这些主要问题，还扩展至更微妙的语言特征，例如形容词和副词的使用。然而，在缺乏关于该意见起草的进一步信息的情况下，就这点下绝对结论是不够严谨的。应该注意的是，其他仲裁员的相关数据差异相当大，他们的意见均只用英文发布，我们没有充分的证据来主张语言背景是影响形容词和副词使用频率的一个重大因素。

详细分析：情感、判断、欣赏

有必要对反对意见和赞同意见中出现的模式进行更为系统的检查，以使构建仲裁话语整体风格的专业价值更为清楚地显现。

在目前的案例文本中，用来积极表达自己或认可他人主张的形容词和副词主要属于判断和欣赏的类别。情感类的形容词/副词，强调词和模糊限

第七章
反对意见和赞同意见的鉴定分析

制词相对较少。

从涉及结构的形容词和副词的高频出现可以看出,这些仲裁员特别关心论据的平衡和复杂性,不论是积极方面还是消极方面。因此,他们自己的观点,或他们支持的观点,都被描述为是清楚或合理的,而那些对立的观点则是不一致或不清楚的。这些仲裁员还充分利用积极评价(重大、总要、相当大),但不太使用这些词的反义词。其他在数量上突出的鉴定类别有正常性的判断,主要是积极方面的(正常、一般、通常),真实性的判断,包括积极的(真的、真实的)和消极的(声称的、看上去),和适当性的判断,包括积极的(正确的、适当的、可接受的)和消极的(不可接受的、受谴责的、不许可的)。另一方面,这些意见中有时候也会出现用作标准强化词的副词(高度的、全部的、绝对的)和模糊限制词(实质上、几乎不),但并不是很多。

其中应该注意的是,形容词和副词在文本中的分布并不均衡,而是趋向于在开头(即仲裁员介绍他/她的公开反对声明时)或结尾(即他/她总结立场时)出现。可以说,文本的开头和结尾从构成来看更加生动,而中间部分常常是关于法律要点、先例或案件情况的详细讨论,其表达风格简约、客观且有点枯燥。

在下文中,我们将按马丁的鉴定分类逐一分析文本。

鉴定:情感

我们在上文中提到,消极情感的例子相对较少,而积极方面的较多。情感积极表达的相对频率很有意思,因为证据表明存在一种正规的文化,参与者在该文化中树立自己的顾问甚至是教育角色。事实上,案例中有许多积极情感的例子可归因于法庭语言的传统(尊敬、谦虚)。虽然严格上来讲仲裁员的工作环境并非法庭环境且他们不受传统法庭礼节的约束,但似乎他们的语言,至少在这一方面,深受他们之前担任顾问的经历的影响。这些语言具有关联作用,可以这样说,仲裁程序中造就的关系反映了法庭中的关系和专业人员的自我影射。

最后，本案例中的一些仲裁员还以更为个性化的方式使用了情感性要素。一位仲裁员宣称自己采取"更为严厉的观点"，传达了某种程度的情感；可以猜想，结合上下文来看这传达了一种自我贬低的幽默意味，这在书面法律文件中是罕见的。其他仲裁员使用了"由衷地"这一表述，以强调他们对某些论点的赞同，这为他们相对枯燥的法律论证增添了一抹温馨。

消极情感用语很少出现，而一旦出现，则具有很强的效果。当前案例中的仲裁员有时抨击对立观点或判决，认为它们是残忍甚至令人反感的。然而，需要注意的是，这些词语的使用不是针对个人的，它们针对论据或决定本身而非针对提出这些论据或决定的人。

鉴定：判断

要理解判断这一标题项下的各个类别，需要考虑它们通常是如何定义的。根据马丁和罗丝的观点（2003：62），判断是有关人们应该做什么和不该做什么的感觉的制度化。由于判断构成的社会属性，它们由特定领域的当前价值体系塑造。判断通常分为两大类，即社会尊重（涉及崇拜和批评）和社会认可（涉及表扬和批评）。就前者而言，分析者必须询问"它特别吗？"（正常性），"它可以吗？"（能力）以及"它可靠吗？"（可靠性）。另一方面，就社会认可而言，需要询问，"它诚实吗？"（真实性）和"它是否无可非议？"（适当性）。值得注意的是，正常性、真实性和适当性是这些文本中特别显著的价值，真实性和适当性的消极方面也很重要。在这些文本中，可靠性也是一种价值，但完全没有提及能力。总体而言，社会认可是批评的焦点，而适当性这一类型则具备最多数量的词类。

从积极的角度而言，本案例中的仲裁员常常通过引用正常性、真实性和适当性来支持自己的论点或他们赞同的论点。在法律背景下，一般、正常和自然等概念均用来强调某事是习惯做法或看待事物的正常方式。一般来说，就其规范性而言，法律及相关仲裁实践通常都是可接受的。真实性也是法律话语的重要因素，要对特定问题作出决定必须了解该问题的真相。

因此，仲裁员通过强调自身论点的真实性或可靠性来加强论述。适当性属于判断何为适当的领域，也是一个重要价值，诸如正确词语的频繁使用表明仲裁员极其希望从专业角度来看，自己的论点或行为的表达是适当的。

属于判断领域的形容词和副词也经常出现在仲裁员对不认同的观点的表述之中，包括正常的消极使用或反义词（异常的）、真实性（声称的、看上去）和适当性（不可接受的、受谴责的、不合适的）。其中，"声称的"这一术语出现得尤其频繁，在引发对所提出命题的真实性的怀疑方面起着特殊作用。

用于表达异议的副词与形容词有着类似的形式。副词主要是用来在判断意义上加强对他人论点、主张或案件处理的攻击（基本上、实质上、令人诧异地、不充分地、不勤勉地和系统地、不明示地、不恰当地、过于敷衍地、出乎意料地，等等）。此外，副词似乎在减损其他方提出的主张方面起着特殊的作用：本研究中有些仲裁员经常使用这一工具（表面上有吸引力的、看上去，声称的）以拉开他们与一方当事人甚至是其他仲裁员的主张之间的距离，如下摘录：

> 原告提供的证据不够充分。更值得注意的是，他几乎没有着重证明他所声称的波布拉诺交集团的优惠待遇。（Covarrubias）

因此，判断领域代表了仲裁话语中的一个关键价值，正常性、真实性和适当性的类别尤其显著，后两者在负面判断的形成过程中也起着重要作用。

鉴定：欣赏

可以把欣赏看作是以主张为背景的感觉的制度化。与情感和判断一样，欣赏既有积极方面也有消极方面，与对文本和其他现象的正面和负面评价相对应。该体系围绕三条轴线组织：反应、结构和评价。反应与某事物对我们的情感影响有关；结构与我们对均衡（平衡）和细节（复杂性）的感觉相关；评估体现出我们有关社会重要度的评判。根据马丁和罗丝（2003：64）的观点，评估尤其具有领域特殊性，因为评估某一论点、任务或文本的标准大多与特定学科相关。

在目前的案例中,用作积极或消极评价的形容词和副词特别具有法律意味,与马丁和罗丝(2003:64)所列举的用于在语言学意义上评估的一系列形容词(有用的、深入的、有启发的、质疑的,等等)形成鲜明对比。

然而,表达结构(平衡和复杂性在此归为一组)的形容词和副词的大量出现还是比较出人意料的。其中,"清楚的"和"清楚地"这两个词语具有特殊的地位。

它们似乎代表了法律实践中的特殊价值,是一种必须经常调用的价值,尽管有关它们实际使用的分析表明它们所表达的清晰度经常也只是修辞性的。

在欣赏的领域,形容词和副词可以分为如下类别:反应(引人注目的、无可争辩的、不可避免的);结构,就简单或复杂程度而言(显而易见的、明显的、基本的、复杂的、精确的、直接的);结构,就论点或想法的清晰度而言(清楚的、清醒的、有逻辑的、有说服力的、一致的、站得住脚的、可靠的、合理的、理性的);评估(充足的、充分的、重要的、相关的、关键的、必要的、相当的、决定性的)。有些仲裁员还在双重否定的结构下使用这些形容词(不是无关紧要的、不是站不住脚的),这在其他语境下已经被认可为法律语言的一个特征。

表达清晰度和重要性的形容词和副词的大量出现也并不是不可预期的,因为逻辑推理和显著性是法律话语中的关键问题。然而,从鉴定分析的角度来看,这些类别很有趣,因为他们与马丁横跨判断和审美的模糊分类似乎更加接近。与上文中列举的"杰出的"一样,这些文本中"清楚的"一词似乎是评估一样产品,可以被认为是令人愉快的形象(一位仲裁员甚至使用"十分清楚的"这一词语),或评估一个行为(不清楚的论点或观点是不可靠的)。在反对意见的背景下,"清楚的"和它的同义词尤其有趣,因为使用"清楚的"一词来强调的主张在案件背景下常常具有不清楚的意思。毫无疑问,清晰度是法律话语中很具影响力的一个价值(Bhatia 1993),一些仲裁员经常规范性地使用"清楚的"一词可以体现这点,如伯尔曼:

第七章
反对意见和赞同意见的鉴定分析

该行为的理由必须是清楚的、有力的[……]它们必须被清楚地解释和说明[……]。另一方面,如果案件不够清楚而使得问题在一开始不能令人信服地被确定,公约第41(2)条清楚地规定了适当的相关程序。

因此,"清楚的"经常用来表达仲裁庭内达成一致的观点,在下述案例中,海伊特(Highet)为区别该情形与讨论的实际案情的不同,构建了一个坚定的一致观点:

> 如果第1121条所述的弃权意在涵盖任何法律活动,那么很清楚地,原告在墨西哥的行为过程与此并不一致,而且会损害该弃权。

似乎"清楚的"经常作为加强对特定观点共识的修辞工具被使用(而且经常在证明该观点如何不适用于当前案例之前),而不是作为对某个主张、事实或论点的清晰度或逻辑性的完全客观评价被使用。

在其他情形中,"清楚的"一词被用来加强持反对意见的仲裁员的观点,即特定事实或论点在持不同意见的大多数人看来是清楚的。下述例子便是如此,背景是一个有利于CEMSA而不利于墨西哥的仲裁裁决,其中,科瓦鲁维亚斯提出了一个相当令人震惊的主张:

> 因此,CEMSA的香烟出口业务,作为一个法律活动,是在明显违反墨西哥法律的前提下进行的。

因此,尽管"清楚的"("明显")表面上与就事实或论点达成共识有关,它也可以在未达成共识的情况下为强调或说服之目的而使用。在下述例子中,韦伊(Weil)提出了一个与多数人决定背道而驰的强烈主张:

> 本案情形十分清楚且实际上无可争议:完全不存在任何外国人(立陶宛或其他)在乌克兰投资的问题,不容置疑的是仅仅存在乌克兰人在乌克兰投资的问题。国际投资争端解决中心公约和国际投资争端解决中心程序不应适用于该情形。

他还因此强调,清晰度是案件裁决的一个首要价值,他通过使用具有显著美学内涵的褒义词"十分清楚"来强调自己对情形的判断。

作者用来描述其不同意的论点和意见的形容词范围与上文中列出的类似,但是多数例子都是以否定含义使用。在欣赏的领域,我们发现表达逻辑和清晰度的缺乏普遍都用否定式(不理性的、在逻辑上站不住的、不合理的),但也会使用反义词(不合逻辑的、有瑕疵的、不一致的、有缺陷的、令人困惑的)。意见中也涉及评价,通常使用肯定的方式(关键的、相当大的),但有时候也用否定式或反义词(不充分的、不承认的、不可接受的、不完整的、敷衍地、无效的)。

通过本次对属于欣赏领域的形容词和副词的研究,我们发现结构(平衡和复杂性)对仲裁员而言是十分重要的一个领域,逻辑和清晰度则是十分显著的价值,它们的对立面则是主要的缺陷。反应也很重要,通常用来表达说服的意义,即一个想法是否令人叹服。评价在积极方面以重要性为中心,在消极方面以不充分为中心。

结　　论

所有专业团体均涉及利用如下相关知识的语言实践,即特定类型的专业行为适合使用的交流方式(Bhatia 2004)。一位有经验的专业人员对此能够运用自如,通过管理一系列的语言资源来达到特定的交流目的。特定情形下的语言选择受到社会对"什么是适当的"认可范围的限制,在态度和价值层面,受到专业人士对"什么是可接受的"共识的限制。

在国际争端解决中,话语分析者的主要研究对象为公共领域可获得的资料,如裁决(Giner 2009;Martinez 2009),但几乎无从获得已发布的关于仲裁庭封闭环境下的语言的研究。反对和赞同意见是基于一位仲裁员与多数仲裁员的意见冲突而产生的,因此可能带有仲裁程序话语的痕迹。在这些文本中,仲裁员引用了裁决、备忘录、应诉书的内容,甚至逐字逐句引用摄像机中留存的交叉询问记录。可以合理推断,持有这些不同意见的仲裁员的声音与他们在仲裁程序中的声音应该具有很多共同点。因此,本文所

第七章
反对意见和赞同意见的鉴定分析

展示的证据不仅仅是对一份已发布文件的文本分析,还打开了国际仲裁争议解决的密室的一扇窗户。

因而,对热衷于在更大范围内研究仲裁争议的语言学家而言,本文所进行的鉴定分析可以作抛砖引玉之用。它还提供了分析仲裁和诉讼语言的共同点和不同点的证据。

概而言之,本研究的主要结果是,通过鉴定分析揭示了塑造仲裁员话语多样可能性的一系列价值。其中关于情感的表达很少,而且常常是约定俗成的表述,但是有时候也使用它来达到特定的修辞效果。判断主要以正常性、真实性和适当性这些核心价值为中心,真实性和适当性以消极方式使用的频率与积极方式一样多。欣赏主要聚焦于重要性或重大性的评估,也关注结构的各个方面,主要是论点的清晰度和逻辑性,这两个似乎是仲裁话语的核心价值。对作者而言,论点或证据的说服力也是积极的反应的主要内容。

基于对这些形容词和副词的研究,我们可以推断,在仲裁的基础价值体系中,对论点的评价围绕其自身的清晰度、一致性以及说服力。就遵守法律理解或程序开展的标准形式而言,正常性或平常性也是一个价值。从正确做事、遵守适当的程序、以专业人士认为正确的方式行事或论辩这层意义来看,适当性也很重要。

最后,真实性作为核心价值之一也不得不提,因为在大多数法律程序中,还原真相是十分必要的,关于对事实问题的怀疑将有损于整个案件的解决。

就作者立场而言,这些仲裁员显然希望将自己树立为真相、准确性和正常性的代表,而不是不确定性、不诚实、不当或反常行为的代表。他们的文本形象强烈地体现出清晰度和逻辑性,坚定地反对有缺陷的、误导性的或不一致的论点。此外,仲裁员在重要性判断方面也拥有极具影响力的地位,他们按照问题的重要性或不重要性排列顺序。这些文本所投射出的有关仲裁员话语自身构建的最突出的一个特点就是权威性。他们的发言极具清晰性和逻辑性,以专业人士认为自然和合适的方式寻求真相和适当性。

参考文献

Bhatia, Vijay K. (1993): Analysing Genre: Language Use in Professional Settings, London, Longman.

Bhatia, Vijay K. (2004): *Worlds of Written Discourse*, London, Continuum.

Gaillard, Emmanuel and Savage, John (Eds.) (1999): *Fouchard Gaillard Goldman on International Commercial Arbitration*, The Hague, Kluwer Law International.

Giner, Diana (2009): *A Contribution to the Contrastive Analysis of Persuasion through Interactional Elements in International Commercial Awards and Judgements*. Paper presented at First International Seminar on Languages for Business, Avila, June 5-6, 2009.

Hussain, Ijaz (1984): *Dissenting and Separate Opinions at the World Court*, Dordrecht, Martinus Nijhoff Publishing.

Hyland, Ken (1999): Disciplinary Discourses: Writer Stance in Research Articles. In Candlin, Christopher N. and Hyland, Ken (Eds) *Writing: Texts, Processes and Practices*, London, Longman, 99-121.

Lévy, Laurent (1989): Dissenting Opinions in International Arbitration in Switzerland, *International Arbitration*, Vol. 5, 34-41.

Martin, Jim (2000): Beyond Exchange: Appraisal Systems in English. In Hunston, Susan and Thompson, Geoff (Eds) *Evaluation in Text: Authorial Stance and the Construction of Discourse*, Oxford, Oxford University Press, 142-75.

Martin, Jim and Rose, David (2003): *Working with Discourse: Meaning Beyond the Clause*, London, Continuum.

Martinez, Laura (2009): Analysing Generic Integrity in Professional Discourses: The Case of Intellectual Property Arbitration. In Pérez-Llantada, Carmen and Watson, Martha (Eds) *Language for Business: A Global Approach*, Zaragoza, Prensas Universitarias de Zaragoza, 217-32.

Sanders, Peter (1999): *Quo Vadis Arbitration? Sixty Years of Arbitration Practice: A Comparative Study*, The Hague and Boston, Kluwer Law International.

Sarčevič, Susan (2008): Translation in International Arbitration. In Bhatia, Vijay K., Candlin, Christopher. N. and Engberg, Jan (Eds) *Legal Discourse across Cultures and Sys-*

tems, Hong Kong, Hong Kong University Press, 291-307.

Tessuto, Girolamo (2008): Discourse Systems in English Arbitration Awards. In Bhatia, Vijay K., Candlin, Christopher N. and Engberg, Jan (Eds) *Legal Discourse across Cultures and Systems*, Hong Kong, Hong Kong University Press, 181-98.

To, Christopher (2008): Confidentiality in Arbitration. In Bhatia, Vijay K., Candlin, Christopher N. and Engberg, Jan (Eds) *Legal Discourse across Cultures and Systems*, Hong Kong, Hong Kong University Press, 75-107.

Wangelin, James D. (2004): *Buttressing the Pillars of Arbitration*, Mealey's International Arbitration Reports, January. Online at ⟨http://www.cidra.org/articles/pillarb.htm⟩, accessed 15 June 2011.

案例

Asante. *Asian Agricultural Products Limited v. Democratic Socialist Republic of Sri Lanka* (ICSID Case No. ARB/87/3) Dissenting opinion of Samuel K. B. Asante.

Berman. *Industria Nacional de Alimentos, S. A. and Indalsa Perú, S. A. (formerly Empresas Lucchetti, S. A. and Lucchetti Perú, S. A.) v. Republic of Peru* (ICSID Case No. ARB/03/4) Dissenting opinion of Franklin Berman.

Covarrubias. *Marvin Roy Feldman Karpa v. United Mexican States* (ICSID Case No. ARB(AF)/99/1) Dissenting opinion of Jorge Covarrubias Bravo.

Highet. *Waste Management, Inc. v. United Mexican States* (ICSID Case No. ARB(AF)/98/2) Dissenting opinion of Keith Highet.

Lalonde. *Sempra Energy International v. Argentine Republic* (ICSID Case No. ARB/02/16) Partial dissenting opinion of Marc Lalonde.

Rovine. *Archer Daniels Midland Company and Tate & Lyle Ingredients Americas, Inc. v. United Mexican States* (ICSID Case No. ARB(AF)/04/5) Concurring opinion of Arthur W. Rovine.

Suratgar. *Mihaly International Corporation v. Democratic Socialist Republic of Sri Lanka* (ICSID Case No. ARB/00/2) Concurring opinion of David Suratgar.

Weil. *Tokios Tokelés v. Ukraine* (ICSID Case No. ARB/02/18) Dissenting opinion of Prosper Weil.

第八章
意大利背景下的仲裁话语司法化*

〔意〕毛里济奥·戈地(Maurizio Gotti)

作为替代性争议解决机制(ADR)的仲裁正处于困难时期。一方面,全球化扩张带来了国际贸易的增加,也伴随着合同冲突的增加,而这些冲突往往不一定通过诉讼解决,也能通过替代性争议解决机制解决,而多年来仲裁都是其中的主要方式。出于这些原因,在某些地区仲裁似乎在扩张,尤其在远东(Browker 2008)。另一方面,近年来对仲裁程序的不满也在增加,过去常常认为仲裁应该比诉讼更快速、便宜和保密性高。关于公司态度和国际仲裁实践的一项近期的调查总结了这种不满(Mistelis 2004),其中突出了公司方面的主要顾虑,如下:

- 花费:49%;
- 时间:18%;
- 无第三方机制:11%;
- 缺少上诉架构:9%;
- 国内法庭干预:5%;
- 其他:8%。

确实,经常有人说仲裁费用越来越高昂,这也是仲裁使用者主要的顾

---

* 本章的研究获得了香港特别行政区政府科研拨款委员会竞争性研究经费的资助,[项目编号:9041191(香港城市大学1501/06H)],该国际研究项目题为"国际商事仲裁实践——话语分析研究",http://www.english.cityu.edu.hk/arbitration/。并获得了意大利大学部的国家研究计划资助(COFIN Grant No. 2007JCY9Y9),项目负责人是贝尔加莫大学的毛里济奥·戈地教授,项目题为:特定领域语体的张力与变迁。

第八章
意大利背景下的仲裁话语司法化

虑。如奥科克菲尔（Okekeifere）（1998：87）所称"早些时候，仲裁基本上在各方面都比诉讼便宜。而今，也许在一些特定案件中仍旧如此，但这恐怕已经不是常态了"。尤其是因为仲裁的程序越来越向诉讼靠拢，仲裁程序要耗费比当事人预期更久的时间。另一个问题是仲裁是两极的，设计于在两个当事人间操作，可能造成涉及多方当事人的国际贸易适用有难度。还有一个普遍观点是仲裁裁决的终局性（即仲裁体系内没有上诉可能性）造成了在国内法庭对仲裁裁决提出异议的数量的增加。这也解释了关于国内法庭干预仲裁体系的顾虑。

仲裁界多个专家都认为仲裁正在失去其根基（Okekeifere 1998；Rubino-Sammartano 2003）。仲裁在某些国家不再受欢迎，也是因为其本质正在发生变化。多名从业者认为，近来国际商事仲裁（ICA）有一种"司法化"倾向，即：

> 仲裁越发倾向于按国内法庭诉讼的程序的复杂化和正式化靠拢，而且经常受制于司法干预和控制（Browker 2008：183）。

在本世纪初，国际商事仲裁的主要专家之一已经指出过这个变化的严重性：

> ICA[国际商事仲裁]几乎已经和诉讼没有区别了，其本来应该是取代诉讼的，而现在却是更多的法律，更多的法律术语：[……]积极或理性的决定[……]现在越发冗长，充斥着法律分析（Nariman 2000：262）。

国际商事仲裁的"司法化"，一方面是由于更多方面的司法实践，另一方面则是在法律话语的使用上。诉讼影响此替代性争议解决程序的另一个例子，即"它[国际商事仲裁]已经越发倾向参照前例，仲裁裁决经常引用其他仲裁裁决，正在建立一种商人习惯法"（Nariman 2000：263）。这些变化遭致从业者的强烈批判，他们经常用"贬义绰号称之为：仲裁诉讼"（Nariman 2000：264）。

从业者的这种否定态度主要是因为仲裁程序中植入诉讼实践大大延缓

了整个流程和程序,并造成花费的增加。奥科克菲尔明确说道:

> 可能是为了提高仲裁程序和裁决的公正性,引入了多项法律规则。这些因素造成了延迟——长久的延迟——然而却没有排除或遏制这种延迟的机制。[……]鉴于其正式性实质和复杂的程序性步骤(官僚主义),许多机构性仲裁和法庭程序一样费时。一个讽刺的事实是,这种延迟——长久的延迟——目前往往是仲裁的一项特征。目前,对同一案件一些仲裁程序会同法庭审判所花时间一样长(有时甚至更长)(Okekeifere 1998:85-6)。

也有对现代仲裁员消极态度的抱怨,称其仅仅是听取当事人的意见,再表达他们的意见,而没有利用这个替代性争议解决程序的自主决定和独立性。如鲁比诺-萨玛塔诺(Rubino-Sammartano)(2003:342)所言:

> 通常的情况是,在英国,仲裁员完全坐在一边听当事人争论案件。这些仲裁员仿照了法官的做法,然而却忽略了当事人将争议提交仲裁是为了一些不同于法庭程序的内容。

国际商事仲裁在意大利的司法化

诉讼实践和话语对仲裁程序的影响日益增加,以上变化同样也发生在意大利。诚然,《意大利仲裁法》(2006)的最新改革将仲裁员和国家法官类似对待,增加了按照类似民事程序作仲裁的风险。此外,新立法尤为正式和墨守成规,负面影响了程序的有效性和速度,造成意大利的仲裁仍是繁琐的争议解决机制,无法回应工商业的利益。确实,在意大利,仲裁比诉讼花费更高。库托洛(Cutolo)和埃斯珀斯托(Esposito)(2007)对新系统的问题总结如下:几乎同普通民事程序一样,如法律规定过于严苛、费用过高、过多的时间限制。

乌里斯·贝洛蒂(Ulisse Belotti)(参见其本卷中的章节)对意大利仲裁从业者的采访也可证明以上观点,其中关注点主要是仲裁费用、国内法和

第八章
意大利背景下的仲裁话语司法化

法庭对于仲裁裁决的干预、仲裁程序完毕的相对速度。仲裁程序的费时费钱也是因为当事人常常同意延长仲裁规则确立的时间限制,而在一些案子中,认为自己处于不利地位的当事人倾向于把文书复杂化来拖延程序。

最近的改革清楚表明,一旦仲裁员认为问题是不可仲裁的,仲裁程序就会终止,结果,当事人不得不在仲裁程序中要求法庭介入来作出最终决定。结果,尽管除了公证和独立性要求,意大利法律对于成为仲裁员没有其他要求,当地商会往往请当事人任命法律专家为仲裁员。确实,尽管理论上来说任何职业的人都可以成为当地商会仲裁员中的一员,实践中仲裁程序中往往会任命法律专家担任仲裁员,而其他专家则被任命为顾问。这种实践似乎已固定下来,而任命律师也变成了传统。对其来说,法律界发现仲裁可以扩大其专业号召力,增加其商业收入。因此,一旦当事人被强烈建议将法律专家作为仲裁员,仲裁实践很可能采用诉讼程序,相应地,在仲裁话语中会有很多诉讼特点。而当事人为了更好地维护其利益并减少最终裁决被推翻的风险而请法律专家担任仲裁员这一事实也促进了诉讼对于仲裁过程的影响。《民事程序法典》(CCP)(第 829 部分)列举了仲裁裁决可以被推翻的情形。其中当:

- 裁决与另一裁决或法庭决定相矛盾时;
- 相关法律规则适用错误时。

因此,仲裁员有扎实的法律背景显然很重要,这样才能保证其对于法律程序的熟知,并避免因错误操作导致裁决被推翻或无效。实际上,截至 2006 年,大部分被申请到上诉法庭请求推翻的仲裁裁决都有法律依据。这也是大部分案子中仲裁员同时也是律师的原因之一。任命法律专家促进了典型诉讼流程和程序在仲裁实践中的完善,推动了混合话语的增加,因而对仲裁实践的完整性造成了威胁。

在此背景下,本章旨在分析以意大利语书就的仲裁裁决来指出意大利法律话语典型特征的例子,依此证明意大利仲裁话语的司法化。分析的资料包括过去 10 年间以意大利语书就的 20 篇商事仲裁裁决,分别来自于贝尔加莫、米兰和雷焦艾米利亚的仲裁庭,总计超过 900,000 个单词。本文作者及帕特齐亚·阿内萨(Patrizia Anesa)(Gotti and Anes)的前述研究旨在分析不同专业背景是否会影响裁决的书写方式,仲裁员的专业身份是否会影响对句法、词汇和文体的选择,研究结果表明任命律师作仲裁员是典型做法,而即使在非法律从业者担任仲裁员的情形下,其裁决的结构和形式也和法律专业人士书写的裁决非常相似。

意大利仲裁裁决的特征

文本特征

从宏观结构的角度看,仲裁裁决和法庭判决有很多相似之处。① 在意大利传统中,法庭判决通常遵循下述结构(Santulli 2006):
- 建立案件事实;
- 表明观点;
- 发表判决。

裁决和判决的初始部分均在指明案件情况。裁决的该部分提及了仲裁庭的组成、双方当事人及其代理人、裁决的编号及日期。还明确了双方当事人的不同角色:申请人通常称为"*attore/attrice*",而被申请人通常称为"*convenuto*"。两种文书的主要区别在于,法庭判决通常以意大利共和国的正式描述开始,以意大利人民的名义②,强调了该文书和其出具机构的法律权威。

建立案件事实 裁决的第一部分主要是重构争议事实。这部分同样和法庭判决的第一部分很相似,两者作用相同。这部分的标题是程序发展或程序的事实和发展或仲裁程序的发展。该部分中——裁决和法庭判决均如此——按照严格的时间顺序记录相关事实,详细记录了提交及考查的所有文书。值得注意的是,两种文本中,事实都用意大利语动词"*imperfetto*"表

---

① 玛西(Maci)还证明了判决书的结构和法律案件的结构极其相似。
② 除非特别说明,本章所有翻译都出自作者。

达,这是用于描述的典型时态:

(1)按照[……]上的诉请,申请人申请开始仲裁程序(裁决14)

(2)根据于[……]日期作出的法令,法庭驳回(Court judgment quoted in Mortara Garavelli 2001:171)

表明观点 两种文书中,该部分均表明了当事人的诉请,具有明显的议论功能。裁决中,该部分经常以当事人的特定请求作结论,标题为:申请人的请求及被申请人的请求。这些请求通常按序号列明,并以不定式的形式详细说明要采取的行为:

(3)1)确认并说明请求无效[……]

2)确认并说明限制和/或失效[……]

3)确认并说明请求无依据[……](裁决15)

该部分还包含了仲裁员/法官作出最终决定的论证和交涉。裁决中,该部分的标题通常是理由或决定理由,说明了作出最终决定所适用的标准。在法庭判决中,这部分通常是关于案件问题的当前立法的详细分析。值得注意的是,过去,裁决往往会参考合同的条款或者当事人过去的约定;而现在,裁决常常会参考法律和法规,因而在此方面和判决非常相似。意大利裁决最常引用的法律文本是《示范法》,其也是意大利关于商事交易最重要的法律概要。

(4)应当明确的是[……]申请人反对被申请人作为合同标的"物品"的买方的行为的限制和/或失效,该行为依《民事法典》第1490条及后文条款规定。(裁决15)

裁决中引用的另一重要法律文本是主管程序的仲裁会订立的规则,其最终会验证裁决的正确性。

(5)当事人间的疑问或异议[……]将由三名仲裁员组成的小组解决[……],其中一名仲裁员担任主席,直接由意大利国内和国际仲裁会任命,当事人要声明其完全了解并接受该会的国内仲裁规则。(裁

决 18）

某些情况下还会参考法庭判决，具体见下文例子，其中大幅引用了最高上诉法院的裁定：

（6）被告回忆称，承认"由不具备代理权的人所委任的律师任命人选的可能性"，这将造成任命属"单方面的行为，即任命出代表另一承包商的利益的人，奇特的是，这是任命获批的前提条件，导致双方缔结假约"（Cass. 2000 年 11 月 23 日，编号 15134）。更具体地说，最高法院在 1992 年 6 月 4 日的裁决（编号 6866）中已经明确承认其合法性，在此情况下，"由于司法文书的原因导致产生争端的，仍由仲裁员进行调解"（Cass. 1992 年 6 月 4 日，编号 6866）。（裁决 18）

发表判决 文书中最后一个重要部分要表明仲裁庭/法官的最终决定。同典型的法庭判决类似，许多裁决也将此部分命名为缩写词 PQM（出于这些原因）。法律从业者经常使用这个缩写词，而且从不写其全称；而仲裁员频繁使用这个词也表明他们对其意思相当了解。说明仲裁员最终决定的动词都使用了现在时，是法律文本中表达行为性动作的典型动词形式（Garzone 2003）：

（7）仲裁庭［……］

1）宣布请求不合法并予以驳回［……］；

2）就仲裁庭费用、秘书费用及协助双方的费用，［仲裁庭］决定如下：

a.［仲裁庭］决定仲裁庭费用［……］应对应总金额［……］；

b.［仲裁庭］决定仲裁会的行政性费用应对应总金额［……］。

（裁决 17）

裁决最后还附上了仲裁组人员的签名，并注明了签署文书的日期和地点。

词汇特征

通常认为仲裁是一种不用求助律师和法庭的替代性争议解决机制，因

第八章
意大利背景下的仲裁话语司法化

而人们期待裁决的话语相比法律话语更加通俗。反而,从语言角度看,裁决和法律文书语言非常相似。法律风格的典型特征之一就是使用双重或更长的同义词串,经常被称为"二项式或多项式"(Bhatia 1993)。法律话语比一般话语更常使用多项式,这也使其成为法律语言的一个标记。法律文本中使用二项式表达有很长的传统,主要是为了保证技术准确性和高度精确性、清晰性、完整性。这在裁决中也很常见,见下文引文:

(8)申请人请求仲裁庭确认并说明被申请人有义务支付约定的补偿。(裁决 14)

(9)关于行为的限制和失效,被申请人的请求不被准许。(裁决 15)

法律文件的另一个特点是强烈的保守主义。事实上,在法理学领域,对于新术语可能会引起歧义的担忧使传统的语言特征得以保留,它们甚至在其从一般语言中消失后仍得以保留。相比于新造词,旧术语更受青睐,其历史悠久、高度法典化、解释普遍适用。法律语言过于敬畏传统,导致过时的拼写或形式的使用。关于过时的拼写,本文分析资料中就有,如使用 *denunzia* 代替通常的 *denuncia* [谴责] 和 *denunziare* 代替更通用的 *denunciare* [声讨]。关于过时的形式,浏览意大利裁决就可以确认这点,如使用 *erroneo* [错的] 代替更通用的形容词 *sbagliato*,或用 *sito* [位于] 而不用更常用的形容位置的过去分词 *situato*。裁决中有很多法律文本中常用的而在一般语言中避免使用的过时的形式,如 *addì* [于[日]]、*all'uopo* [为目的]、*altresì* [此外]、*ancorché* [尽管]、*atteso che* [因为如]、*d'altronde* [另一方面]、*nel caso di specie* [在此特定情况下]、*nella specie* [尤其]、*onde* [何处]、*orbene* [因此]、*posto che* [考虑到]、*siffatto* [如此]、*talché* [因此]、*testé* [只是]。

法律话语典型的技术性词组也很普遍,通常一般话语中的词和其他通用词同时使用来表达只有法律文本中出现的意思(Dardano 1994),如 *espletare un incarico* [履行任务]、*prestare il proprio consenso* [予以同意]、*produrre un documento* [创建文书]、*rigettare la domanda* [拒绝请求]、*stipulare un contratto* [订立合同]。类似,裁决中还有意思不同于其一般意思而只在法律文本中有此种意思的动词,如 *dedurre* ["认为",而非更通用的意思"推断"]或 lamentare["声讨",而非"抱怨"]。

诉讼语言对仲裁的影响还能从本文分析的裁决的法律表述中看出。例如,adire il giudizio arbitrale[适用仲裁程序]、caducazione di un contratto[合同无效]、escussione di testi[见证测试], impugnare una sentenza[对判决予以上诉]。裁决中还经常适用法律语言中典型的介词词组(Cortelazzo 2006),例如,a carico di(如 a carico del datore di lavoro[由雇员承担])、a norma di(如 a norma di legge[根据法律])、a seguito di(如 a seguito della risoluzione del contratto[作为合同取消的结果])、a titolo di(如 a titolo di ravvedimento oneroso[作为对付款的补偿], ai sensi di(如 ai sensi dell' Art. 12 dello Statuto della Camera Arbitrale[根据仲裁会章程第12条])、in sede(如 in sede giurisdizionale od arbitrale[在司法或仲裁程序中])。

但是,意大利法律语言的另一个典型特征是零推导,因而专家从动词派生到名词时可以忽略词缀(Gotti 2011)。这种造词结构的例子可见裁决,如 convalida[验证]派生自 convalidare, notifica[通知]派生自 notificare, proroga[延长]派生自 prorogare, ratifica[批准]派生自 ratificare, rimborso[报销]派生自 rimborsare, saldo[解决]派生自 saldare, utilizzo[利用]派生自 utilizzare。

意大利法律话语的显著特征之一是对于拉丁语的使用,起源于罗马时代,有悠久的法理学传统(Fiorelli 1998)。裁决中还出现了很多拉丁语,加强了法律领域对仲裁的"殖民"效果。下面是我们研究资料中的一些例子:ab origine[从一开始]、causa petendi[索赔的理由]、contra legem[违法]、de facto[事实上]、dominus[一项权利的拥有者]、ex ante[自那时以来]、ex nunc[考虑到]、in toto[作为一个整体]、inter alia[除其他外]、ope legis[依照法律]、par condicio[同等条件]、petitum[索赔]、potestas judicandi[司法权力]、ratio legis[法律的精神]、una tantum[断然地]。

句法特征

比较法庭判决和仲裁裁决也可看出其句法上的相似性。法律文书的主

第八章
意大利背景下的仲裁话语司法化

要特征之一就是长句,不仅长于一般文本中的句子,甚至比许多专业领域的文本句子还要长(Cavagnoli and Ioriatti Ferrari 2009)。甚至最近由简易语言运动意大利分部(*Italiano Chiaro*)发起的法律文书改革也认为,法律和行政文本中的句子如果不足 25 个单词就无法表达其目的,因为法律文本中的句子包含的单词大约是上述的 2 倍。但法律文本使用长句是为了传达大量信息,同时既减小其模糊性和误读,也保证其完整性(Bhatia 1993)。而每次的引用都有其规范,表明其状态和身份。我们资料中的裁决包含的长句平均句长为 43 个单词。此外,每个句子被细分为若干嵌入从句。下文例子体现了分析的裁决句子的典型结构:

(10)按照请求,在其结论性备忘录中,被申请人主张她作为物品的买方,第 1490 c.c 条赋予了其要求对物品缺陷进行保证的权利,她还抱怨说申请人提供了有缺陷的物品,根据第 1490 c.c 条不守约者不得要求履约的原则,她因此有权不履行义务。(裁决 15)

这句话包括 72 个单词,由两个主要分句,用 e[和]连接申请人的两个法律行为(*ha fatto valere la garanzia* [主张她取得保证的权利] / *ha reclamato il suo diritto di no adempiere* [主张其有权不履行])。这两个分句还嵌入了一系列关于这一请求的定语(*Con tale domanda, come del resto ha esposto nella propria memoria conclusive* [按照请求,在其结论性备忘录中]),适当引用民法典的特定条款作为其主张的依据(*l'Art.* 1490 *c.c.* [第 1490 *c.c.* 条] / *di cui all'Art.* 1460 *c.c* [规定在第 1460 *c.c.* 条中]),以及引用其中记录的拉丁语原则(*inadimplenti non est adimplendum* [违反约定一方不能强迫另一方履行义务,即违约者不得要求履约])。从认知角度看,所有这些定语和论证都增强了信息密度;而从句法角度看,其插入了一系列二级和介词从句,靠复杂的连接和从属结构使整个句子的句法结构非常精细。

意大利法律语言的另一个句法特征就是其风格上非常正式和中立。事实上,法律文本的目的是以客观和非主观的方式呈现事实和意见。为了实现这种风格,典型的做法是使用非人称性小品词 *si*:

137

（11）关于最后这点，其强调了[即文件强调了事实]监管局有约束力的负面的限制性意见旨在减少未来的旅馆的房间数量。（裁决14）

（12）有合理理由决定。（裁决15）

这个介词作为法律用语通常用于间接形式中，其中小品词 si 附加于主动词的不定式之后，而非在语气表述之前（如 può procedersi [可以继续]、è da ritenersi [有理由相信]、deve trascriversi [必须记载]）。这类后置还经常同动词 trattarsi [关于]一起使用。

（13）这种假设过于模糊，不够充分开展严肃而有效的调查。（裁决6）

还使用了其他表述使风格更中立化，如动词 essere [将要] + 形容词（如 è chiaro [很清楚]、è evidente [很显然]、è noto [众所周知]、è possibile [有可能]）或中立性表述，例如：appare [似乎]、occorre [有可能]、sembra [看起来]。以下可见资料中的两个例子：

（14）有必要验证合同中所提及的服务是否已经履行。（裁决14）

（15）对本会来说（裁决3）

非主观化风格主要体现在大量使用被动形式，需要强调行为效果或结果而非其动作者的情况下，法律文本经常使用这种形式。尤其是在被动从句中为了加强这种非主观性，一般会省略代理人。例如：

（16）因此只能准许申请人要求的对应已确认资金的20%，即20,000.00的补偿金的一部分。（裁决14）

而使风格去人化并更客观的典型语言性架构是使用第三人称代词或名词词组，即使作者要指示自己时也如此，例如在如下表达中的 l'arbitro [仲裁员]、il Collegio arbitrale [仲裁庭]或 il Collegio [仲裁组]：l'arbitro ritiene [仲裁员认为]、il Collegio arbitrale così provvede [仲裁庭决定如下]、il Collegio ha così deciso [仲裁组决定如下]。通过去除人的因素和仲裁员行为的去主观化，也达到了高度的客观性。清楚来说，通过对使用无生命宾语表示文件或事实指示典型的观点性动词,例如 *confermare*［确认］、*dimostrare*［表明］、*indicare*［显示］、*ritenere*［相信］、*suggerire*［建议］,仿佛表明根据对事实和仲裁程序中文件的分析,这些结论的有效性是不言而喻的。照此方法,结论作为一种事务呈现,仲裁员以中立方式对其进行分析,并作为事实问题客观说明。以下是研究资料中两个裁决中的例子:

(17) 根据法令［……］中的动议,仲裁庭决定驳回反对意见。(裁决 17)

(18) 此文件表明截至 2 月 10 日,同客户 X 的业务关系仍正常进行,因此,并未停止。(裁决 3)

从裁决中可以发现的另一个对于法律风格的采用在于单词顺序方面。实际上,在仲裁文书中可以看到法庭文书中常见的词组结构,如性状形容词的位置在其相对的名词之前而非之后(更通用的用法),例如 *contestuale esercizio*［同时履行］、*espressa richiesta*［明示的要求］、*legale rappresentante*［法定代表人］。对于一般句子语序的调整还可以从动词的位置看出,通用用法是(主谓(宾)),但裁决中变成了(谓主(宾)):*Ritiene*［谓］*il Collegio*［主］［仲裁组认为］;*Rileva*［谓］*la resistente*［主］*che*［宾］［被申请人声称］,*Sono stati ultimati*［谓］*i lavori*［主］［工作业已完成］。

意大利法律话语的另一典型特点是在特定技术性句子中名词前省略冠词(Rovere 2002)。资料的裁决中也可以找到一些例子,如 *avere diritto*［有权］、*depositare denuncia*［提出申诉］、*far pervenire memoria*［提交纪念物］、*presentare ricorso*［提请上诉］、*rigettare istanza*［拒绝请求］。同法律话语一样,常常省略以 *a mezzo di*［通过］、*a seguito di*［跟进］、*con*［连同］、*mediante*［通过］等引导的名词词组前的冠词,如下例:

(19) 法国公司 R. G. 对意大利公司［……］S. p. A 提起了仲裁程序,就［……］将初步问题提交位于巴黎的国际仲裁院。(裁决 6)

(20) 本事项通常要执行一年,直到公司的出庭人通过邮件撤销了该任务。(裁决 18)

法律文书还常用简练的格式使得句子更紧凑。裁决中经常使用这些简练的格式来对应为避免复杂的主动或被动动词从句而使用的过去或现在分词：

（21）听取证人证言后,应断定申请人意识到了所购货物的缺陷。（裁决15）

（22）被申请人要求仲裁组确认并决定申请人根据合同第8条实际履行行为对应的报酬。（裁决14）

典型的法律话语还经常使用现在分词作名词。分析的裁决中有很多例子,如 *l'accettante* [接受人]、*l'alienante* [让渡人]、*il delegante* [将债务转由第三者偿付的债务人]、*il dichiarante* [申诉人]、*l'istante* [请愿人]、*il mandante* [命令者]、*la somministrante* [供应商]、*il rivendicante* [申请人]、*lo stipulante* [推动人]。标准化也是法律话语的特征之一,对以词缀为基础的非口语化的抽象名词的大量使用尤其明显,如 *-anza*（*istanza* [申请书]、*ordinanza* [禁令]）,*-enza*（*decadenza* [失效]、*soccombenza* [损失]）,*-ità*（*configurabilità* [可置配性]、*inammissibilità* [不允许]）,*-mento*（*accoglimento* [收到]、*procedimento* [程序]）,*-sione*（*escussione* [检查]、*estensione* [延长]）和 *-zione*（*risoluzione*[解决方案]、*stipulazione* [推动]）。

结　　论

如分析所示,本章研究的裁决清楚表明了法律话语对这些文本的影响。通过本章研究的裁决,可以看到法律术语(包括词法和句法)的所有主要特点。同样,仲裁裁决的布局也来自于法庭判决的主要文本结构。尽管相对于复杂迟缓的诉讼,仲裁应该是一个更简易快捷的程序,而裁决语言却和典型的法律语言一样复杂。这主要是因为担任仲裁员的法律专业人士越来越多,偏好将法律实践和法律术语移植到仲裁领域。如本章介绍部分所述,这种现象在全球层面相当普遍。2006年意大利仲裁法的改革加重了这种"殖民化"趋势,其引入了当地商会管理仲裁程序,强烈建议当事人在机

第八章
意大利背景下的仲裁话语司法化

构控制下遵循一个相对更司法化的标准仲裁程序,并任命法律专家作为仲裁员以减小裁决被推翻的风险。结果,意大利的仲裁实践还是受到了司法特征的巨大影响。

标准化进程也可以对裁决使用的主要法律术语、句法和文本形式作出解释,很多非法律专家还在做这方面的工作。事实上,律师和非律师起草的裁决区别很小,少数非法律专业人士一般会采用和专业人士一样的风格以保证统一性,也可能遵照通行做法配合其身份。结果,所有裁决都体现了法律传统的典型风格,即使用高度复杂的语言。不同仲裁员作出裁决的语言和风格几乎没有区别,个人风格被尊重仲裁传统之一的本文习惯而牺牲了。裁决的大致框架经常是相同的,而标准的句子也贯穿始终。探究新的写作风格几乎不可能。实际上,商会还为了新人和有经验的仲裁员安排了培训课程,以保证程序的统一性和一致性。我们分析的资料反映了通常采用的标准格式和一系列语言表述。因而,仲裁员可以省去很多起草文书的时间和花费,还能保证句子都按正确的方式被理解。仲裁员们很能体会使用近似于固化的,或通过长期广泛的应用而被证明有效的形式和风格的好处,这样做保证了裁决的法律有效性和更广泛的可执行性。事实上,在对该领域专家的非正式采访中发现,目前更偏好标准化及广泛认可的框架,是为了减小裁决被不满意的当事人要求推翻的可能性。而不同的、非标准化的方法会丧失这些综合意义,结果会使裁决更有争议。

基于以上分析,我们认为当前背景下,仲裁话语的"司法化"将裁决和诉讼实践的典型类别尤其是法庭判决相联系,有利于裁决在司法文书化的对话式定位中的重新定义(Martin and Rose 2003)。本章的分析证明了仲裁裁决的话语和法律领域的话语有密切和反思性的联系,而这种联系又相互影响和交流。这种"互为话语"不仅体现出诉讼实践对仲裁话语的"殖民化",更证明了在争议解决话语这一更广泛领域的文本中活力充沛的现象的存在(Candlin and Maley 1997; Bhatia, Candlin and Gotti 2010)。

参考文献

Bhatia, Vijay K. (1993): *Analysing Genre: Language Use in Professional Settings*, London, Longman.

Bhatia, Vijay K., Candlin, Christopher N. and Gotti, Maurizio (Eds) (2003): *Legal Discourse in Multilingual and Multicultural Contexts: Arbitration Texts in Europe*, Bern, Peter Lang.

Bhatia, Vijay K., Candlin, Christopher N. and Gotti, Maurizio (Eds) (2010): *The Discourses of Dispute Resolution*, Bern, Peter Lang.

Bhatia, Vijay K. and Evangelisti Allori, Paola (Eds) (Forthcoming): *Issues of Identity In and Across Cultures and Professional Worlds*, Bern, Peter Lang.

Browker, Charles N. (2008): W(h)ither International Commercial Arbitration?, *Arbitration International*, Vol. 24, No. 2, 181-97.

Candlin, Christopher N. and Maley, Yon (1997): Intertextuality and Interdiscursivity in the Discourse of Alternative Dispute Resolution. In Gunnarsson, Britt-Louise, Linell, Per and Nordberg, Bengt (Eds) *The Construction of Professional Discourse*, London, Longman, 201-22.

Cavagnoli, Stefania and Ioriatti Ferrari, Elena (2009): *Tradurre il Diritto. Nozioni di Diritto e di Linguistica Giuridica*, Milano, CEDAM.

Cortelazzo, Michele A. (2006): Fenomenologia dei Tecnicismi Collaterali. Il Settore Giuridico. In Cresti, Emanuela (Ed.) *Prospettive Nello Studio del Lessico Italiano*, Firenze, FUP, I: 137-40.

Cutolo, Daniele and Esposito, Antonio (2007): The Reform of the Italian Arbitration Law: The Challenging of Arbitrators and the Setting of Time Limits, *Journal of International Arbitration*, Vol. 24, No. 1, 49-62.

Dardano, Maurizio (1994): Profilo dell'Italiano Contemporaneo. In Serianni, Luca and Trifone, Pietro (Eds) *Storia della Lingua Italiana*, Torino, Einaudi, II, 343-430.

Fiorelli, Piero (1998): L'Italiano Giuridico dal Latinismo al Tecnicismo. In Domenighetti, Ilario (Ed.) *Con Felice Esattezza. Economia e Diritto fra Lingua e Letteratura*, Bellinzona, Casagrande, 139-83.

Garzone, Giuliana (2003): Arbitration Rules across Legal Cultures: An Intercultural Approach. In Bhatia, Vijay K., Candlin, Christopher N. and Gotti,

第八章
意大利背景下的仲裁话语司法化

Maurizio (Eds), Legal Discourse in Multilingual and Multicultural Contexts: *Arbitration Texts in Europe*, Bern, Peter Lang, 177-220.

Gotti, Maurizio (2011): *Investigating Specialized Discourse*, 3rd edition, Bern, Peter Lang.

Gotti, Maurizio and Anesa, Patrizia (Forthcoming): Professional Identities in Italian Arbitral Awards: The Spread of Lawyers' Language. In Bhatia, Vijay K. and Evangelisti Allori, Paola, (Eds) *Issues of Identity In and Across Cultures and Professional Worlds*, Bern, Peter Lang.

Maci, Stefania M. (Forthcoming): Arbitration in Italy: Litigation Procedures in Arbitral Practice. In Bhatia, Vijay K. and Evangelisti Allori, Paola (Eds) *Issues of Identity In and Across Cultures and Professional Worlds*, Bern, Peter Lang.

Martin, James R. and Rose, David (2003): *Working with Discourse: Meaning Beyond the Clause*, London, Continuum.

Mistelis, Loukas (2004): International Arbitration—Corporate Attitudes and Practices—12 Perceptions Tested: Myths, Data and Analysis: Research Report, *The American Review of International Arbitration*, Vol. 15, 525-91.

Mortara Garavelli, Bice (2001): Le Parole e la Giustizia. Divagazioni Grammaticali e Retoriche su Testi Giuridici Italiani, Torino, Einaudi.

Nariman, Fali S. (2000): The Spirit of Arbitration: The Tenth Annual Goff Lecture, *Arbitration International*, Vol. 16, No. 3, 261-78.

Okekeifere, Andrew I. (1998): Commercial Arbitration as the Most Effective Dispute Resolution Method: Still a Fact or Now a Myth?, *Journal of International Arbitration*, Vol. 4, No. 1, 81-105.

Rovere, Giovanni (2002): L'Articolo Zero nel Linguaggio Giuridico. In Beccaria, Gian Luigi and Marello, Carla (Eds) *La Parola al Testo*, Alessandria, Edizioni dell'Orso, I, 387-404.

Rubino-Sammartano, Mauro (2003): Is Arbitration Losing Ground?, *The American Review of International Arbitration*, Vol. 14, 341-4.

Santulli, Francesca (2006): Strutture Argomentative e Scelte Lessicali nel Linguaggio della Giurisprudenza. In Cresti, Emanuela (Ed.) *Prospettive nello Studio del Lessico Italiano*, Firenze, FUP, I, 461-9.

第九章
作为说明的仲裁裁决

〔英〕维杰·K. 巴蒂亚(Vijay K. Bhatia)、〔澳〕克里斯托弗·N. 坎德林(Christopher N. Candlin)和克里斯托弗·A. 哈夫纳(Christoph A. Hafner)

可说明性及法律论证

说明是常用于证明、解释或明确一方观点、主张和/或在特定社会或专业背景下的交际行为的修辞结构。这一概念可以追溯到加芬克尔(Garfinkel)(1956,1967)和戈夫曼(Goffman)(1959)的作品,认为说明是事件的社会解释以及证明无法预计或有争议的社会行为的言语行为。加芬克尔(1956,1967)认为说明是社会生活不可避免的一部分,他指出安排并管理日常活动是为了向他人"解释"其社会活动。他进一步指出制度性文本的重要性不在于文本本身,而在于记录与服务具体的社交体系之间的关系,即他所称的说明文字的"索引性实质"(Garfinkel, 1967; Hartland, 1989: 403)。他同时指出存在"这些记录及其服务的系统的关系"而这种说明"对研究者来说不易察觉,但对开展实践的机构成员来说是常规性的"(Garfinkel, 1967: 192)。当情况不巧变得复杂或不明确时,用以解释或阐释形式的说明来作重要修辞策略时尤为如此。

因此,加芬克尔认为,"说明不是独立于有序的社会性场合使用的"(Garfinkel 1967: 3),而是"社会成为借以创造和管理有序的日常事务环境的活动"(Garfinkel 1967: 3)。正如海瑞特吉(Heritage)(1987: 141)所说,

第九章
作为说明的仲裁裁决

加芬克尔关注这些习惯性说明及描述主要是为了表明机构成员如何评估、接受或质疑这些事件的。据此,按弗金斯(Firkins)和坎德林(Candlin)(已提交)所强调的那样,我们应避免陷入以为这些描述性说明本身就能准确地用来描述活动的本质的误区(Heritage 1987:248;Hartland 1989:403)。相反,如加芬克尔所强调的那样,这些说明对于其描绘的场景仅是"一般相符",而这种说明与场景的相符的实质要靠实际分析过程来建立;就本章所讨论的内容来看,即流派和话语分析。

相应的,说明的"意识"与其产出的情景是索引式相关的(Heritage 1987:141),因此我们可以说诉讼判决和仲裁裁决同诉讼和仲裁程序是索引式相关的。在其开创性作品《日常生活中的自我呈现》(The Presentation of Self in Everyday Life)中,戈夫曼(1959)建立了研究人们如何心照不宣地向别人表现自己,尤其是当他们的说法要被认为有负面影响时的基础理论。在诉讼判决和仲裁裁决中恰是如此,书写者的主要目的就是争论、证明并说服读者接受其决定。恰如戈夫曼(1971)指出的:

> 不论个人的具体想法和这种想法的动机为何,能控制别人的行为,尤其是别人对其的反馈对其必然是有益的。(Goffman 1971:3)

按戈夫曼(当然还有加芬克尔)所言,这种控制常通过基于现有的科学资源作出对书写者观点系统而详细的说明来实现,而不会让读者对书写者的决定产生任何负面的理解和印象。也可以说这种修辞手法是专门为目标受众准备的,同时也保留了其专业性和标准性。类似的,斯科特和莱曼(Scott and Lyman)(1968:46)认为说明就是"当评价质疑一项行为时使用的语言装置"。他们主张两种说明:一种是理由(即愿意为被质疑的行为承担责任,但否认任何与之相关贬义因素),另一种是借口(即承认被质疑的行为是不好或错误的,但否认全部责任)。两种都会向他人表明以维持社会秩序。类似的,绍特(Shotter)(1984)关注人们如何令其行为符合道德规范。他阐述了关于社会秩序人们是如何谈论自己的,又是如何实行道德的,而且他们必须在当前社会环境下以可理解且合法的方式解释其经历。他进一步指出人们常以一种能被其读者理解,且在其当前社会和职业环境中被视作专业合法的方式来解释其经历(参见前文 Garfinkel 及 Goffman)。

虽然法律判决和仲裁裁决是两个重要的,从各种程度上来看,融入了书写者来证明、论证并解释法庭或仲裁庭决定(视具体情况而定)的说明的法律流派,但目前还没有关于作为说明的仲裁裁决的书面作品。本章将把裁决当作一个既定的特定风格,并讨论修辞结构、词汇语法素材的使用、修辞策略,尤其是作为法律专家、事实认定者、评判者或协调者的仲裁员在解释、证明和推理以作出决定时所依赖的专业性论证。本章将讨论三个相关且有交叉的问题:

- 仲裁员对作出特定裁决的决定的"说明"要达到何种程度?
- 这样做的话,他们如何组织论证(作出决定和给出理由)?
- 组织说明时,仲裁员是否会借用诉讼中的论述?

本章的讨论主要是基于对诉讼和仲裁的冲突的顾虑,即认为就当事人的参与度和控制程度来说,诉讼以及调解和和解是两个极端,而仲裁是其中的连续统一体。本章意图查明法律和仲裁程序的统一性,尤其是诉讼判决和仲裁裁决的统一性。

数　　据

用于分析的裁决来自国际商会国际仲裁法庭公告,这是一本发布(还包括其他)国际商会裁决概述的专业期刊。选取的 18 个裁决概述涉及各种司法管辖下的裁决,划分为适用大陆法系的法国或德国的裁决(10 个裁决,共 18,986 个词)和适用普通法系的英国(8 个裁决,共 20,886 个词)。全部资料共计 39,872 个词,裁决概述篇幅自 461 到 6,351 个词不等,平均篇幅 2,215 个词。主要关注国际私法的各个领域,包括合同(9 个裁决)、代理协议(3 个)、利息(3 个)、无力偿付债务(1 个)、破产(1 个)及货物销售(1 个)。这些适中的资料不旨在提供一个有代表性的国际商会裁决模板,而是作为对裁决及其运用的说明种类进行解释性分析的起始点。

第九章
作为说明的仲裁裁决

分　析

在其关于专业性论证的研究中，哈夫纳（Hafner）（2011）对论证在裁决中作用和重要性的评论如下：

> 综上所述，关于裁决写作的采访和专业指导强调了论证的重要性。包含论证有助于保证当事人遵守裁决：无论是自愿的或是通过法庭被执行的。然而，为了避免未知的诉讼也为了简化仲裁程序，论证应尽量简短。（Hafner 2011：121）

本章中，我们考查了仲裁员用仲裁裁决表达其决定及相关论证或说明的方式。主要关注裁决表达的四项不同修辞功能：

a. 解决法律问题；
b. 解决事实问题；
c. 作出命令；
d. 协商程序。

我们认为仲裁员的选词反映了其在书写裁决时担当的不同角色，而这些角色中包含的话语相比其他与诉讼的联系更加紧密。

解决法律问题

为了解决仲裁争议，仲裁员可能要决定相关法律问题。在此情形下，仲裁员的角色是法律专家，要认定相关问题并对此进行法律分析，如文本1所示：

文本1（裁决8161）

b)《德国商法典》第89b条第3段是否可以经双方同意变更？	问题 论证
根据德国法，代理人取得补偿的权利不能通过双方同意变更。《德国商法典》第89b条中明确说明了取得补偿的权利"不能事先排除"。	[法律]

147

(续表)

德国法的这项规定本质上具有强制性,即使在国际合同中也不可以排除。 该合同由[被申请人]和[申请人]共同协商并签署。任意一方本可以寻求法律顾问审阅其适用德国法的合同条款,然而似乎双方在签署合同时均没征求任何法律建议。	[事实]
在目前情形下,仲裁员认为,鉴于双方均在对合同条款充分了解的情况下签署了合同,因此哪一方引入了第14条并将合同适用德国法并不重要。选择适用德国法,[被申请人]即接受了《德国商法典》第89b条的优先适用部分以及[申请人](作为代理人)在合同有效终止时取得补偿的权利。	结论

文本1参照了法官和律师书写法律意见时采用的一般行文结构(Maley 1985;Bhatia 1993;Hafner 2010)。仲裁员首先说明了待解决的问题,然后引用相关立法说明了适用的法律(此处,即《德国商法典》第89b条)。在事实部分,仲裁员通过描述相关事实,将法律适用于争议事实。法律和事实结合提供了有理有据的说明,引出了结论,即仲裁员对正确理解法律给出了意见从而解决了问题。而从中也可以找到立法和司法典型语句的公式化短语,例如,"根据德国法","《德国商法典》第89b条明确说明"以参考法律;"在目前情形下"以指向并讨论问题的事实;"仲裁员认为"以引出观点。另外,文本的基调正式且中立:概要的特点是没有人称代词,而频繁使用名词和被动语态,以及技术性的法律词汇,是诸如司法意见或法律文书中典型的书面法律用词。

我们在文本1中看到的问题、法律、(法律适用的)事实、结论的顺序是典型的法律论证,包括了法律适用于事实的演绎性运用。它的特点是将抽象法律规则明确确定后适用于案件的事实。此外,也可按照问题、结论、论证顺序行文,见文本2。

第九章
作为说明的仲裁裁决

文本 2（裁决 9561）

被申请人还反对称,申请人在其要求付款的传票中至少应声明尚有义务未履行及其未履行的内容。	问题
然而,该反对没有依据。如前所述,必须在保证中明确列明,该等声明才可以作为要求付款的前提条件,而发生问题的保证的文本中未包含该等条款。	结论 论证 [法律+事实]
另一方面,同被申请人所称相反,无法从国际商会关于索即付保函的统一规则(国际商会出版物第458号)第20条中得出需要此种声明,因为该规则不适用于发生问题的保证。恰如申请人所指,根据规则第1条要适用该等规则必须作出明确引用。而保证函中未有该等引用,因此应"全面适用法国法"(保证函第5段)。	结论 论证

文本 2 中,仲裁员以表明当事人的立场"被申请人还反对"而含蓄地说明了双方争议的问题,并即刻表明了其结论:"然而该反对没有依据"。然后,通过陈述法律及法律对事实的适用补充了论证。本文本中关于法律条款及其效果的明确引证较少,尽管也明确参考了法律权威和法律原则,但均融入文本中而没有较多解释性细节。文本 2 中,仲裁员更灵活地引用了双方的主张,因此在本案中可以看到许多用于调整仲裁员和申请人主张的分析:"同被申请人所称相反";"恰如申请人所指"。

如果像下文概要一样,律师提出了意见并即刻被接受或认可时,此种对意见的调整可能也无须提供任何详细的法律论证。

文本 3（裁决 8593）（添加了重点）

[被申请人律师]强调了按时付款的临时性,与其同先期付款的"佣金抵消"和最低保证佣金的区别。就这一点我赞同其意见。	论证 结论

解决事实问题

为解决特定案件的事实不一致问题,仲裁员可能还要承担事实发现者的角色。如文本 4 中,仲裁员要判断事实上申请人和被申请人选择了瑞士法还是法国法作为其合同的适用法律。在此文本中,仲裁员在第 1 段中考量了被申请人的立场,在第 2 段中考量了申请人的立场,然后在第 3 段中给出了结论。

在此文本中,第 1 段和第 2 段都提出了说明,但仅是双方提供的意见,而非仲裁员推断的说明。第 2 段一开始就分析并否定了被申请人的立场,说"仲裁庭认为此观点不具有说服力"。然而,对于申请人的立场,仲裁员也有所质疑,称"没有产生这种意图"(第 2 段)。最后,尽管没有给予更具体理由,仲裁员还是表明其更倾向于申请人的立场。第 1 段和第 2 段的讨论可能只是为了说明仲裁庭作出结论时对双方立场的理解及考量。值得注意的是,此处行为具有对抗性特点,突出了双方争锋相对的说明然后在文本 4(裁决 8177)中作出决定。

文本 4(裁决 8177)

被申请人宣称自始就以默示方式选择了瑞士法。其认为双方之前的一份合同以及之前另一份被申请人及申请人的姐妹公司的合同,以及双方之后的合同中,都明确选择了瑞士法,并同时选择卢塞恩作为国际商会仲裁的仲裁地[……]。关于 1978 年 4 月 24 日的合同适用瑞士法的省略问题,在合同订立当时申请人并未向被申请人解释,被申请人也没有注意到。然而,被申请人宣称双方之间有一些交易同时选择了卢塞恩作为仲裁地,并同时适用瑞士法。在没有明确选择非瑞士法等其他法的情形下,不应推定这种习惯操作发生了变更。	问题论证
仲裁庭认为这种观点不具有说服力。相反,申请人声称本合同对适用瑞士法的省略,基于中介方任务的不同范围,表明其不适用该法律。这种意图不是安排好的,但是很明显,省略本身可以解释为对立统一的。	结论论证
2.4 仲裁庭总结说,1987 年 4 月 24 日的合同没有明确选择法律,没有明确选择适用瑞士法,而是在之后明确选择了法国法,因为被申请人在其付款要求中引用了法国法律,而申请人也在其"反索赔回复及答复"中接受了此选择。	结论

仲裁员支持了一方的观点,并在其决定中行使了相当大的权力。

作出命令

最后,仲裁员要作出最终的、对双方有约束力的命令来解决争议。此时仲裁员的角色是争议的裁定者。下述文本 5 到文本 8 说明了此角色使用的语言类型。

文本 5 采用了一种高度形式化的方式,该部分命名为"命令"并附七项具体裁决。该等命令通常在考查的裁决概要的末尾出现。文本的语体是正式的,非个人化的,常用被动语态以及"申请人"和"被申请人"等法律技术词汇。命令使用最强烈的措辞,用陈述语气表明遵守命令的预期,也表明仲裁员作出命令的权威性不容置疑。语言的使用与司法判决文本中的措辞相类似。

文本 5(裁决 8632)

命令 1. 驳回申请人的主张。 2. 申请人应向被申请人支付美元[……],作为其违反诚信义务的补偿性赔偿及违反股东协议的赔偿。驳回其余没有判定的主张。 [……] 7. 申请人应按本裁决之日英国法定利率向被申请人支付自本裁决之日起至实际支付之日的判决债务的利息总额……美元作为部分被申请人发生的一般法律费用及申请人已支付款项。	命令

其中没有明显的论证,因为裁决前文中已对相关问题进行了讨论,而本部分仅是为了总结而作出的具有约束力的命令。

文本 5 值得注意,其中使用了极度中立的语气,运用被动语态去除了仲裁员/裁决作出者在文本中的痕迹。其他命令均用主动语态表达,其中的仲裁员参与度更高。具体例子可见文本 6 和文本 7,仲裁员的融入可从"大多数仲裁员决定[……]支持"和"我的判断是"等短语中看出。

文本 6(裁决 5896)(添加了强调)

结果[……]关于第 1.4 项问题大多数仲裁员支持被申请人第 1、2 项主张。仲裁员决定本裁决为支持所有被申请人主张的最终裁决。	命令

文本 7(裁决 8593)(添加了强调)

我的判断是他有权获得相当于他 9 个月佣金(基于他上一年的佣金收入)加上听证中提供的明细表所列的 12 个月的实际租赁费用的赔偿。	命令

文本 6 和文本 7 表现了仲裁员参与度差异的另一种情况:使用诸如"仲裁员"或"仲裁庭"(如文本 6)等技术标签比使用诸如"我/我们"或"我的/我们的"(如文本 7)等人称代词更加中立。

有的文本仅包含少量论证内容,多为参考相关说明。具体例子可见文本 8 至文本 10。

文本 8（裁决 8402）（添加了强调）

考虑到这些意见,关于争议所涉不同汇率以及相关期间优先使用的利率,仲裁员认为[被申请人]应按 6% 的年利率支付利息。	论证 命令

文本 9（裁决 9594）（添加了强调）

在这些情形下,不支持补偿[申请人]所称质量不符所产生损失,因为该等损失是可减小的,且可通过进一步协商(通过接受[申请人]的提议)或及时采取必要措施而由[被申请人]承担。	命令 论证

文本 10（裁决 8163）（添加了强调）

考虑以上各因素,仲裁庭的大多数意见是其对本请求中的[被申请人]没有管辖权,因此本主张因不可受理而不被支持[……]	命令

参考论证是一种越发常用的增加仲裁员命令分量的策略（Hyland, 2005）。尤其在文本 8 和文本 10 中,仲裁员表明他们考虑了相关主张,以此增加裁决的权威性。如前文所述,此策略很可能用来说服双方以确保其遵守裁决。这种越发常用的策略也经常可见于出庭律师的意见中（Hafner 2010）。

文本 10 还提供了进行解释的例子"仲裁庭认为其没有管辖权"。对主张的明确参考达到了限定仲裁庭没有管辖权的请求的效果。同样,该等策略在法律意见包括判决中也很常见。

以上所有例子的用词都突出了裁决的对抗性本质,其中仲裁员的角色类似法庭中的法官,即"判断"问题、"准许""判决""支持"其中一方而非另一方。相比其他法律文本（包括立法、合同、判决）,命令具有履行性特征,其文本作为法律行为宣判了双方的各种权利和义务。所以,裁决的命令的用词和判决非常相近纯属正常。仲裁员作出命令使用的动词包括行为性动词（授予、命令、驳回、拒绝等）和非行为性动词（x 有权、必须、应当等）。

请注意有两类行为性动词:诸如"授予"和"命令"等本身影响双方法律关系的动词;以及诸如"认为"和"怀疑"等表明仲裁员观点的动词。这次动词

第九章
作为说明的仲裁裁决

可结合诸如"必须""应当"或"有权"等非行为性动词来表明双方的义务。例子之一可见文本8:"仲裁员认为应当支付利息"。

协商程序

作为仲裁流程的一部分,仲裁员可能还要承担双方协商争议解决流程的推动者角色。在此角色中,仲裁员必须保持中立并辅助双方,使其就争议解决程序达成一致。同诉讼不同,仲裁的双方对于程序选择有更高的灵活性。

下文例子(文本11)反映了仲裁员的角色冲突,即中立辅助者和上述争议裁决者间的角色冲突。裁决涉及明显意图拒绝参加仲裁程序的双方,如起草提交仲裁的条款时就可体现。双方后来意图将其约定仲裁范围外的内容(即没有约定为可仲裁内容)提交仲裁。

为了处理这类情形,仲裁员就法律来源(第1、2段)和仲裁的公平原则(特别是第3、5段)进行了说明。这些规则和原则适用于案件的特定事实。裁决衡量了两者间的利益。

文本11(裁决10621)

《国际商会仲裁规则》第19条对于新诉请和反诉有明确规定: "签署仲裁范围条款后,未经仲裁庭授权,一方不可提出仲裁范围条款以外的新诉请或反诉,仲裁庭应考虑新诉请或反诉的性质、仲裁进程和其他相关情形"。	论证 [法律]
没有规定合理利用而不适用此规定。[被申请人1]和[被申请人3]在起草仲裁范围条款时没有把握其权利。各被申请人都已获得充分机会来说明其情况,而任何额外的延迟会损害申请人公平仲裁的权利。 仲裁庭已经作出让步来辅助[被申请人1]和[被申请人3]。所有通知及程序性命令均已通过传真、DHL和挂号邮件送达两名被申请人。听证中,[A和B]均确认已收到以上通信。 两名被申请人不但拒绝参与起草仲裁范围条款,还拒绝提交听证前简报,拒绝配合审前调查。两名被申请人[同原文]仅在听证及听证后的简报中向仲裁庭提出进行重新听证及申请更多时间进行反诉的要求。具体见[被申请人1]关于[……]的"重提交"概述和[被申请人3]提交的……	[事实]

(续表)

允许被申请人无视程序并进行额外听证对于其他当事人显然不公平。国际商会规则和英国仲裁法都是建立在公平对待所有当事人的基础上的。程序正当的最基本概念要求仲裁员尊重争议双方的权利。被申请人不能在最后一刻无视仲裁,并被允许提起新的反诉,造成另一方不得不重新开始一切。	结论 论证 [法律]

案件及申请人"获得公平仲裁的权利"(见第3段)。裁决的行为揭示了仲裁者的关系,这种情况很少见。同诉讼中的法官不同,仲裁员的权威直接来自于争议双方,因此也要依赖于双方的配合,而法官则不必。在文本11中,仲裁员在裁决中一反平常正式的基调,而是使用了口语来表达"仲裁庭已经作出让步来辅助[被申请人1]和[被申请人3]",反映出仲裁员的挫败情绪。

论述和结论

大多数专业人士对于哪种表达方式是恰当的,哪种行为模式是专业的有共识。据此可以认为,作为专业人士的仲裁员也有自己专业典型的发散性资源,而优秀的仲裁员能巧妙利用这些资源实现其机构性目标以达成其沟通目的。然而,仲裁员的发散性资源似乎被其法律圈子的机构性成员身份大大限制了。因此,仲裁员很难脱离其主要专业而并无意外地继续认可并使用已成为他们专业能力一部分的这些发散性资源。

以上分析也表明仲裁员书写裁决时扮演了类似诉讼中书写判决的法官角色。在解决法律问题时仲裁员是法律专家,在解决事实问题时是事实发现者,在作出命令时是裁判者,在同双方协商程序时是推动者。以上四个角色中,前三个同诉讼中的法官角色密切相关,而与第四关系较少。本研究突出了仲裁员借助法律文书的结构(提出问题、陈述并使用法律规则)阐明结论。本文分析的文本的语调一般是正式中立的,并大量使用法律技术词汇,陈述规则或作出命令时尤其如此。相应的,或许可以认为本文分析的裁决表现了仲裁员书写时在很大程度上受到其在诉讼实践中写作形式的影响。

第九章
作为说明的仲裁裁决

基于对意大利仲裁裁决的研究,戈地(Gotti)进一步声称其资料中的意大利裁决都有过度使用长句、双项及多项表达、主要使用名词、中立风格和许多其他法律行文中的修辞的特点。基于全面分析,他认为:

> [……]法律文书的修辞特点对这些文本(意大利仲裁裁决)有着明显的影响。大量法律术语(包括词法和句法)的主要特点都可以从参考的仲裁文件中找到。而且,可以看到法律文件是仲裁裁决布局的基础。尽管相对于复杂缓慢的诉讼,仲裁本应是一个更简便快速的程序,但裁决还是体现了法律语言典型的复杂性特点。

关于裁决中说明的本质,布里兹(Breeze)(也在本章中)通过评估分析(Martin and Rose, 2003),关注了论证的清晰性和逻辑性,这是仲裁行文中的主要价值,以使论证或证据具有说服力以得到正面回应。她主张仲裁裁决本质上具有对话性特征,因为其试图"说服他们某观点或论证真实、合法或有逻辑性,或其他观点或论证不真实、不合法或不具有逻辑性"。她还主张仲裁裁决是写来"回应其他(先前的)文本及(之后的)读者的想法的"(Breeze,见本章)。她指出"文本本身也有对话性,包含了不同论证或主张及其相应反主张的说明,因此她关注用一种令人信服而连贯的方式解决对立或冲突"(Breeze,见本章)。

本研究也注意到裁决文本的对话性特点,仲裁员采用了一种策略,即(以对抗性的形式)表明了争议双方的观点,然后支持其中一方的观点。这种策略表明在决定支持一方前双方的观点都纳入了考虑。然而,仲裁员可利用这种策略支持一方观点而不给出经论证的说明。因此,仲裁员会较少关注其在仲裁裁决中的说明,更少关注解释、明确、论证其判决,还可能不很重视说服目标读者接受其判决。面对这种情况,一些仲裁员至少会给出两个主要理由:第一,裁决的具体论证很可能让其更易在法庭上被质疑;第二,给出经论证的说明可能更费时费钱,这是争议双方所不愿看到的。

从考查的裁决中可以明确看到仲裁员作出有约束力裁决的权力和权威。仲裁员作出命令时尤其如此,因其方式和司法判决非常相似。可以说仲裁员相对诉讼中的法官有更大权利;仲裁裁决中关于争议的协商尤其具有权威性,除非基于程序性理由,否则不能通过法庭程序质疑。然而,国际商事仲裁(ICA)的支持者指出,不同于诉讼,仲裁给予双方更多的控制权以及争议解决程序中更高的灵活度。仲裁员也经常需要变通并配合当事双方推进仲裁。因此,仲裁员的权力依赖于仲裁赋予双方的程序自由。

仲裁圈有个共识,即仲裁越发趋近于诉讼。一位受访专家总结如下:

> [……] 我感觉国际仲裁在很大程度上同诉讼相似,这是大多数情况,尽管也有很多情况并非如此。为何如此,我觉得有许多原因:一方面美国律师习惯于涉及大量调查、作证、问询、要求提供文书的诉讼程序。美国律师似乎认为在上庭前需要做好一切准备,在一定程度上我认为这种想法也移植到了仲裁中。无论在美国还是放眼全球,大律所都有专业人员的仲裁团队,而这些专业人员往往本来是做诉讼的。

当然,本研究赞同裁决中经论证的说明采用了诸如法律建议和判决等诉讼文书的行文,修辞特征和技术性法律语言都如此。然而,本研究也充分证明了相比诉讼,裁决中的经论证的说明不是那么突出。原因可能是仲裁员觉得对终局决定的长篇论证或说明只会增加仲裁成本。也可能是仲裁圈相对较小,小部分人需要经办大量案件,而书写繁复的说明会影响仲裁员办理更多案件。也可能是仲裁员觉得裁决越简洁,被质疑的可能也越小。还有一个因素是裁决很少(如有)被用作先例,因此仲裁员认为没有必须说明其决定的压力。我们认为,国际商事仲裁是一个成熟且健全的机制,需要对利益相关方和其他有关人士负责。本章的此类研究或许可以为此主张提供一些证明。

参考文献

Bhatia, Vijay K. (1993): *Analysing Genre: Language Use in Professional Settings*, London, Longman.

Breeze, Ruth (2012 [In this volume]): Appraisal Analysis of Dissenting and Concurring

Opinions. In Bhatia, Vijay K., Candlin, Christopher N. and Gotti, Maurizio (Eds) *Discourse and Practice in International Commercial Arbitration: Issues, Challenges and Prospects*, Farnham, Ashgate Publishing.

Firkins, Andrew and Candlin, Christopher N. (Submitted and under review): Child Death Inquiry Reports as Accounts of Institutional Error and Apportionments of Blame.

Garfinkel, Harold (1956): Conditions of Successful Degradation Ceremonies, *American Journal of Sociology*, Vol. 61, 420-24.

Garfinkel, Harold (1967): Good Organizational Reasons for 'Bad' Clinical Records. In Garfinkel, Harold, *Studies in Ethnomethodology*, Englewood Cliffs, NJ, Prentice-Hall, 186-207.

Goffman, Erving (1959): *The Presentation of Self in Everyday Life*, Garden City, NY, Doubleday-Anchor.

Goffman, Erving (1971): *Relations in Public*, New York, NY, Basic Books.

Gotti, Maurizio (2012 [In this volume]): The Judicialisation of Arbitration Discourse in the Italian Context. In Bhatia, Vijay K., Candlin, Christopher N. and Gotti, Maurizio (Eds) *Discourse and Practice in International Commercial Arbitration: Issues, Challenges and Prospects*, Farnham, Ashgate Publishing.

Hafner, Christoph A. (2010): A Multi-perspective Genre Analysis of the Barrister's Opinion: Writing Context, Generic Structure, and Textualization, *Written Communication*, Vol. 27, No. 4, 410-41.

Hafner, Christoph A. (2011): Professional Reasoning, Legal Cultures, and Arbitral Awards, *World Englishes*, Vol. 30, No. 1, 117-28.

Hartland, Nick (1989): Texts and Social Organization, *Journal of Pragmatics*, Vol. 13, 395-405

Heritage, John (1987): Ethnomethodology. In Anthony Giddens and J. Turner, *Social Theory Today*, Cambridge, Polity Press, 224-72.

Hyland, Ken (2005): Metadiscourse: Exploring Interaction in Writing, London, Continuum.

Maley, Yon (1985): Judicial Discourse: The Case of the Legal Judgment, *Beitrage zur Phonetic und Linguistik*, Vol. 48, 159-73.

Martin, Jim and Rose, David (2003): *Working with Discourse: Meaning Beyond the*

Clause, London, Continuum.

Scott, Michael B. and Lyman, Stanford M. (1968): Accounts, *American Sociological Review*, Vol. 33, 46-62.

Shotter, John (1984): *Social Accountability and Selfhood*, Oxford, Blackwell.

第十章
仲裁期刊的文化差异:《国际仲裁院公告》和《国际仲裁》比较

〔意〕帕乌拉·卡泰纳乔（Paola Catenaccio）

背景及目的

近年来,越来越多的人将仲裁作为解决商业纠纷的首选,因而仲裁案例大量增长,并由此催生了被称为"专业国际制度"的（Lynch 2003:84）国际商事仲裁（ICA）。国际社会中的仲裁学者和从业者在专业和学术层面都积极推进仲裁发展,他们对这一制度的建立起到了关键作用。

基于共同的目的和带着分享价值观和实务的愿望,仲裁专家们（如 Lynch（2003）在 Haas（1992）的研究基础上所强调）可以说组成了一个知识社群,即"由一个特定领域公认的具有专业知识和能力,并对该领域或问题的政策相关知识有权威性主张的专业人士组成的网络"（Haas 1992:2）。知识社群的识别性特征之一就是社群中的专业人士共享"一个共同的政策进取心"（Haas 1992:3）,这种进取心激励他们参与政策创新和推广来推动他们的事业,而推广的途径主要通过国际组织及其出版物（Lynch 2003:98-9）。

在仲裁文化发展中,以机构为基础的交流活动发挥了重要作用,这也使得对仲裁相关的出版物（确切的说是仲裁期刊）进行论述分析成为一个特别有趣的领域。作为仲裁圈成员发展并保有专业知识（不一定要毫无争议,而是通过讨论和辩论达成共识）的"互通机制"（Swale 1990:25）之一,仲裁期刊是考察论述形成及转化的最佳途径。的确,其是分析与实践相关的诸问题的信息宝库,同时也是双方一致同意的仲裁管理领域,这一双重属性进一步增强了其在仲裁制度形成中的关键作用。在此方面,学者和从业者的界限模糊了,领军学者常常担任专业仲裁员,领军仲裁员常常通过学术文章和书籍加入学术讨论;而且,可能也是更重要的是,由于立法者在这一领域的较少参与,规范和程序的定义可由仲裁学者和从业者决定(Ginsburg 2003:1340-41),并更多反映在书籍和期刊而非立法工具中。

从这些前提出发,本章主要关注仲裁文化,这种文化主要反映在两大国际仲裁机构的期刊中,即位于巴黎的国际商会(ICC)仲裁部门的半年刊《公告》,以及伦敦国际仲裁院(LCIA)的季刊《国际仲裁》。具体来说,本研究旨在说明两本期刊在仲裁语言组织中的异同,以概述学术界限之内的共同关注点和利益(或方法)分歧。当然,因为两本期刊中的文章的作者可能同两机构的官方立场持有不同意见,不能把这些文章当作两机构作出的原始文本或官方说明。但是,投稿时,学者很可能会选择向更符合其研究方法的机构投稿。此外,出版机构一般对其期刊的内容会有一定的控制,因此这些期刊也就反映了"本地"利益和态度(以及一些核心的共识价值观),这也就给关于仲裁性质及未来领域内研讨提供了语言研究方面的有用素材。

伦敦国际仲裁院和国际商会:价值共识及利益冲突

选择伦敦国际仲裁院和国际商会的期刊作为比较重点主要基于两个原因。第一,《国际商会公告》和伦敦国际仲裁院出版的《国际仲裁》是该领域传播最广的期刊,因而能作为国际仲裁学术的代表。第二,两个机构的不同特征和性质(有时会导致直接对抗)是国际公认的,因而其期刊是研究他们各自特色的语言表述的理想信息来源。

第十章
仲裁期刊的文化差异:《国际仲裁院公告》和《国际仲裁》比较

国际商会是国际商事仲裁机构③中的翘楚,经常被认为是仲裁领域的唯一真正国际组织,并主要反映商业利益。其国际使命及商业导向态度还体现在仲裁员任命程序中,即通过一中立的"国家委员会"(通常是一国的商业或类似组织)的推荐来任命仲裁员。

伦敦国际仲裁院在欧洲排名第二,它牢牢植根于英国文化和传统。虽然近年来该机构已努力摆脱留给他人其性质和构成上完全英国式的印象,如任命非英国人为仲裁主席,但是在任命仲裁员方面,伦敦国际仲裁院仍主要从英国律师和退休法官中任命仲裁员,案件由英国法管辖时尤其如此。

尽管两机构都积极推动仲裁和其他替代性纠纷解决方式的发展,但国际商会和伦敦国际仲裁院间也有利益冲突和不同态度。伦敦国际仲裁院可以看作老一代先驱仲裁员的代表,他们是创造国际仲裁文化的元老精英。但是,随着仲裁实践的巩固和传播,出现了另一类型的专业人士,这批人大都是国际商会会员。林奇(Lynch)(2003:102)对此简要说道:

> 由于新想法的普及以及公众较之以往更容易接触到仲裁[……]新的行为和实践模式随之产生,也促成了英美律师事务所在国际仲裁制度下日渐突出的地位。虽然伦敦国际仲裁院的资深人士仍在程序上发挥影响(主要通过其帮忙建立的仲裁机构和其控制的学术期刊),但影响力已不如由商业和专业利益主导的国际商会。

这些方法上的区别最能从两机构进行其核心活动时体现。考虑到仲裁的明显话语性质,该等活动一般表现在文本形式中,通过其语言和话语构造,这些文本反映了其起源的法律文化特色(参见 Bhatia、Candlin 和 Gotti 中章节 2003)。

本研究基于大量文献(其本身已经得出了有趣的结论),以研究国际商会和伦敦国际仲裁院的文章在话语方面的异同。具体来说,本研究是基于之前研究作出的,这些研究 (Garzone 2003;Garzone 2007;Garzone and Catenaccio 2008)指出了国际商会和伦敦国际仲裁院的文本中大量和持续的不

---
③ 对国际商会和伦敦国际仲裁院的描述,请参见 Born(2001:13-14)。

同点,这些不同点不仅可以在诸如两机构发布的仲裁规则等法律文件中找到,也能在诸如各自的自我表述以及各自网站上的活动等非正式的材料中看出。这些研究表明,伦敦国际仲裁院文本表现了英国法律的多项典型特征,而国际商会文本中的法律语言则较少,体现了一个更直接的、商业化的、以客户为导向的态度。因此,本章一个额外的研究目的是验证这两本期刊的异同是否与之前关于其他论述种类的研究发现一致。

资料及方法

本研究参考了自 2004 年到 2008 年间伦敦国际仲裁院期刊《国际仲裁》和《国际商会公告》出版的大量文章。《国际仲裁》是一本同行评审的学术季刊;《国际商会公告》(有英语版和法语版)一年两期,除了学术文章,还包括大量这些文章所讨论或参考的裁决的摘录。出于可比性目的,参考文章仅包括英文文章和裁决,排除了被附加在英语文章后的法语文本(数量非常有限)。所有材料都被分为两个分目,详见表 10.1。

表 10.1 《国际仲裁》和《国际商会公告》的资料构成

	《国际仲裁》	《国际商会公告》
标记	1,437,882	561,320
类别	26,503	17,398
标准 TTR	36.46	33.72

从表 10.1 可看出,两个分目的长度区别很大,采用的《国际仲裁》凭证是《国际商会公告》的 2.5 倍,而且体现了更大的词汇多样性。鉴于资料汇编是按时间顺序标准使用的,因此不会为了保持长度一致而调整分目设置。从方法论角度看,此决定与分析采取的方法也是一致的,并不旨在提供大量资料中语言使用的泛化证据,而是关注特定文本和话语特征。这些特征基于初步定量研究(使用 Wordsmith Tools 4.0)并从论述分析角度进行定性的。观点主要是以资料推动,而非以资料为基础的(Sinclair 1991;Tog-

第十章
仲裁期刊的文化差异:《国际仲裁院公告》和《国际仲裁》比较

nini Bonelli 2001)以量化解释为主要目标的角度出发。

资料调研及结果说明

调研的第一步,首先使用 Wordsmith Tools 4.0 的单词表和关键词功能从资料中提取了量化数据,然后使用一致性功能来考查选定的词汇项出现的语境并确定其在文本中的使用区别。

单词表研究

两个分目中对使用频率最高的100项的比较突出了相似性和不同性元素。表10.2列明了《国际商会公告》和《国际仲裁》中同时出现频率最高的词汇项(统计包括第1—100项,表中截止到最低出现频率为0.12%)。忽略这些项的相对频率差异,这些单词可作为词汇核心的指示,而仲裁论述是围绕该核心构建和组织的。正如所料,仲裁程序关键词诸如一方(各方)、仲裁员、法律、裁决和法庭是出现频率最高的,其次毫无意外是诸如法庭、合同和协议等词。国家一词的出现频率也很高,其后是争议和公约。

表10.2 《国际商会公告》和《国际仲裁》中共同出现频率最高的前100个词汇项

单词	《国际商会公告》	《国际仲裁》
仲裁	0.92%	1.10%
当事人	0.84%	0.65%
法律	0.64%	0.58%
裁决	0.56%	0.29%
仲裁的	0.47%	0.31%
案件	0.47%	0.27%
法庭	0.46%	0.56%
条款	0.41%	0.21%

(续表)

单词	《国际商会公告》	《国际仲裁》
仲裁庭	0.39%	0.36%
国际的	0.39%	0.56%
规则	0.37%	0.26%
仲裁员	0.35%	0.36%
合同	0.28%	0.12%
国家	0.28%	0.31%
协议	0.26%	0.23%
争议	0.24%	0.16%
见	0.21%	0.22%
公约	0.20%	0.13%
进程	0.16%	0.17%
新的	0.24%	0.14%
决定	0.14%	0.15%
商业的	0.13%	0.13%
法律的	0.12%	0.12%

粗略扫一下这些单词在两个期刊出现的相似性就可以确定(恰如上述所言词汇出现在单词表前列所表明的那样)国家管辖权和裁决有效性/可执行性,以及裁决案件和决定的描述是两个期刊的共同关注点。但是,再细看会发现同一单词在两个分目下的语境开始分化。

虽然本研究的范围不包括对表10.2的所有单词进行具体分析,但是所选词项的几个例子可以窥见两个期刊使用文字的不同重点。例如,"法律"在两个分目都有相似搭配,如"仲裁法""国际法""适用的法律""示范法",但是《国际商会公告》资料使用诸如"适用的法律"和"法律使用"的表达显然比《国际仲裁》多。此外,国际商会期刊更多地使用了名词词组"国家法",而《国际仲裁》更多地使用了《联合国国际贸易法委员会示范法》(以

第十章
仲裁期刊的文化差异:《国际仲裁院公告》和《国际仲裁》比较

下简称《示范法》)。下文例1—5 中列明了某些表述在两个分目中更宽泛语境下的使用:

1. 仲裁庭因此认为,其有权依据《国际商会仲裁规则》第17.3条按公正善良原则裁决这起纠纷,而且无须确定任何具体适用的法律。当然,仲裁可以参照适用的法律但不必一定要使用。此结论及上述解释足以解决按职权范围确定的第一个问题(国际商会公告裁决摘录)。

2. 第四个案子涉及在瑞士作出的一个仲裁裁决,当事双方分属荷兰和土耳其。仲裁条款包括以下内容:"仲裁委员会应当适用本合同条款和现行土耳其法律"。仲裁时,土耳其当事人主张该条款表明实体问题和程序问题都要适用土耳其法律。在裁决中,仲裁庭的大多数意见是"'现行土耳其法律'不[应当]适用于程序问题"。在仲裁中胜出的芬兰当事人要求在土耳其执行。一审法庭和上诉法庭主张裁决违反公约第V(1)(d)条而拒绝执行。如果仲裁条款起草时更加审慎,这种难以执行的结果是可以避免的,因为通常的理解是,选择一地作为仲裁地(此处是苏黎世)表明选择适用该地的仲裁法律(即瑞士的《国际仲裁法》),而土耳其法庭将"现行土耳其法律"理解为同时适用实体问题和程序问题可谓出人意料。(《国际商会公告》)

3. 在某些司法辖区,要满足公约第IV(1)(b)条执行的触发条件需提供明显的仲裁合意及其有效性,以及仲裁协议确实存在的证明文件,这种情况通常属于第V(1)(a)条下的问题,而相关法律则按协议约定或作出裁决地的法律(如果没有约定)。在这些司法辖区,在考虑所提供的文件是否确实表明了仲裁合意时,执行法庭可能受到关于仲裁庭或仲裁地法庭作出的关于仲裁合意是否存在的决定意见的影响,因为这是在适用的法律之下作出的决定。(《国际仲裁》)

4.《示范法》(ML) 2006 年修订案对第7条书面形式要求提供了两种方案。一种是保留第7条的原内容并注明新增子条目3和4的具体意义。根据此方案,第7(3)条解释了书面形式要求是协议的证明问题,而不是协议存在的前提。第7(4)条随后说明了对书面形式要求的理解,其主要参照了《示范法》第6(1)条。就此,只要电子沟通的内容可以日后查用,就能满足书面形式的要求。此条也同样适用但不限于电子数据交换、电子邮件、电报、电传和传真。(《国际商会公告》)

5.《示范法》程序准则可参见第18条,题为"当事人平等待遇",其写明"当事人应当受到平等待遇,并应当给予充分的机会陈述其案情"。《示范法》第19条则是关于当事人自治原则的表述"当事人可以自由约定仲裁庭进行仲裁时所应当遵循的程序",同时也要求约定的程序"不能违反(《示范法》的)规定",即不能违反平等待遇原则。(《国际仲裁》)

以上摘录突出了国际商会和伦敦国际仲裁院的文字和用词差异。例1和例2反映了《国际商会公告》中使用"适用的法律"的场景。第一个引自裁决的一段话,也是典型的仲裁裁决。④ 第二个是关于仲裁案件的评论,评论者认为其中对于"适用的法律"的理解不合理地延伸到了该词组的通常解释之外。两个摘录都来自实际的仲裁案件,鉴于例1只是附加在期刊上的文本,其可能不适合作为《国际商会公告》文本风格的代表,但也能表明话语的包容性特点,而其中,原始资料起着关键作用。例2体现了《国际商会公告》偏爱的风格,即评论用常用语言书就,使用短句和便于文本处理衔接的明晰结构。相反,反映《国际仲裁》主体风格的例3论述适用的法律这一问题时使用了更抽象的术语、提供概论而非实际例子。论述复杂的文本结构明显受到了英国法律传统的影响,使用了大量左右向分支、非限定性从句和不连续句法。

同样的情况也适用于例4和例5,反映了两个期刊中关于《示范法》表述的使用场景。取自《国际商会公告》的例4解释了《示范法》的一个新近修订。它表现了说明性文字类型的常规特色(Werlich 1979),包括话题引

---

④ 此类例子很多,因为《国际商会公告》中包含了大量的裁决摘录,通常都是裁决的第一部分,那里写明了适用的理由。

第十章
仲裁期刊的文化差异:《国际仲裁院公告》和《国际仲裁》比较

入("修正案[……]包括两种方案")、分析性文本结构("一种方案[……]")并使用了补充性和解释性连接形式("这样[……]如此[……]")。取自《国际仲裁》的例5是《示范法》一篇文章的释义,但主要是通过意译和引用来解释,很少使用补充性说明,而且相较于原则的适用更关注原则的表述。

无论这些例子多么有限,但都可以帮助我们了解两个期刊关于(只是表面上)相似话题上的不同话语方法和此种方法是如何付诸文本的。《国际商会公告》更关注个案和解决特定问题;即便是处理原则问题上(正如一篇有关《示范法》的文章中所解释的那样),主要关注的也是其实际适用。而《国际仲裁》则表现出一种推论的倾向,主要通过理论术语解释适用性问题,很少参照实际案例。这种区别也能从两个期刊文章的语言组织中看出:《国际商会公告》偏爱解释性风格,适合专业仲裁员阅读,而《国际仲裁》使用典型的法律话语语言策略,并将原则,而非实践作为仲裁焦点。

分析"裁决"的术语搭配后能进一步印证以上观点。《国际商会公告》和《国际仲裁》都大量使用了包含"裁决"一词的词组,包括最终裁决、仲裁裁决、裁决执行、过往裁决。同样,其出现的场景也有很大区别,具体见例6和例7:

6. 从数量角度看,拒绝执行的数量看来似乎在一个可接受的范围内。商业仲裁年鉴的32卷文书中记载了1400个关于《纽约公约》解释和适用的法庭决定。其中,接近一半关注了仲裁裁决的执行(剩下的一半主要是关于《公约》第II(3)条下的仲裁协议执行问题)。在这约700个执行决定中约70个被拒绝执行。10%的拒绝比例可以认为国际公约卓有成效。(《国际商会公告》)

7. 《示范法》第36(1)(a)(v)条不同于《公约》第V(1)(e)条,用"职权部门"替代了"法庭"。《示范法》第36(2)条用"给予相适的担保"替代了"提供恰当的担保"。《公约》使用了延缓"裁决执行的决定",而《示范法》仅用了延缓"其决定"。《示范法》第36(2)条写到:

如有当事人向本条第(1)(a)(v)款所指的法院申请撤销或暂缓执行裁决的情况下，法院如认为适当，可以延缓作出决定，而且经主张承认或执行裁决的一方当事人申请，法院还可以裁定对方当事人提供恰当的担保。(《国际仲裁》)

对于"裁决"一词，伦敦国际仲裁院期刊使用了诸如外国、国际，以及管辖权("裁决的管辖权")等搭配，关于适用性的原则性讨论中，就会常常出现"管辖权"一词，并且用的是出版物惯用的法律风格，如例8所示：

8. 对此问题，《示范法》采用了折中线路。根据《示范法》第16(2)条，对仲裁庭管辖权的抗辩不得在提交答辩书之后提出，否则将视为放弃其反对权。根据《示范法》第16(3)条，面对抗辩，仲裁员可以选择决定抗辩作为前提，并作出部分管辖权裁决，或在实体裁决中裁定。如果仲裁庭裁定其拥有管辖权的，反对方可即刻向法院提起抗辩。在法院审理期间，仲裁员可以选择继续仲裁并作出裁决。

最后，国际商会资料中还有一个经常与"裁决"搭配的词——"见"，通常搭配是"见裁决"。这种表述很有意思，因其体现了《国际商会公告》的典型特征，即提供大量的附加材料(典型例子是过往裁决的摘录)用于证实学术文章中的主张和观点。这也反映了期刊内容的实践态度。附加裁决摘录来说明文章所讨论问题的习惯也解释了诸如"原告"和"被告"等词在《国际商会公告》中频繁出现的原因，具体见表10.3。

表10.3列出了国际商会资料中常用的法律术语，而在伦敦国际仲裁院资料中并非如此。除了"原告"和"被告"，表中的其他词都是特定实际问题的词汇，是国际商会读者而非伦敦国际仲裁院读者的关注点。例如，"利息"和"费率"经常在"利率"这一表达中同时出现，表明作出裁决时准予的补偿问题。与之类似的是，"时间"和"[所涉]期间"经常在裁决评论或裁决摘录中出现，常与讨论事项的程序行为或终局解决的实体问题相关。

表 10.3　出现在《国际商会公告》前 100 位却未能进入《国际仲裁》前 100 位的高频词

《国际商会公告》	
单词	%
申请人	0.26
利息	0.24
被申请人	0.21
参照	0.15
声称	0.15
执行	0.13
条	0.13
款	0.12
比率	0.12
可适用	0.12
时间	0.12

表 10.4　出现在《国际仲裁》前 100 位却未能进入《国际商会公告》前 100 位的高频词

《国际仲裁》(伦敦国际仲裁院)	
单词	%
行为	0.15
管辖权	0.14
证据	0.13
问题	0.12

相反,《国际仲裁》的词表侧重期刊特色的事项,对范例关注不多,而是更多聚焦于原则的确立(见表 10.4)。

同时包括"法令"和"管辖权"的例 9 就是反映原则性方法的例子:

9. 根据瑞典法,按照仲裁法令第 27 部分,仲裁庭必须以裁决的形式否定管辖权。根据第27部分,任何提交给仲裁庭的未判定实体问题,却要终止程序的决定均应以裁决形式作出。此外,仲裁法令第36部分允许追索该决定。(《国际仲裁》)

"事项"一词的解释也类似,经常用来指示讨论的话题,即要剖析和分析一个"问题":

10. 适用的法律。尤其在国际背景下,来判定非签署国一方是否需要仲裁的法律适用问题更加复杂了。"从方法论角度看,似乎在许多情况下,仲裁庭会分别决定适用各种合同的法律,即使结果可能是这些合同的适用法律是一样的。"(《国际仲裁》)

最后,关于"证据",在其出现的语境中,一般用于指示证据取得的未决问题。

11. 同市政法一样,国际仲裁中,相较于间接证据,直接证据更易于被采信,但是,当没有充分的直接证据来判定问题时,国际仲裁庭常常基于间接证据作出假设或推定。国际仲裁庭还常常采用众所周知或无须再证明的事实司法通告和可适用的法律。(《国际仲裁》)

以上讨论中的例子虽不详尽,但至少描绘了仲裁话语虽然方法上分歧很大,但保持了主题一致这一特点。《国际商会公告》似乎更关注实体问题,通过频繁讨论裁决实例,努力为发展专业知识提供指导。而《国际仲裁》偏好讨论有争议或需要定义和/或规范的话题。而这反映了其推论的、理论化的态度同伦敦国际仲裁院的学术组成是一脉相承的。

关键词研究

单词表提供了词项的绝对频率信息,而研究其中的关键词,即虽然在出现的绝对频率上不一定最高,但这些关键词在一类语料库中出现的频率相对在另一语料库中更高,能进一步看出语料库的词汇特点。就研究的两个子目看,关键词列表(如表10.5和10.6所示)提供的数据确认了本文前一段末尾得出的初步结论:

第十章
仲裁期刊的文化差异：《国际仲裁院公告》和《国际仲裁》比较

表10.5 《国际商会公告》关键词（较之《国际仲裁》）

《国际商会公告》关键词	
关键词	词汇核心性
利息	1,232.02
索赔人	1,118.69
比率	1,055.83
被告	840.53
付款	739.31
参照	630.07
亲切的	506.37
合约	505.57
日期	500.29
仲裁人	470.08
物品	447.14
被告	394.06
董事会	366.79
当事人	344.10
交变	332.99
索赔人的	299.11
全体董事会	296.81
数额	284.37
豁免	282.49
法院的	281.17
抵押品	276.35
项	275.02
提取	274.58

表10.6 《国际仲裁》关键词（较之《国际商会公告》）

《国际商会公告》关键词	
关键词	词汇核心性
你	1,075.27
我(主格)	543.33
我们	426.7
法令	341.51
证据	309.48
北美自由贸易区	292.41
认为	280.98
调解	249.78
条约	238.56
投资	222.33
国际的	219.25
模式	214.69
我的	204.17
你(们)的	176.00
权限	161.42
保护	157.07
投资者	155.91
诉讼	142.26
证人	135.31
处置	130.84
程序	128.47
法官的顾问	125.38
发现	121.96

可以看到的是,几乎所有在《国际商会公告》中高频出现的词汇都和与实体问题或仲裁行为相关的实际问题有关。相反,《国际仲裁》的关键词大多为抽象或概括性术语,这就验证了相对于伦敦国际仲裁院,国际商会更偏重实践的假设,同时伦敦国际仲裁院也关注了领域仲裁的架构设计,并主要针对诉讼和调解的区分。

另一个有趣的特征是在《国际仲裁》的关键词列表中,"见证"和"发现"常与上文讨论过的"证据"一起使用,印证了期刊对于这类仲裁学术话题的兴趣。

但《国际仲裁》关键词列表中最出人意料的是第一和第二人称代词和形容词"我""我的""我们""你(们)"和"你(们)的"使用。这些词通常指示了人际重点,乍一看不符合伦敦国际仲裁院期刊的正式风格。因此,需要仔细查看人称代词的一致性以阐明其文本功能。

除了少数例外情况,"我"和"你"不会同时出现在包含了大量直接引语的这两种类型的话语中。证人证言属于第一种类型,除了用抽象术语讨论外,还出现在仲裁辩论会的文稿模式当中,此后经验丰富的仲裁员还会给予评论。第二种类型是领军仲裁员关于各种话题的采访文章,这些话题都与仲裁程序管理有关。

使用第一和第二人称指代词这一以人际为导向的方法也因而成为嵌入式文本的一个特征,尽管这些文本的实质不同,但其都旨在提供有益于提高专业知识的材料和信息。这些文本本身特别有意思,说明伦敦国际仲裁院也将培养作为重点,但是却以一种居间调停的姿态,以专家评论的形式间接地触及这一话题。

不同于总是以引用形式出现的第一人称单数代词,出现在文章中的第一人称复数"我们"主要有两个功能。一方面是用来提出伦敦国际仲裁院群体或者至少是其中有正统学术权威的学者认同的观点,如例12:

12.[……]巴黎上诉法院的结论是,裁判员并未履行其作为仲裁员的职责,因此其决定不属于仲裁裁决,这些决定也就无法撤销。

巴黎上诉法庭的审判结果否定了把定性作为一个裁决的做法。总体而

第十章
仲裁期刊的文化差异：《国际仲裁院公告》和《国际仲裁》比较

言,我们并非刻意反对这个结果,只是我们本希望其能够提供更多具体的理由来支持其结论。法国法庭的理由通常非常简短,这是其招致批评之处。在其他情况下,"我们"用以指示更广泛的仲裁界甚至大众社会的成员：

13. (多亏法律同仁的智慧)我们现在有了一个"法律规则"制度,藉此外国的投资者可以借助双边条约直接起诉与其无合同关系的政府主体来行使其直接权利。

其他时候,第一人称复数仍作为一种修辞手法通过学习和说服的过程来引导读者,而另一个例子证实了"我们"用法的多样性,同时还强调了通过上下文来解释其含义与功能的必要性：

14. 可能有人会认为这些就是有力的证据,表明国际商事仲裁不鼓励,甚至是不允许有反对意见。然而我们必须面对现实。正如杰拉尔德·菲茨莫里斯(Gerald Fitzmaurice)所说"现实主义存在问题"。事实是,国际商事仲裁中一直都有反对意见,一些是"好的"反对意见,而其他反对意见则非善意,我们是否没有分清楚呢？

后一种用法尤其有意思,表明了作者的自我设定(在这个例子中是该领域的知名学者),设定为一名教师和导师——一个能够引导那些缺乏经验的学者和专业人士通往正统和专业的安全港的权威人士。

结　　论

这项研究突出了两个期刊的仲裁话语的共同核心,关注了诸如裁决的可执行性、适用的法律、国家/国内法律和国际贸易法委员会之间的关系等主题。正如预期的那样,两者在方法上存在差异,在话语组织和文本结构中都有所体现。

从话题选择和话语组织上看,《国际商会公告》更为关注实体问题,更多使用裁决摘录形式的例证。相反,《国际仲裁》的关注点则更加理论化和推论化,更关注仍需理论和概念化汇编的话题,如证据收集。

在文本和语言水平上,这两个机构的风格截然不同。国际商会偏好说明性文本,使用易懂的语言并便于加工。相反,伦敦国际仲裁院显然偏好法律英语的传统,因而使用更多复杂的句法结构和明显的抽象风格。

以上结果验证了先前研究认为国际商会和伦敦国际仲裁院具有不同话语风格的结论。加尔佐内(Garzone)(2003)在她的跨文化法律仲裁规则研究中说过,伦敦国际仲裁院规则采用了具有典型英国法律传统的行文风格,具有其惯常的复杂性和高度明晰性特点。相反,国际商会规则从法国仲裁立法中得到启发,并采用了民法典型的行文风格,更重视清晰和纲要。此后关于伦敦国际仲裁院和国际商会在其网站上自我表述的修辞策略的研究(Garzone and Catenaccio 2008)发现,伦敦国际仲裁院在自我宣传中也仍然使用了法律语句,而国际商会更多采用商业风格的沟通方式。

国际商会和伦敦国际仲裁院的不同点延伸到其期刊中,也反映了两机构受到不同文化的影响,各自的仲裁学术发展方式也有所区别。伦敦国际仲裁院主要关注学术,重视从理论和概念的原则性讨论中进行培训和运用,而国际商会的利益点在于仲裁的实际和实践经验方面。国际商会以裁决摘录形式提供的大量参考材料恰好反映了这点:并非鼓励读者依赖先例来判断之后的裁决,而是在之前经验基础之上提高专业能力。相反,伦敦国际仲裁院期刊对于培训和实践的态度是以模仿性评论和提供专家意见为基础的,专业知识的权威来源仍旧是学者和领军仲裁员的观点。

然而,不能因为这些区别认定仲裁领域存在话语冲突,而是应当视其为一个多方面的全球仲裁话语的生机与活力,及其持续发展的标志。

参考文献

Bhatia, Vijay K., Candlin, Christopher N. and Gotti, Maurizio (Eds) (2003): *Legal Discourse in Multilingual and Multicultural Contexts: Arbitration Texts in Europe*, Bern, Peter Lang.

Born, Gary (2001): *International Commercial Arbitration: Commentary and Materials*,

The Hague, Kluwer Law International.

Garzone, Giuliana (2003): Arbitration Rules Across Legal Cultures: An Intercultural Approach. In Bhatia, Vijay K., Candlin, Christopher N. and Gotti, Maurizio (Eds) *Legal Discourse in Multilingual and Multicultural Contexts: Arbitration texts in Europe*, Bern, Peter Lang, 177-220.

Garzone, Giuliana (2007): Arbitrato Commerciale Internazionale e Culture Giuridiche: Osservazioni contrastivo-comparative. In Preite, Chiara, Soliman, Luciana T. and Vecchiato, Sara (Eds) *Esempi di Multilinguismo in Europa: Inglese lingua franca e italiano lingua straniera, la contrastività nellacodificazione*, Milano, EGEA, 107-31.

Garzone, Giuliana and Catenaccio, Paola (2008): *The Discourses of Arbitration and Mediation: A Comparative Analysis*. Presented at the symposium Interdiscursive Colonization of Arbitration Practices in a Changing World, convened by Vijay K. Bhatia and Maurizio Gotti at the AILA Conference, Essen, 25-28 August 2008.

Ginsburg, Tim (2003): The Culture of Arbitration, *Vanderbilt Journal of Translational Law*, Vol. 36, 1335-45.

Haas, Peter M. (1992): Introduction: Epistemic Communities and International Policy Coordination, *International Organization*, Vol. 46, No. 1, 1-35.

Lynch, Katherine (2003): *The Forces of Economic Globalization: Challenges to the Regime of International Commercial Arbitration*, The Hague, Kluwer Law International.

Sinclair, John (1991): *Corpus, Concordance, Collocation*, Oxford, Oxford University Press.

Swales, John (1990): *Genre Analysis*, Cambridge, Cambridge University Press.

Tognini Bonelli, Elena (2001): *Corpus Linguistics at Work*, Amsterdam, John Benjamins.

Werlich, Egon (1979): *A Text Grammar of English*, Heidelberg, Quelle and Meyer.

第十一章
仲裁裁决中的声音:复调和语言转述*

〔意〕古丽安娜·佳宗妮(Giuliana Garzone)、〔意〕齐阿拉·德佳诺(Chiara Degano)

引　　言

仲裁裁决和法院判决之间存在多个显著的共同点,其中一个便是两者都主要由汤普森(Thompson)(1994,1996)——为避免"转述言语"和"间接引语"的混淆——命名的"语言转述"组成。在这种文本类型中必然存在大量的他人言语事件:仲裁员们为制定最终裁决,需要归纳已经了解的案件事实,并为此摘录产生争议的合同和争议双方曾交换用来表明双方立场与意见的任何文本,转述证词宣言,有时还需参考规范文本(如合约、法规)和此前的类似案例,最终才能阐释自己的观点。而且,构成裁决基础的论证过程究其实质具有对话和复调的特点(例如,Amossy 2000;具体参考的判决请比较 Mazzi 2007a: 114ff.,2007b,2008),①因此,在仲裁员的论述中存在各类其他的"声音"和观点,与仲裁员自身的观点和各种论证立场相互

---

* 在意大利教育部和大学与研究部(第2007JCY9Y9号Cofin拨款)赞助的"特定领域英语文本的冲突和改变"国家研究项目框架内进行的研究为本文提供了撰写基础。两位作者共同负责本项研究的整体设计和总结,古丽安娜·佳宗妮撰写了前两章的内容,齐阿拉·德佳诺撰写了后两章的内容。

① 就法律论述而言,以我们了解的情况为准,复调的概念很少而且直到最近才被作为一项研究工具进行使用,并成为一个多元方法论框架的组成部分(对比,例如 Mazzi 2007a,2007b 关于司法论证的文章,阿苏尔勒斯·阿提亚(Azuelos Atias)2010年关于犯罪意图的证据的文章以及尤佛(Yovel)2010年关于外行诉讼当事人意见的文章)。

第十一章
仲裁裁决中的声音:复调和语言转述

呼应,相互联系,共同作用形成最终裁决。

从句法学角度而言,这使得裁决文本变得相当复杂,仅仅是因为大量的文本延伸内容在句法上依赖引用动词或引用名词的使用。另一个需要进一步考虑的因素是,文本中加入语言转述,不仅涉及将直接引语转变为间接引语或是对陈述和文件的摘录进行逐字引用,甚至用引用动词搭配间接引语从句,而且涉及各种在论述中或多或少明显融合自己或他人观点和陈述的方法(比较 Ducrot 1984:171)。

背景、目标和范围

每位学者在使用复调这个概念时,倾向于从存在细微不同的定义出发进行理解,因此这个概念的意义并不确定(比较,例如 Nølke, Fløttum and Norén 2004:13;Dendale 2006:3),这已经是多次出现的现象。米哈伊尔·巴赫金(Mikhail Bakhtin)(1929/1984)首次将复调概念引入小说领域,之后扩展到适用所有形式的语言沟通(Bakhtin 1981)。复调这个概念假定所有"演讲话语"中存在不同的"声音"(巴赫金的术语)。语言学的各类学者吸收了这个概念,并对此进行细致阐释,其中奥斯瓦德·笛克罗(Oswald Ducrot)(比较 Ducrot 1984)、斯堪的纳维亚复调语言学理论团队(Nølke, Fløttum and Norén 2004)和布雷斯(Bres)及诺瓦科斯卡(Nowakowska)(Bres 1998,1999;Bres and Nowakowska 2005)的贡献尤为突出,他们都将自己置身在"现实学"领域开展研究(Barbéris et al. 2003)。

本项研究借鉴了笛克罗对复调的定义,并以此为基础开展研究。笛克罗认为复调体现了某个文本的质量,其中"话语在阐释时提供信号表明添加了多种声音"(引语的法语版本;② Ducrot 1984:183)。因此,在复调的话语中,"多种观点相互并列,相互重叠或相互回应"(引语的法语版本;Ducrot 1986:26)。

在为合并其他多层面论述而检验论述的固有内部属性时,研究者们提

---

② 除另有说明外,所有的法语内容都是我们翻译的。

出了各种分类,每项分类包含了大量的论证实体(或者"表述实体":比较Nølke 2006)和大量被确定为在论述中共存的观点,尽管这一特点并不马上显现(例如,否定)。[3]

本章将研究其中一种最明显的复调形式,即通过在文本中插入语言来实现的复调,汤普森称其为"语篇中有信号的声音"(1996:506),而费尔克拉夫(Fairclough)(1992:117-118)将其表达为"论述表征",并将其视为多种"明示的互文性"的一种形式,也即"在一个语篇中过度引用其他特定语篇的情况"。[4]具体就英语而言,语言转述的使用和实现以小说为对象进行研究(Leech and Short 1981;Hickman 1993),而就更广范围而言,则是以学术文本为研究对象(Thompson 1996,2001)。在法律文本中,只有马奇(Mazzi)对语言转述作出少量研究,并将此作为司法辩论研究的部分内容,而仲裁裁决则对此鲜有调查。

本章将主要研究这方面内容,探索每种情况中对各类语言转述的使用和对引用动词或引用表达的选择。目标是在有规律性的情况下确定这些规律性,并检索与之相关的语篇变量和背景变量,例如涉及的参与者、语篇中辩论的建构方式以及在下文中进行引用的使用等。

本项分析从威科银行(Kluwer Bank)[5](http://www.kluwerarbitration.com)[6]中选取巴黎国际商会(ICC)于1984年至2003年间作出的74项裁决作为语料库,共计44.5万字。

本文在论述—分析框架下对语料库进行定性分析,特别利用下文阐述的为语言转述和对话分析开发的特定工具。本文还利用语料库的语言学工

---

[3] 有关否定中的复调,参见Ducrot 1984:217ff;有关复调或对话的语言学指示器,参见Bres 1998 and 1999, Dendale 2006:28作出的系统论述;有关对英语母语者传统中的"对话文本的信号"的讨论,参见Thompson 2001:65ff。

[4] 费尔克拉夫所描述的其他形式的明示互文性是假定、否定、元话语和讽刺(Fairclough 1992:117-123)。

[5] 需注意的是,从威科银行获取的以及最初出版在《商业仲裁年鉴》的裁决内容存在删减。不过考虑到结构和所有重要段落均保留下来(每卷前的"主编注解"中都宣布裁决为"全文裁决",例如参见Vol. XXX,2005:11),所有裁决根据统一标准进行删减,而我们的研究实质上采取定性的方法,这一事实并不影响本研究所介绍的发现的有效性。

[6] 除另有表明外,所有的网站均在2010年11月1日登陆。

具——具体为 Wordsmith Tools 4.0(Scott 2004)——特别是借助索引来证实定性思考。

分析工具:语言转述和引用动词的分类

语言转述

首要元素是确定并描述在语言转述中使用的各类语义安排,从而在分析并归类仲裁裁决的结构时加以利用。

汤普森(1996)对学术论述的语言转述进行了基础研究,他指出,在过去十几年中,有多项研究为形成以语义学为基础的——有人提出更加准确的——描述(Halliday 1994:250-273),脱离了基于语法转换对间接引语作出的传统语法描述(Quirk et al. 1985:1020-1033)。也出现了几项从话语角度进行的研究,由此超越直接/间接引语的传统分类,将其他各种相对不典型的想法涵盖进来(参见 Leech and Short 1981,特别是从 Thompson 1996 引用的内容;Hickman 1993;Gülich 1978;Mortara Garavelli 1985;Calsamiglia and López Ferrero 2003;Calaresu 2004,研究非英语的文本)。

在这些著作中,各位作者通过列出分类的全部内容(如 Leech/ Short 1981 and Garavelli 1985 中的内容)或制作相互包含的维度目录(如 Gülich 1978;Thompson 1996;Calaresu 2004 中的内容),来解释各类语言转述,甚至是最不明显的语言转述。

本章在开始之初使用分类来探索仲裁裁决中各类语言转述的分配,这种分类部分依赖汤普森(1996)制作的模型[7],并作出调整,从而使大家更加直观地认识各种分类:

　　a. "引用"(Thompson 1996:511-512):直接引用指的是语言事件

---

[7] 汤普森(1996)的模型相当复杂,包括在四个"选择维度"——声音、信息、信号和态度——中的语言转述的多个功能选项,不过就本讨论而言,检查信息的选项就已足够。

以逐字引用的方式进行表达,该引用是另一项表述⑧,因为它保持自己的指示中心,而且涉及的两项自主话语的中断性通过特定的标点给出信号,这些标点包括分号、插入的逗号和破折号。这种形式的引用在本质上具有词汇—语法属性,因为这种引用在形式上声称作出了措辞相同的陈述(Halliday 1994:252)。⑨在下文给出的一项仲裁裁决例子中,引用被用于转述从一个与本案件相关的规范性语篇中作出的摘录:

(1)而且,这项义务明确地规定在《商业法》第7.20节"信息正确性"的标题下,内容为:

在本协议缔结之日前向买方披露的所有信息,或者在披露信中包含的所有信息,或者在买方进行尽职调查时得到的所有信息在各个方面均为完整准确,或者在将来得到时,在各个方面将是完整准确的。(Award 2003-2:133)⑩

通常人们理所当然地认为,引用本身包含了"逐字条款",但是事实显示这种条款在多种论述中仅具有虚构性(比较他人的观点:Sternberg 1982;Tannen 1988;Mayes 1990)。谈话、新闻和小说中一定是这种情况,而当引用的语言事件对思想进行编码,而不是对言语或语篇进行编码时,这种情况就更加明显。仲裁论述中的此种应用较少,因为引用通常参考的是相关语篇中的关键内容(例如,法规或仲裁协议,如上文例子(1)),并按照字面意思进行引用。

b."自由引用":这类语言转述依据习惯一直被归类为自由的直接引用,因为它拥有引用的所有特征,但是主要论述和引用论述之间的间

---

⑧ 许多学者深入地研究了直接引用,除汤普森(1996)外,还有韩礼德(Halliday)(1994:250-252);莫塔拉·伽拉维利(Mortara Garavelli)(1985:51-57);李(Li)(1986:30-33);卡拉瑞索(Calaresu)(2004:94-95);卡尔萨米吉丽亚和洛佩兹·费雷罗(Calsamiglia and López Ferrero)(2003:155)。

⑨ 虽然汤普森(1996)认为自由直接引用是引用的一个特例且属于这个范畴,但是我们倾向于将其单独归类为"自由引用",因为它缺少引用信号,所以与引用存在显著差异。

⑩ 根据发布年份和语料库中用于分类使用的数量来引用裁决。除另有标明外,所有例子都添加了着重符号。

第十一章
仲裁裁决中的声音:复调和语言转述

断性不再通过特定的标点给出信号。在大部分情形下,引用动词不出现在表述开始的位置,而是出现在表述结尾或中间的位置,因此读者不会立即意识到这种论述具有转述的本质。这种引用含有的"逐字推定"的严格性似乎比一般引用中的放宽许多。自由引用在新闻中极其常见,但在裁决中出现的频率似乎相对较小。参见下例:

(2)据称,原告寻求的裁决将阻止被告以任何方式改变现状,避免对原告造成不可挽回的损害,和/或加剧现有的争议。(Award 2001-3:86)

c."部分引用":⑪它由集成的语言转述构成,并可能在使用原语言事件的部分内容的改述或归纳中出现(范围更大或更小),通过插入逗号或其他清晰的图形标志给出信号,并允许兼具直接引语和间接引语的句法特点。这符合卡尔萨米吉丽亚和洛佩兹·费雷罗(2003:155)归类的"完整引用",在一般使用中也成为"着重符号"。

(3)据被告称,双方根据自己的意愿决定是否在审核协议终结的正确性时适用《联合国国际货物销售合同公约》,"任何不同的方法都可能违背合同以及双方的原始意图,而这需由仲裁者执行"。(Award 2003-1:152)

(4)根据《商业法》第7.13.1节的规定,被告在任何情况下只需向买方"提供合理(可被寄予期望的)援助"。(Award 2003-2:134)

d."改述"(Thompsn 1996:515-517):符合间接引语的传统划分。由于语言转述通过引用动词引导的从句来表达,因此,引用论述的指示中心与主要论述相同,如(5),或者(6)中由动词转化的名词。

(5)被告辩称原告放弃了仲裁的权利。(Award 2002-1:95)

(6)我们认为原告被免除了为期三个月的义务,可在1999年11月前申请仲裁。(Award 2002-1:111)

---

⑪ 汤普森(1996:512-513)在这个例子也没有做独立的分类,而是将这类语言转述归入直接引用的子类别中进行处理。这里的部分引用做单独处理,因为我们认为它的论证影响与引用的影响不同,它与所处文本的内容存在紧密联系。

e."自由改述":符合自由间接引语的传统划分。莫塔拉·伽拉维利(1985)使用隐式间接引语,汤普森(1996)称其为仿效,但本文不采用这一名称,因为本文认为此项名称并不直观。然而,有时是日常谈话的论述文使用自由改述来实现特殊的沟通效果,而非文学文本通常在不重复引用信号的情况下作出改述、归纳或插入(见下文)时使用自由改述(比较 Leech and Short 1981:326)。仲裁裁决有时也会采用自由改述,如下文引用原告观点的例子:

(7)[22][……]原告陈述道,协议中只规定了两种可以终结协议的情况:未完成目标销售额(第3.4.3条)和任何一方出现破产(第10条)。尽管第3.6.3条提到信用证是优先选择的付款方式,但是协议未对不出具单据的行为规定任何处罚或罚款。就未开立信用证而导致不能向另一方支付已交付货物的货款的行为,合同只规定了一种补偿,即获得利息,而非终结协议。

[23]仲裁员并不赞成这种观点[……](Award 2003-1:156)

在上例中,第一句是由"陈述"动词引出的改述。后面的句子在语法上是独立的,但由于仍引用原告的论点,因此符合自由改述的条件。这得到了下列事实的证实,即下一段的引用通过"这种观点"("仲裁员并不赞成这种观点")来回指上段的三句话(从"原告陈述道"到"终结协议")。

f. 归纳(Thompson 1996:517):在描述某一行动时,除引用的信息外,还使用一个名词组或介词短语,符合利奇和肖特(1981:324)命名的"话语行为的描述引用"或"NRSA"。例如:

(8)在1996年7月的信件中,信件内容明确拒绝因不可抗力原因终结合同,并指出所有人根据合同有义务避免船舶遭到扣押的情况,并成功撤销扣押。(Award 1999-6:172)

g. 插入:通过"用 X 的话说"和"据 X 称"等指示语将插入语或插入句包含在主要论述中,具有不使用任何交际动词而能将明确的词语赋予特定中介(无论是字面还是非字面,这取决于是否使用引用的图形标志)的功能。插入符合卡尔萨米吉丽亚和洛佩兹的"插入引用"的

第十一章
仲裁裁决中的声音：复调和语言转述

定义：

（9）据原告称，第152条未要求提交具有实质性争议问题的诉讼，仅需要提交从程序法角度解决问题的诉讼。（Award 2002-1：25，重点以加粗字体标出）

（10）因此，根据独任仲裁员的意见，两位被告都应遵守合同的仲裁条款，并可能被原告要求成为诉讼的参与方。（Award 2001-2：50）

本文将把这些类别转述为各种语言进行适用。

引用动词和引用名词

另一个需要检验的元素是引用动词和相关的由动词转化来的名词。

引用动词在学术作品中被进行了广泛的研究。汤普森和翊云（Thompson and Yiyun）（1991）提出了他们根据有益的方案总结的复杂分类法（1991：371）。尽管他们的分类是为学术论述而严格制定的，但是他们的论点的适用范围更加广泛，即引用动词和引用名词通常具有评论性，很少是中性的，表达了所引用的作者在他（或她）最初的陈述中对信息持有的态度，或是进行引用的作者（即仲裁员）对此类陈述的观点，以及他们在推理过程中赋予语言转述的实用或修辞作用。

就仲裁裁决而言，不像汤普森和翊云那样涉及非评价性和评价性动词（或名词），我们认为对仅具言内价值的动词和含有言外成分的动词和名词进行区分是更加准确的做法，其中前者只引用或转述某人的宣言，不做进一步的添加或暗示；而后者不但转述陈述或观点，而且还暗示对象旨在服务的意图，即它们转达的言外含义或者转述者认为它们具有的言外含义。

裁决中使用的仅具言内价值的动词包括一般动词，如"说"和"陈述"等，还包括更加特殊的动词，如"提出"和"证实"等。例如：

（11）K先生说自己与企业的劳动关系以非法形式终结。（Award 1999-1：46）

（12）在申请临时保护措施时，原告主张除程序性命令外有必要作出临时措施的裁决，以此确保必要时在被告所在国印度实施仲裁员决

定的可能性。(Award 2001-3：87-88)

被赋予言外价值的动词和名词如"辩称""坚持认为""断言""同意"和"反对",仲裁裁决主要使用这些内容作为引用标志,因为它们主要表达了观点、立场或决定:

(13)因此,独任仲裁员认定 A 运输公司未向 D 运输公司转让合同。(Award 2001-2：49)

(14)原告总结道:在被告实施此类行为后,被告已经无权主张原告拒绝履行协议这一事实。(Award 2001-3：86)

在(11)至(14)的例子中,动词用的是主动形态,需要注意到事实上许多引用动词在语气上是客观的,甚至在它们被用来表达清晰的立场或者宣布决定(尤其是仲裁员在采取此类行动时)时也是如此。为该目的而采用的语法形式是无施动者的被动形态:

(15)在本背景下提到,根据包括俄罗斯在内的国家实施的合同法的一般原则,债务人未经债权人同意不得转让债务。(Award 2001-2：48)

(16)因此总结道,有意违反的行为需承担支付货价的责任,并使得解约具有合理性。(Award 2001-3：155)

(17)经决定,原告未在约定期限内支付包租费的债务与它享有的赔偿费债权抵消。(Award 1999-6：179)

转述假设是为该目的使用的另一种形式(Sinclair 1986),它是以引导词"it"(比较 Quirk et al. 1985：955-956)为开端的表达论述,其客观的属性使其能够以普遍认同的方式呈现语言转述的内容,因此减少了仲裁员需对其陈述的事实价值承担的责任。⑫在语料库中,最常见的形式是"清楚的是"

---

⑫ 在分析学术论述时,卢卡(Lukka)和马尔卡宁(Markkanen)(1997)将非人称类型归为避险形式,因为它们解除了作者对上下文需负的责任。相对于学术论述,这在仲裁裁决中较不明显,不过,使用非人称表达可以避免如同仲裁员自己作出的观点的情况出现,可作为一般人都认可的内容表达。

和"明显的是",显然是按照证据作出的表述。

(18)清楚且没有争议的是,合同未对法律选择作出任何明确的规定。(Award 2001-2:51)

(19)然而明显的是,如果卖方保证提供正确完整的信息,那么应适用同样的模式。(Award 2003-2:137)

显然在上述例子中,转述假设的论述旨在表达不可归因的心理过程和口头表达过程,以此呈现客观、不偏不倚的信息。

在总结引入性讨论之际,我们可以说,需要做的首要区别是引入语言转述所使用的动词和名词是否含有言外之力的成分;其次需要考虑的变量涉及仲裁者的声音,即是否是个人主观或客观的语法表达。

仲裁的声音

在讨论仲裁裁决的语言转述时,我们首先确定并描述声音,即活跃在这种文本类型中的话语实体。这些声音展现出仲裁过程中涉及的各有差异但又相互联系的观点、主张和反对内容,以此引入各类论证。

《年鉴》中出版的各项裁决前有其摘要("事实"),摘要清楚地展现裁决借助投影文本的广泛程度。这是由文本缩写要求达到的程度所引发的结果,使得引用话语的再现和频率更加清晰。由于摘要(大部分是口头的)是一连串行动和反对行动,涉及仲裁参与双方之间交换的各类口头和书面文本(陈述、安排、协议、电子邮件、订单、合同、信件和传真),因此摘要的文本结构在本质上相互影响又脉络清晰。

例如,裁决 2002-2 的摘要共计 1119 个字,其中有 1102 个字(91.4%)的内容属于上文分类的语言转述形式。

需要注意的是,几乎所有行动都以口头形式进行,并包含语言转述。这意味着,摘要中只有极少内容不属于"论述陈述"(Fairclough 1992:118)。下文对摘要的其中一节内容进行分析,可清晰展现这一点:

（20）在第二年初，[1]D根据合同中[2]规定仲裁地为日内瓦的仲裁条款向巴黎国际商会提交了仲裁的申请。[3]S对含有仲裁条款的合同有效性表示质疑，并[4]请求独任仲裁员作出[5]"不存在具有约束力的仲裁协议"的初步裁决。[6]独任仲裁员在其第2号程序命令中裁决，对案件的进一步检验不受初步问题的限制（Award abstract 2000-2）。

（根据摘要["事实"]）裁决2000-2的结构

买方（S）

买方联系卖方购买X。

S总裁A先生就付款条件在传真中写道："和/或90天内直接付款"。

订单确认函发回，S总裁A先生在"为承诺目的"的单词上签名。

10月13日，S的法务给D写信，陈述道：根据意大利法律，支付条件改变后应被视为新的要约。而他的客户并未同意，因此供应产品的要约已经修改。

卖方（D）

卖方通过传真确认了销售X。规定的付款条件是"在装船日期后90天不可撤销信用证"。

卖方D的M也通过传真陈述"我们的正式订单确认函将马上发出"。

卖方D的M以"订单确认函"的形式给S传真了一份合同[……]，要求S发回"进行承诺所需的正式加签"的合同。订单确认函对信用证规定了如下的付款条件：90天不可撤销的信用证付款[……]，并在出示以下文件时支付……

9月9日，P先生代表D，通过快递发出了此前传真的两份合同原件，邀请S"回复一份合法加签的原件供我方参考"。

10月14日，D通过传真告知产品已经到达装船港口[……]，10月16日，D的法务给S写信，要求S确认其已经准备好履行自己的义务。10月26日，D的律师告知S，D正在采取措施减少因S未运货而导致的损失，并在11月18日将产品以低价卖给菲律宾客户。

第十一章
仲裁裁决中的声音:复调和语言转述

在这短短一节内容中,最多出现了六处不同的语言转述,其中三处是总结([1][2]和[3]),三处改述[4]和[6],其中[5]中还混合了部分引用,涉及声音的是仲裁参与方([1][3][4]和[5]),仲裁员([6])和文本仲裁条款([3])。

回到对裁决的分析上,仅作浅显的调查也可以清楚了解,仲裁员或仲裁庭的声音是"支配"文本并对转述所有其他声音负责的主要声音。因此,可以预期这种声音在大部分情况下以非直接的方式出现,但极少有这种情况。在宣布实际认定和决定的时间点时倾向于使用直接的方式,如在以下例子中仲裁员以第三人称指代自己,这是在语料库的所有裁决中经常出现的用法:

(21)因此,独任仲裁员认定 A 运输公司未向 D 运输公司转让合同。(Award 2001-2:49)

(22)仲裁庭认为:仲裁庭缺少裁决原被告之间争议的管辖权。(Award 2002-1:114)

尽管(21)和(22)转述了仲裁庭的最终裁决,仲裁员的声音在推理过程中也通常是明示的,而且在此种情况也常常使用第三人称:

(23)仲裁庭认为:俄语文本明确排除了普通法庭的管辖权。(Award 2001-1:16)

(24)就销售协议争议范围而言,仲裁庭作出如下裁决:原告提出的声明和保证的请求未包括在销售协议中。(Award 2003-2:133)

用第三人称指代使仲裁员的声音显现的论述和频率,以及与声音混合使用的转述信号的多样性的频率都可以通过"仲裁员(们)"和"法庭"用词的索引得到确认。

有时,仲裁员也用第一人称复数来指代自己:

(25)我们认为原告被免除了为期三个月的义务,可在 1999 年 11 月前申请仲裁。(Award 2002-1:111)

或者利用客观的陈述,不过这可以清楚表达仲裁员的观点:

(26)鉴于A先生和P先生所作证词,同时根据他们对相互交流与沟通所作描述,我们可以确定A先生意识到许可证可能会引起问题。(Award 2003-2:140)

然而,如上文预期的那样,仲裁员的声音由不暗示任何明显言外行为的陈述给出信号的情况也很多。通过使用"提到"等动词来引出论证的新元素或新思路,有原文本价值,也即仅有言内行为的价值。

(27)独任仲裁员提到,被告并未论证合同是否存在的事实,但是对签约方提出质疑。(Award 2001-2:48)

(28)可能提到的是,根据本合同进行的合同义务的协商和履行,以及在仲裁程序中仲裁参与方证明和提交的证据,事件经过不存在争议。(Award 2001-2:56)

(29)因此应该考虑到,原告还未被解除通过信用证向被告支付货款的义务。(Award 2003-1:159)

仲裁的其他两个主要声音来自原告和被告。根据仲裁程序的实质,仲裁员处于两位(或多位)争议方的中间位置,通过审议争议方的论证作出对其中一方有利的裁决,因此为保持该程序的属性,仲裁员需要不断请原告和被告发言。

我们可以作出这样的结论,如同摘要所示的内容那样,裁决文本的大部分内容由争议方的转述语言构成,通常在联系的文本顺序中以并列的形式显示(对比下文的例30),而且有时一起进行转述,用"仲裁参与方"来指代他们。

(30)[35]被申请人声称,其推理得到约旦上诉法院的诸多裁决的支持[……]

b. 原告的指控

[36]原告认为被告所有主张都存在争议。原告辩称其向约旦法院提出申请,是因为银行保函中规定了约旦法院具有司法管辖权,而原告只请求防止担保的索取,与建筑合同及因建筑合同产生的申诉没有

第十一章
仲裁裁决中的声音:复调和语言转述

任何关系。(Award 2002-1:105)

(31)在本案中,仲裁参与方同意协议将使用《联合国国际货物销售合同公约》。事实上,协议中第 11.2 条规定:"由于合同中未作出明确或暗示性的规定,仲裁员将适用《1980 年联合国国际货物销售合同公约》"。(Award 2002-1:105)

在第一个例子中,争议方的观点——特别是被申请人的反对内容和原告对此做出的回应——被进行了转述,而在第二个例子中,双方对正在审议的特定内容不存在异议,因此合并为同一个主题。下一句("事实上,协议中第 11.2 条规定:[……]")通过引用争议协议的相关条款,表明双方在这一点上达成一致意见的原因,以此引入出现在裁决中的一个更深层次的声音,即仲裁员为支持自己的论点所依赖的文本,可能是仲裁条款、法规、国际公约或仅为双方书面交换的陈述。在这一例子中,所讨论到的依赖的文本是产生争议的《和解协议》的一项条款。

在 19 项裁决中,还出现了证人和证词的声音,在语料库中"证人"[13]项目反复出现了 108 次,而"证词"反复出现了 51 次。下文的摘要可以例证以推论处理"证人"和"证词"的方式。

(32)鉴于 A 先生和 P 先生提供的证词,根据他们对交流和沟通所作的描述,可以没有疑问地认定 A 先生意识到许可证可能引起问题。A 先生证实其曾报告该问题"是一个有争议的问题,并未在谨慎义务的数据空间提交任何内容"。(Award 2003-2:140)

在这个例子中,A 先生和 P 先生的证词只是以模糊的总结形式("证言""描述")进行转述,并由仲裁员进行评价性的综合(可以没有疑问地认定 A 先生意识到[……]),下文是对部分证词的改述。

在对仲裁裁决所代表的声音的概述中,截至目前提出了多项观察,在对这些观察进行总结后可以发现,许多主语和用作转述信号的动词形式的组

---

[13] 无论何时,当检索的单词有多重语型变化时,文本中引用的形式均作为词目考虑。索引中摘录了所有语型变化形式。

合在仲裁员(们)或仲裁庭中得到使用,而且在原告/被申请人中也得到使用:接受、认可、承认、确认、同意、相信、总结、证实、考虑、继续、宣布、视作、详述、估计、认为、说、陈述和强调。与此相反,其他一些动词只用于描述仲裁员或法庭的行为,本质上是在说明仲裁员对目前的争议的观点时使用(假定、确信、认为、持有观点、视作、(不)怀疑、感觉、认定合理),或是在解决争议的推理过程的步骤中使用(做出结论、总结、注意和理解),或只在转述最终的裁决时(裁决、决定、拒绝和规定)。另外,有几个动词只与"原告(们)/被申请人(们)"搭配,有些动词则是表明对争论所起的作用(补充、解释、坚持、恳求、主张、评论、质疑、回复、表达和提出),但大部分动词都表明了特定的言外行为(宣称、辩称、断言、极力声明、声称、坚持认为、争辩、异议、反对、要求和敦促),具有特别的论证实质,仅有为数不多的几个动词只为被告使用(质疑和反驳),特别用于描述反驳的行为。证人(出现107次)使用的部分动词也是原告和被申请人所使用的(解释和陈述),一部分是专用的动词,例如"作证"。与这些行为者相关的动词符合它们在仲裁程序中的作用,与频繁和参与方主张搭配的动词相比,缺乏其所呈现出的论证的言外行为力。

截至目前做出的概述系统地列举了仲裁裁决中使用的转述形式,同时关注与参与方相关的功能分配及各自的作用。到目前为止,我们的观察方式是,利用语料库来确定在地方级别出现的常规内容但未考虑在论述上的完成内容。在本章下一节内容中,我们将目前得到的认知与对某裁决进行的进一步阅读分析结合起来,以此扩展我们对裁决中语言转述正式层面和功能层面相互作用的调查。这种方法使我们考虑以不同类型的引用进行论证的用处,相较于以语料库为基础的分析,考虑到了更大范围的上下文。

深入阅读分析

进行详细的论证分析所选用的文本是裁决2002-2,上一节已经使用了该摘要的内容来例证如何引入在这种类型中出现的主要声音。本裁决涉及

第十一章
仲裁裁决中的声音：复调和语言转述

一个瑞士卖方(D)和一个意大利的工业产品买方(S)之间通过传真交流销售合同的争议,该合同的效力不确定,而且对付款方式的规定也不明确,导致买方拒绝收货,据称对卖方造成实质性损失。

就本文所使用的不同类型的语言转述的分布而言,显而易见,间接形式占据主导,特别是采用"主语＋引用动词＋转述内容"这种典型形式的改述,但这并不表明改述仅有上述一种形式;相反,可在我们的语料库中发现所有其他类型的语言转述。下文的例子将阐释转述形式的多样性,以及在本节分析的特定裁决中声音的丰富性:

(33) 在仲裁开始阶段,被申请人请求仲裁程序只检查应通过部分裁决解决的初步问题。在第2号程序命令中,仲裁员处理这些程序问题,被动地回答第一部分的问题,并保留在第二部分中作出裁决的权力。(Award 2000-2:111)

在(33)中,插入部分由被申请人的请求和仲裁员的审议和回复构成,因此形成了典型的"问题—回复"的对话式模式。被申请人的声音——通过改述发出——由"请求"的动词形式引出,而仲裁员的裁定仅以总结的形式进行转述:"被动地回答第一部分的问题"。就被申请人的转述声音而言,需要注意的是,虚拟语气仅在引用动词"请求"出现的情况下才使用,这能让话语的言外功能变得明确。在下一个例子中,将呈现另一种特别的模式,即其中一方被申请人通过三类论证意见来支持自己的主张(在主张不存在有效的仲裁协议的情况下):

(34) 被申请人对此提出了三方面的意见:首先,被申请人提出双方之间从未订立过任何合同;其次,被申请人辩论称,干涉本事项并最终向被申请人发送文件的原告代表没有可约束委托人(即原告)的有效权利;最后,被申请人提出,由于适用于1958年6月10日在纽约签订的《承认及执行外国仲裁裁决公约》(下文简称为《纽约公约》),仲裁员作出的裁决因缺乏有效的仲裁条款将不具有执行力。(Award 2000-2:111)

为实现文本的连贯性,利用威利希(Werlich)(1976/1982:155)所称的数字介绍("被申请人对此提出了三方面的意见"),首先以动词转变的名词"意见"来归纳被申请人的论证,接着完全通过改述来进行陈述。根据我们对转述信号的分类(上文"语言转述"这一节中的内容),在所有使用的动词中,只有"争论"一词含有明确的言外含义,给出被申请人言论的论证力。然而,结合顺序形式("首先""其次"和"最后")的使用实现了结构性排比的效果,而且"主语+引用动词+that从句"模式重复出现,也给中性动词"主张"传达了论证价值。

定量分析显示,使用与被申请人及原告相关的话语的论证动词是重复出现的模式。动词类型从仅具有言内价值的转述语言的中性信号(提出、断言和确认……)到根据在论述上下文中所发挥的作用对最初的话语行为进行解释的类型(辩称、坚持认为和反对……)丰富多样,这是上文对引用动词进行回顾后可以预见的内容。下文的例子进一步阐释了这个要点:

> (35)被申请人解释道,原告在8月18日的传真中表述了在合同中插入"和/或90天内直接付款"这一付款条款的意愿,而被申请人在未了解的情况下签署了8月20日发出的"订单确认函",并通过传真回复。(Award 2000-2:112)

被申请人还指出,在截至9月14日还未按照合同条款开具信用函的情况下,原告也未对此作出任何反应。因此,被申请人总结,根据这些事实要素以及被申请人于9月9日收到原告寄出的合同原件后未返还正式签署的合同原件的补充事实,双方未订立任何合同,因此也未对仲裁协议达成任何一致意见。(Award 2000-2:112)

"解释""表达[意愿]""指出"和"总结"这些动词解释了每个表达的功能,显示出这些内容是被申请人辩护的部分内容,用于论证他/她认为不存在有效的仲裁协议的想法:"解释"和"指出"这些动词标志着后面的内容可被解释为他/她的结论的理由,动词"解释"的使用也明确表达了这一点。"表达意愿"的情况则更加清楚地表明相较中性的动词,这些"解释性"动词可以指引读者清楚理解文本所发挥的作用。如果将该信息与下文展现的裁决前的摘要对相同情形的转述进行对比,可以明显发现这一点。

(36)买方 S 联系卖方 D,意欲向其购买一定数额的某种工业产品。8 月 18 日,D 通过传真与 S 确认,根据传真提及的规格和条件向其销售一定数额的产品。规定的付款条件是"装船日后 90 天内不可撤销的信用证"。[……]S 总裁 A 先生在传真中就付款条件写道:"和/或 90 天内直接付款",在传真上加签并于 8 月 18 日或之后不久发送给 D。(Award 2000-2:107)

被申请人在传真上添加了"和/或 90 天内直接付款",成为当前存在争议的购买条件。提及"和/或 90 天内直接付款"这个短语的方式非常忠实地表达了最初的沟通交流,并不试图以起草人的角度进行调解或解释:"S 总裁 A 先生在传真中就付款条件写道:'和/或 90 天内直接付款'"。如果与摘录(35)("表述了在合同中插入'和/或 90 天内直接付款'付款条款的意愿")使用的转述策略进行对比,可以明显看到摘录(35)因以起草人的角度进行调解而更为清晰。此处"和/或 90 天内直接付款"的表达应根据原作者的意图进行解释,即原作者为修改合同而在合同中添加了这个短语。摘录(35)也非常能代表裁决中各种声音重合的复杂性,因为在裁决中可确定三层声音:第一层是起草仲裁、描述事实(以第三人称提及原告和被申请人)的仲裁员的层级;第二层是仲裁参与方对事实的转述(仲裁员从中获得自己的描述),以及他们的主张和反对内容;第三层是仲裁参与方之间的原始协议,在本案中指的是在被申请人自己的转述声音中不断地被提及的合同("被申请人还指出截至 9 月 14 日还未按照合同条款开具信用函")。

截至目前进行了深入的定性分析,该分析不可避免地以简要的方式展示了裁决中常用的间接引语(特别是在改述和归纳中)的间接形式。事实上这些形式更易插入仲裁员的论述行文中,而且两者都围绕相同的指示中心开展,因此这种使用的偏好也就可以理解了。同时,这些形式允许作者对原文话语的言外之力添加个人理解,这样可以引导读者按其预期理解文本。如下文摘录举例说明的那样,这类仲裁裁决也证明了直接引语的形式,特别是部分引用:

（37）被申请人指出合同第 17 节还规定："本合同共两份正本，以英文书写"。(Award 2000-2：125-126)

部分引用一般不仅用来表示逐字引用话语,而且将引用文本片段的责任归因到他人身上,同时在形成语言转述时增强准确的印象。这两种使用可以同时在仲裁裁决中找到:如上文摘录(37)对合同第 17 节的部分引用那样,当转述之前的文件的特定部分时采用逐字引用的功能。在这种情况中,被申请人逐字引用合同的内容,以此支持他/她认为自己与原告之间不存在有约束力的合同的主张:第 17 节(通过说明"共两份正本")将合同称为"正本",被申请人用这个事实支持自己的观点,即既然她/他从未返还正式加签的正本,那么她/他并未依法订立合同。

下文是原告与被申请人之间通信的部分引用转述摘要：

（38）"之后原告,'在此前于 8 月 18 日发出的传真和此前的电话沟通后',于 8 月 21 日通过传真向被申请人发送了合同,要求后者'[被申请人]签署并为承诺而返还正式加签的合同'"。(Award 2000-2：127)

仲裁员旨在忠实地引用买方已经加签的文件(在合同的书面版本通过快递送达前通过传真发送的合同),因此此处使用部分引用顺理成章。

另一方面,下文的摘录很好的显示了部分引用的疏远功能：

（39）在本案中,有人可以轻松地陈述仲裁协议因如下两个事实成立：(i) 原告于 8 月 21 日向被告发送了传真,其中附上的"订单确认函"复制了所述的仲裁协议的文本,作为对被申请人于 1998 年 8 月 18 日发出的购买订单的确认,以及(ii) 被申请人向原告返还了所述的传真,在"承诺"的条款上签名。[……]被申请人未返还加签的原告于 9 月 9 日通过快递寄出的信上所附的"正本"协议,但不管在何种情况下,这仅是只供原告"参考"而再次发送的"订单确认函",因此不会产生影响。(Award 2000-2：124)

在这种情况下,间接引用被用来提及纠纷存在争议的两个方面,即"订

第十一章
仲裁裁决中的声音:复调和语言转述

单确认函"和合同的效力。就前者而言,仲裁员似乎将自己与仲裁双方选择且对被申请人的辩论有利的"订单确认函"的主张疏远开来,表明更愿称其为"合同",如下列陈述表明的那样:

(40) 8月21日,卖方D的M先生为确定产品的具体数量,以"订单确认函"的形式向S传真了一份合同,请求S"为承诺"返还"正式加签的合同"。(Award 2000-2:108)

通过插入逗号说明"订单确认函"这种表达来自仲裁双方,而仲裁员认可"合同"这一词语,并在接下来的评论中抓住机会强调双方有时将"订单确认函"称为"合同"("订单确认函(有时也被双方称为合同)日期为8月20日,由K先生代表D签署")。

就(39)提及的存在争议的第二个方面,仲裁员极少引用"正本"一词来指代合同,表明她/他不赞同将形容词归属于"唯一有约束力的文件"这种隐含意义,因为这只是被申请人使用的表达。事实上,被申请人认为是原合同(她/他没有签署的),但仲裁员并不这么认为,仲裁员认为加签的传真已经具有法律效力。

尽管可以相当自然地发现仲裁双方的声音在裁决中以语言转述的形式"说话",因为双方的争论是仲裁员进行论述的基础,但有时仲裁员自己的声音如我们在上文提及的那样并不使用指示词,也没有任何属性工具来引入指示词。显然,这种声音默认是全文的叙述/主导声音。下文的例子说明了这种情况:

(41) [这里]根据符合瑞士法的实质,因此仲裁协议有效的条件已经充分[……]。(Award 2000-2:114)

(42) 因此,被申请人没有说明构成问题的合同有效性需符合书面形式。因此,拒绝采纳相关的反对意见。(Award 2000-2)

其他情况使用了无人称形式(上文"引用动词和引用名词"一节),暗示引用声音属于仲裁者。在下文的例子中,(43)和(44)使用it引导词结构作出了论述,(45)使用无施事被动式,而(46)使用无人称主语"有人":

(43)顺带值得提及的是仲裁双方在各自的辩护词中适用那项法律,对这个问题做出了辩论。(Award 2000-2:118)

(44)总而言之,可以说原告代表向被申请人发出的所有沟通内容应被视为得到了原告的批准。(Award 2000-2:125)

(45)事实上,可以考虑的是,最晚至10月16日,原告批准了合同,当时原告通过被授权的己方律师,要求履行合同授予被申请人一定的期限来履行自身的义务。(Award 2000-2:120)

(46)在本案中,有人可以轻松地陈述仲裁协议因如下两个事实成立:(i)原告于8月21日向被告发送了传真,其中附上的"订单确认函"复制了所述的仲裁协议的文本,作为对被申请人于1998年8月18日发出的购买订单的确认,以及(ii)被申请人向原告返还了所述的传真,在"承诺"的条款上签名。(Award 2000-2:116)

不过,也有直接指示仲裁员声音的情况,如下文的例子:

(47)因此,仲裁员考虑,这个特殊问题不影响仲裁协议的效力,而且只需要用本案的法律依据进行检验。(Award 2000-2:115)

(48)然而,仲裁员认为,适用由一位首屈一指的法学家制定的假设是恰当的行为:[……](Award 2000-2:152)

(49)就仲裁员的想法而言,被申请人在原告8月18日传真的付款条件上增加了"90天内直接付款"的条件,确实改变了要约的内容,因为可以从被申请人的口头陈述中了解到他至少在一开始就明确表达不想将信用证作为唯一的付款方式。因此,被申请人对原告8月18日传真的回复不可被视作在上述规定含义内作出了承诺。(Award 2000-2:1275)

例子(47)至例子(49)明确展示了仲裁员是引用声音的来源,这或者通过间接引语("考虑""认为"),或者通过插入引语("就仲裁员的想法而言")来实现,是在不同形式("仲裁员认为""据原告称""根据第6条"等)中频繁使用的一种引用工具。

第十一章
仲裁裁决中的声音：复调和语言转述

无论使用何种形式,值得注意的是,所有作为引用话语的形式进行论述展示的例子,大部分并非真正的引用。尽管仲裁中插入了大量仲裁参与方在另一个上下文(双方最初的协议、在最终起草裁决前的口头听证会)讲述的话语,但仲裁员的审议出现在裁决本身中,事实上并非"二次烹饪"(Halliday 1994：253),即它们并非再度阐述的结果。在这些例子中,正常具有引用功能的工具以变化论证的方式用于引入陈述,即确定后文为法官的判决。这样就造成了仲裁员声音中的不持续性——彼时的目的是陈述事实,后文则转入审议的目的。

结 语

本章有助于确定在仲裁裁决中出现的各种声音的关系,特别是对语言引用的检验。本项研究根据国际仲裁裁决的语料库,证实这类文本题材存在高频的复调特征,同时凸显了大量存在引用语言的现象。

我们的分析系统地将语言引用作为一项独特的论证特点展开调查,广度上借助语料库进行研究,深度上选取具有代表性的例子对特定裁决进行深入分析。语料库的分析方法让我们概括了解这类文本体裁进行语言引用最典型的方式,阐明裁决的文本建构中各种声音的说服力。深入细致阅读文本能让我们在富含意义的文本内观察各种声音的复杂结构,观察它们的功能和正式的引用方式。

鉴于由此开展的分析,我们可以提出一些观察结果。首先,各类文学和学术题材中使用的所有引用技巧都可在仲裁裁决中找到。改述是截至目前使用频率最高的形式,以至于它们被认为是裁决中没有标志的语言引用策略,原因可能是它们在不转换指示中心的前提下,适宜容纳在仲裁员论述中出现的多层声音。然而,归纳、引用和部分引用也相当常用,甚至自由改述和自由引用(不过较少出现,而且与文学文本或报道文本的联系更强)也会偶尔出现。引用的内容通常是某部法规的一节内容或是对具体案件有影响的任何其他法律来源,或是在争议出现前双方起草和/或协商一致的文件,目的是令当事方对自己此前所作的承诺负责。无论哪一种情况,使用逐字引用的目的是支持仲裁员的推理以及确保裁决。

第二,我们观察到这些形式的分配存在规律:仲裁双方的意见一般以主动态的引用动词引入,通常偏好使用具有特定语外价值的动词;甚至在使用仅具语内含义的动词时,这些动词也通常在赋予他们论证力的上下文中使用。这明显地反映出仲裁涉及参与方的诉讼立场。至于仲裁员或仲裁庭的声音,当有标志明确这样的使用时,倾向用改述,有时连续用自由改述,一般由含有言外含义的动词作出指示,表达立场、观点和决定,不过由于频繁使用非人称形式,效果被弱化了。

第三,就区别具言内含义的动词和具言外含义的动词时,由中性引用动词引入的逐字引用因最大程度降低曲解的几率,因此能更加清楚地传达原文的信息,不过我们的分析显示事实上情况并非如此。考虑到裁决中各种声音的关系非常复杂,忠实地逐字再现原文语言不一定有助于理解,而仲裁员使用归纳或改述等手段进行更多的解释,特别是在与具言外含义的动词相关时,可能更有助于理解,增强了可读性,人为因素更多,同时解释效果更好。

参考文献

Amossy, Ruth (2000): L'Argumentation dans le discourse. Discours Politique, Littérature d'Idées, Diction, Paris, Nathan.

Azuelos-Atias, Sol (2010): *A Pragmatic Analysis of Legal Proofs of Criminal Intent*, Amsterdam, John Benjamins.

Bakhtin, Mikhail M. (1929/1984): *Problems of Dostoevsky's Poetics*, edited by Caryl Emerson, Minneapolis, MN, University of Minnesota Press.

Bakhtin, Mikhail M. (1981): *The Dialogic Imagination: Four Essays*, edited by Michael Holquist, translated by Caryl Emerson and Michael Holquist, Austin, TX, University of Texas Press.

Barbéris, Jeanne-Marie, Bres, Jacques, Lafont, Robert and Siblot, Paul (2003): Praxematics: A Linguistics of the Social Production of Meaning, *International Journal of the Socioloogy of Language*, No. 160, 81-104.

Bres, Jacques (1998): Entendre des Voix: de quelques marqueurs dialogiques en francais, Legrand Réé, Madray, Francoise and Siblot, Paul (Eds) *L'Autre en Discours* [The Others in Discourse], 191-212.

Bres, Jacques (1999): 'Vous les Entendez?' Analyse du Discourse et Dialogisme['Can you Hear it?' Discourse Analysis and Dialogism], *Modéles Linguistiques*, Vol. 20, No. 2, 71-86.

Bres, Jacques and Nowakowska, Alexandra (2005): Dis Mio avec qui tu 'Dialogues', je te Dirai qui tu est … De la Pertinence de la Notion de Dialogisme pour l'Analyse du Discours [Tell Me Who You 'Dialogise' With, I'll Tell You Who You Are … About the Relevance of the Notion of Dialogism for Discourse Analysis], *Marges Linguistiques*, No. 9, 137-53. Online at ⟨http://www.revue-texto.net/Parutions/Marges/00-m1092005.pdf⟩, accessed 10 October 2011.

Calaresu, Emilia (2004): *Testuali Parole. La Dimensione Pragmatica e Testuale del Discoreo Riportato* [The Very Words. The Pragmatic and Textual Dimension of Reported Speech], Milano, Franco Angeli.

Calsamiglia, Helena and Löpez Ferrero, Carmen (2003): Role and Position of Scientific Voices: Reported Speech in Media, *Discourse Studies*, Vol. 5, No. 2, 147-173.

Dendale, Patrick (2006): Three Linguistic Theories of Polyphony/Dialogism: An External Point of View and Comparison, *Sprogli Polyphony Arbeitspaperen*, Vol. 5, February, Roskilde, Institute for Sprog og Kultur, Roskilde Universitetscenter. Online at ⟨http://webh01.ua.ac.be/dendale/Articles/Dendale2006PolyphonyRoskilde.pdf⟩, accessed 10 November 2010.

Ducrot, Oswald (1984): Le Dire et le Dit[Saying and Said], Pairs, Les Editions de Minuit.

Ducrot, Oswald (1986): Charles Bally et la Pragmatique[Charles Bally and Pragmatics], *Cahiers Ferdinand Saussure*, No. 40, 13-37.

Failclough, Norman (1922): *Discourse and Social Change*, Cambridge, Polite Press.

Gulich, Elisabeth (1978): Redewiedergabe im Franzosischen. Beschrei-bungsmoglichkeiten im Rahmen einer Sprechakttheorie[Reported Discourse in French, Description Options within the Framework of Speech Act Theory]. In Meyer-Hermann, Reinhard (Ed.) *Sprechen-Handeln-Interaktion* [*Speech, Negotiation, Interaction*], Tubingen, Max Niemeyer, 49-101.

Halliday, Michael A. K. (1944): *An Introduction to Functional Grammar*, London, Edward Arnold.

Hickman, Maya (1933): The Boundaries of Reported Speech in Narrative Discourse: Some Development Aspects. In Lucy, John A. (Ed.) *Reflexive Language: Reported Speech and Metapragmatics*, Cambridge, Cambridge University of Press, 63-90.

Leech, Geoffrey N. and Short, Mick (1981): *Style in Fiction*, London, Longman.

Li, Charles N. (1986): Direct Speech and Indirect Speech. In Coulmas, Florian (Ed.) *Direct and Indirect Speech*, Berlin, Mouton de Gruyter, 29-45.

Lukka, MinnaRitta and Markkanen, Raija (1997): Impersonalization as a Form of Hedging. In Markkanen, Raija and Schröder, Hartment (Eds) *Hedging and Discourse: Approaches to the Analysis of a Pragmatic Phenomenon in Academic Texts*, Berlin, Walter de Gruyter, 168-87.

Mazzi, Davide (2007a): *The Linguistic Study of Judicial Argumentation: Theoretical Perspectives Analytical Insights*, Modena, Edizioni Tl Fiorino.

Mazzi, Davide (2007b): Reporting Verbs: A Tool for a Polyphonic Analysis of Judgments. In Echlich, K. and Heller, Dorothée (Eds) *Studien zuir Rechskomminikation*, Bern, Peter Lang, 31-55.

Mazzi, Davide (2008): La Sentenza come Genere Argomentativo: Unariflessione linguistica [The Judgment as an Argumentative Genre: Linguistic Reflections]. In Garzone, Giuliana and Santulli, Francesca, Il linguaggio Giuridico, [*Legal Language. Interdisciplinary Perspective*], Milano Giuffré Editore, 239-62.

Mayes Patricia (1990): Quotation in Spoken English, *Studies in Language*, Vol. 14, No. 2, 325-63.

Mortara Garavelli, Bice (1985): *La Parola d'Altri* [*Other People's Words*], Palermo, Sellerio.

Nolke, Henning (2006): Pour une Théorie Linguistique de la Palyphonie: Problemes, avantages, perspectives [For a Linguistic Theory of Polyphony: Problems, advantages, perspectives]. In Perrin, Laurent (Ed.) *Le Sens et Ses Voices. Dialogism et Polyphonie en Langue et en Discours* [*Meaning and its Voices. Dialogism and Polyphony in Language and Dis-*

course], Mets, Universite Paul Verlaine, 243-69.

Nolke, Henning, Flottum, Kjersti and Norén, Coco (2004): *ScaPoLine. La Théorie Scandinave de la Polyphonie Linguistique*[ScaPoLine. *The Scandinavia Theory of Linguistic Polyphony*], Paris, Editions Kimé.

Quirk, Rndolph, Greenbaum, Sidney, Leech, Geoffrey and Svartvik, Jan (1985): *A Comparative Grammar of the English Language*, London, Longman.

Scott, Mike (2004) *Wordsmith Tools 4.0.*, Oxford, Oxford University Press.

Sinclair, John (1986): Fictional Worlds. In Coulthard, Malcolm (Ed.) *Talking About Text: Studies Presented to David Brazil on his Retirement*, Birmingham, English Language Research, University of Birmingham, 43-60.

Sternberg, Meir (1982): Point of View and the Indirections of Direct Speech, Language and Style, Vol. 15, No. 2, 67-117.

Tannen, Deborah (1988): Hearing Voices in Conversation, Fiction and Mixed Genre. In Tannen, Deborah (Ed.) *Linguistics in Context: Connecting Observation and Understanding*, Norwood, NJ, Ablex, 89-113.

Thompson, Geoff (1994): Reporting. *Collins COBUILD English Guides 5*, Birmingham, Collins COBUILD.

Thompson, Geoff (1996): Voices in Text: Discourse Perspectives on Language Reports, *Applied Linguistics*, Vol. 17, No. 4, 501-30.

Thompson, Geoff (2001): Interaction in Academic Writing: Learning to Argue with the Reader, *Applied Linguistics*, Vol. 22, No. 1, 58-78.

Thompson, Geoff and Yiyun, Ye (1991): Evaluation in the Reporting Verbs Used in Academic Papers, *Applied Linguistics*, Vol. 12, No. 4, 365-82.

Werlich, Egon (1976/1982): *A Text Grammar of English*, Heidelberg, Quelle und Meyer.

Yovel, Jonathan (2010): *Language and Power in a Place of Contingencies: Law and the Polyphony of Lay Argumentation*. Yale Law School of Faculty Scholarship Series, Paper 32. Online at 〈http://digitalcommons.law.yale.edu/fss_papers/32〉, accessed 10 November 2010.

引用的裁决

1999-1. Final award in case no. 10060 of 1999. *Yearbook Commercial Arbitration*, A. J. van den Berg (ed.), Vol. XXX (2005), 42-65.

1999-6. Final award in case no. 9466 of 1999. *Yearbook Commercial Arbitration*, A. J. van den Berg (ed.), Vol. XXVIIVII (2002), 170-80.

2000-2. Final award in case no. 10329 of 2000. *Yearbook Commercial Arbitration*, A. J. van den Berg (ed.), Vol. XXIX (2004), 108-32.

2001-1. Final award in case no. 9762 of 2001. *Yearbook Commercial Arbitration*, A. J. van den Berg (ed.), Vol. XXIX (2004), 26-45.

2001-2. Final award in case no. 9771 of 2001. *Yearbook Commercial Arbitration*, A. J. van den Berg (ed.), Vol. XXIX (2004), 46-65.

2001-3. Final award in case no. 11443 of 2001. *Yearbook Commercial Arbitration*, A. J. van den Berg (ed.), Vol. XXX (2005), 85-9.

2002-1. Final award on jurisdiction in case no. 10904 of 2002. *Yearbook Commercial Arbitration*, A. J. van den Berg (ed.), Vol. XXXI (2006), 95-116.

2003-2. Final award in case no. 11440 of 2003. *Yearbook Commercial Arbitration*, A. J. van den Berg (ed.), Vol. XXXI (2006), 127-47.

2003-1. Final award in case no. 11849 of 2003. *Yearbook Commercial Arbitration*, A. J. van den Berg (ed.), Vol. XXXI (2006), 148-71.

第十二章
美国与意大利的在线纠纷解决机制比较

〔意〕拉里萨·丹吉洛(Larissa D'Angelo)

引　言

当谈及"ADR"(替代性纠纷解决方式)这个首字母缩写词时,我们指的是那些不借助一般司法渠道、用于解决争议的那些所有程序。仲裁和调解是替代性纠纷解决工具的例子,各种技巧开始在这些工具中得到使用。目前诸多国家都在适用这些模式,它们也成为司法体系不可或缺的部分。

这些替代性程序的产生与传播受到许多原因的影响,不过因所在国家的不同而有所差异,且具有独特性。例如在美国,人们一开始认为替代性纠纷解决方式是一项工具,目的是捍卫那些出于经济或种族原因而无法负担法庭这种高价且耗时的司法渠道的对象的权利(Maggipinto 2006)。

在意大利,人们担忧的根本性原因是一般的司法渠道面临无法及时有效地解决争议的危机,尤其是与电子商务有关的争议。在电脑技术特别是互联网出现后,我们见证了在线解决全部或部分争议的程序的诞生。这种新现象在美国比较普遍,近几年也广泛出现在欧洲,它的简称是"ODR"(在线纠纷解决方式)。解决纠纷的传统方式已经不能满足以快捷与效率为基础的新经济。商业交易的跨国性质,法庭案件又缓慢耗时,以及传统司法渠道所需的费用上升,这些原因导致市场和运营者们开始使用更加实用、更加迅速且更具效率的替代性机制。

第一批试验首先在美国的大学或非营利性组织中开展。随后,在线纠纷解决的新兴模式在市场的所有部门中得到广泛扩散,特别是在虚拟市场中。事实上,目前世界上最常用的在线纠纷解决服务由美国 SquareTrade 公司提供,该公司代表易趣(eBay)管理争论的解决程序。由于该项合作,SquareTrade 得到迅速发展,仅在五年的时间里就处理了 150 多万件纠纷,其中得到解决的纠纷达 20 多万件(Maggipinto 2006)。

尽管在意大利使用在线纠纷解决方式的人数较少,不过人员的扩散呈现持续积极的增长态势。近几年来,这一现象的受欢迎程度不断上升。特别是在 2000—2003 年,设立后旨在推广在线纠纷解决系统来解决在线纠纷的网站迅猛增长。刚出现时,有人认为在线纠纷解决方式过于新颖,短期内注定消失,也有人认为这种方式只适合特定案件(Sali 2003)。然而,即使面对这种批评意见,在线纠纷解决方式仍不断取得发展,并得到意大利用户越来越多的关注。虽然它被认为是一种能够克服地理障碍、更为快捷便宜的工具,意大利消费者似乎仍然倾向于传统调解与仲裁的做法(Katsh and Wing 2006)。专家认为主要原因在于文化差异,而且事实上在线纠纷解决方式只使用书面语言,这使得建立权威的难度加大(Conley and Raines 2006;Hattotuwa 2006)。此外,在使用在线纠纷解决方式时,需要对远距离的沟通工具有一定的熟悉程度。

在这种背景下,本章分析从替代性纠纷解决方式到在线纠纷解决方式的演变,并集中分析意大利与美国的在线纠纷解决方式实践,将其与传统的仲裁、诉讼和调解开展比较。除聚焦在线纠纷解决方式程序的关键时刻外,本章也将特别关注与这一现象相关的文化特征与符号特征。

从替代性纠纷解决方式到在线纠纷解决方式

在过去十几年间,替代性纠纷解决方式在美国与欧洲的使用得到强烈且广泛的增强。这主要包括以下的方式:仲裁、调解与调停。

虽然替代性纠纷解决方式在欧洲被更广泛的使用,但这种替代性纠纷解决方式一开始是在美国一场"司法文化运动"中得到使用的(Bruni

2006)。

美国联邦政府早在1887年就已通过用以规范州际商业的《州际商业法》,倡导在商业中使用调解,同时建立了一种管理铁路公司与其员工间的工会纠纷的机制①。1925年,国会批准了管理商业合同纠纷仲裁的《联邦仲裁法》。近期,联邦法院规定仲裁作为工会冲突、违反民事权利的行为、退休金欺诈以及反垄断案件的解决方式。

不过,在二战后的一段时间里,主要是在20世纪60年代初,调解与仲裁在北美得到大力发展。1998年,《权利法案》(有关冲突解决的)第28号修正案被修改,确定在诉诸法庭这种传统司法渠道前必须首先使用替代性纠纷解决方式,使得通过这些程序得到解决的案件数量得到了持续增长。在这一成功的影响下,欧盟及其他一些国家也开始起草临时的法律干预文件,规范替代性纠纷解决方式的主要特征(Bruni 2006)。

在意大利,调解与仲裁是在替代性纠纷解决方式中得到最广泛使用的工具,由于它们被证实能够满足不同的功能需求,因此在用户中越来越受欢迎。仲裁是公司采取的一种传统纠纷解决机制,为一般的法庭案件提供了强有力的替代方式。通过这种程序将达成一项仲裁裁决,与初审法官的判决具有同等约束力。这一纠纷解决机制特别得到中小型企业的认可(Sali 2003)。不过,由于正式的仲裁也需消耗与诉讼类似的时间与开销,因此参与方经协商达成协议的商业调解成为最具吸引力的替代性纠纷解决方式。在这种程序中,调解员是中立方,努力帮助参与方探索并分析纠纷涉及的真正利益,最终使得参与方达成协议。他/她也会确定参与方各自立场的差异,在不施加决定的前提下引导他们解决纠纷。

调解与调停这两个术语常常作为同义词使用,这两个概念表示通过一个中立第三方的中立参与以非正式合作的方式解决争议。事实上,根据调解与调停的专业特征、所使用的技巧和策略以及在各自领域工作的专家的

---

① 一直以来,人们倾向于将替代性纠纷解决方式在美国的诞生与1906年美国司法协会的会议挂钩,会议期间罗斯科·庞德(Roscoe Pound)作了题为《民众不满司法监督的种种原因》的讲话,http://www.law.du.edu/sterling/Content/ALH/pound.pdf。

理论发展而言,它们有各自特定的适用领域。"调停"这个术语适用民事、商业和劳务问题,而"调解"这个术语更适合涉及家事纠纷及社会问题的程序(Uzqueda and Frediani 2002)。

在美国,替代性纠纷解决方式还包括仲裁和调解的混合形式。例如,辅助性调解、评估性调解、调解与仲裁相结合、先调解后仲裁、快速仲裁、高额—低额仲裁、大联盟底价仲裁、租用法官、私人裁判、小额索赔解决、争议评审委员会、早期中立评估、合作对话、简易陪审团审判与小型审判(Katsh 2000)。

近期,替代性纠纷解决方式在美国与意大利得到发展与传播的其中一项原因是,一般的小型案件会不可避免地拖延司法程序,而它们能够免除由此给法庭造成的负担。而立法文本的数量、复杂度与技巧性质也不鼓励人们使用传统的司法程序。特别就意大利的背景而言,这一不确定的情形由诸多相互联系的因素造成,例如,每项程序累计的数量庞大的材料、可用的结构不足以及对纠纷电脑化管理的熟悉度有限。总而言之,仍需处理的大量司法工作不可避免地妨碍了意大利的司法系统。

司法系统的复杂度在中小型遗产争议中的问题尤其突出,因为这些争议涉及单个的消费者;律师从有利裁决中得到的益处无法弥补进行民事程序所需的平均时间以及律师付出的成本。因此,消费者常常倾向于放弃他/她的权利。属于同一个合伙企业或者涉及积极经济关系的参与方间的诉讼也会产生消极后果。在法官面前重提纠纷可能导致经济关系的破裂,而这在庭外纠纷解决中是较不可能发生的情况。

在这一问题突出的背景下,替代性纠纷解决方式被证实发挥了重要的补充作用,因为它们不单纯是诉讼的替代方案,通常也更加适合特定类别的争议。此外,在替代性纠纷解决方式中,参与方可以选择解决的方法,在程序中发挥更为积极的作用。这种同感的方法使参与方在问题解决后更有可能维持商业关系。

经证实,替代性纠纷解决方式特别能积极回应中小型纠纷的需求,例如,在互联网上企业对企业(B2B)和企业对消费者(B2C)交易中的纠纷。电子商务交易迅速扩展,其中每笔交易都有可能引起纠纷(Hart 1999)。电

第十二章
美国与意大利的在线纠纷解决机制比较

子商务的增长很大程度上取决于是否有可能向消费者提供获取正义的便捷方式,以及是否可能利用在线环境带来的机遇,尤其是在线纠纷解决方式带来的机遇。

在线纠纷解决方式不但是解决"万维网"交易引起的纠纷最便捷、最新颖的方式,而且作为解决线下纠纷的方式也受到欢迎。这是因为在线纠纷解决服务能让用户克服时间和空间的障碍,使他们有可能进行便捷的交流,因此便于开展。自其诞生起较为短暂的历史中,在线纠纷解决机制不仅应用于企业对企业和企业对消费者的市场,而且也应用于消费者对消费者的交易中(Del Ninno 2008)。在这些环境下,消费者与商家都需要更加迅速可靠的工具来解决争议。

在线纠纷解决方式主要发挥如下功能:

- 协助谈判:双方通过在线纠纷解决服务供应商提供的自动系统交换预期的金额数目。在这种情况下,不存在旨在帮助参与方解决争议的中立方。
- 在线调停或调解:在第三方调解者在场的情况下,参与方通过电子邮件或者聊天区开展交流,调解者帮助他们达成协议。这种模式与面对面调解的传统模式最为相似。
- 在线仲裁:参与方依赖仲裁员的决定,仲裁员不仅帮助他们达成协议,而且制定裁决。通过在互联网上交流所有的相关文件后,程序得以开展。如果在线调解以参与方之间的对话为基础,那么参与方主要通过在线仲裁在网络上交流文件。

本章的下节内容全面地呈现了与在线纠纷解决方式相关且最为有趣的创新和体验。分析将特别阐释、评估并比较意大利和美国的消费者与商家可获得的新程序以及在线纠纷解决方式的新供应商。

美国的在线纠纷解决方式

据说在线调解首次于1996年7月初在美国使用。一位堪萨斯州的电脑爱好者设立了一个网站,引用来自广播、电视和当地报纸的信息在网站上发布当地新闻。在1996年春的某一天,当地平面媒体的编辑和他联系,指控他侵犯了版权。这位爱好者暂时关闭了网站,但他认为自己此前的行为是合法的,为此他咨询了法律意见。在得到一系列前后不一致、不能令人满意的答复后,他联系了几个月前由位于艾摩斯特市的马萨诸塞大学信息技术和纠纷解决中心建立的学术在线纠纷解决试验项目,即在线监察员办公室(OOO)。伊森·凯慈(Ethan Katsh)和珍妮特·里夫金(Janet Rifki)是在线监察员办公室的创立人,同时也担任该纠纷的调解者。

两位主要通过电子邮件与这位爱好者和编辑沟通,协助他们达成了协议。过了段时间,报纸发布了自己的网站,而那位爱好者也再度运营自己的网站,在网络空间中和平共处。这项程序从提交纠纷到达成协议消耗了不到一个月的时间,这也是大家认为第一起通过在线纠纷解决方式得到解决的案件。

1999年,一系列互联网企业意识到在线纠纷解决方式中存在商业机遇,而且通过现有的在线替代性纠纷解决机制启动了大量的活动与试验。这些行动可能各不相同,不过它们都了解网络空间可能是一个有趣的地方,对有些人来说可能是有利可图的地方,但这不可能是一个和谐的地方。

最早期的在线替代性纠纷解决项目一般都与大学有关。最知名的项目当属最初位于维拉诺瓦大学的虚拟治安官项目。该项目设立于1996年,旨在仲裁互联网服务供应商和订阅者之间的纠纷。在线监察员办公室初期得到国家自动信息研究中心的支持。其他早期项目包括最初命名为"网络法庭"的电子革命以及解决论坛。其他几个企业也加入到这些非营利项目,其中一些目前也处于活跃状态。除"互联网中立"外,所有项目都设立于1999年,因通过网络使人与机器连接后开启一些有趣的争议干预应用的认识而得到启发。例如,网络解决(CyberSettle)、点击解决(ClicknSettle)和在线和解(SettleOnline)都依赖参与方有能力通过网络向机器提交电子解决提议,并且使用软件比较争议方提交的保密报价。如果报价在某一范围内,机器将折中数值来终止纠纷。当提议内容相差甚远时,机器将对提议内容保密,在参与方不放弃任何内容的前提下,谈判将继续进行。这个程序以

第十二章
美国与意大利的在线纠纷解决机制比较

一组非常简单的计算结果为基础,但它特别有用,尤其是在一些例如保险公司/索赔人纠纷的领域,其中分歧都围绕金钱展开,而庭外调解一直是预期实现的结果。据共同创始人詹姆斯·伯切塔(James Burchetta)称,自1988年8月开始,涉及逾200万索赔额的5000多起纠纷都以这种方式得到解决。

"我—法庭之家"(I-Courthouse)由一位出庭律师成立,这位律师认识到一组人即使相隔甚远也能在网络上共同工作。出庭律师们都对陪审团的决定特别感兴趣,但是召集模拟陪审团的难度大、成本高。而"我—法庭之家"就是以召集在线陪审员为设立基础。针对提交的纠纷,陪审团可以向参与方就不同立场证明力提供反馈。对可能正在准备庭审的律师而言,"我—法庭之家"提供了庭审前花费低成本在一个小组前评估案件的机会。

Square Trade(参见 http://www.squaretrade.com)成立于1999年中期,在逾120个国家的80多万起纠纷中使用在线纠纷解决方式。它由三位麦肯锡公司的前咨询师和哈佛商学院的毕业生共同建立。Square Trade首次与世界最大的在线市场易趣合作,以处理买卖双方的纠纷,成为美国接收案件数量最多的在线纠纷解决服务供应商。2008年5月,squaretrade.com(Square Trade官网)宣布将不再受理想要通过在线纠纷解决方式解决纠纷的申请,而且目前将不再担任在线纠纷解决服务供应商。②

OnlineMediators.com(在线调解者官网)是由被高频率使用的调解信息与资源中心(参见 http://www.mediate.com)的创始人们发起,而WebMediate.com(网页调解官网)是由几位哈佛法学院学生创立的新公司。

网络解决和点击解决已经解决了许多涉及保险公司和索赔人的案件。

---

② 参见 http://www.squaretrade.com/pages/odr-disconnected。

209

意大利的在线纠纷解决方式

在意大利,在线纠纷解决方式由米兰仲裁院(对比 http://www.risolvionline.it)制定。由于这一程序旨在推动参与方之间的直接交流,因此它被定义为一种"开放模式"(Sali 2003:3);调解者有义务帮助参与方进行开诚布公的讨论并通过对话发现解决纠纷的恰当方案。

在非虚拟调解的传统模式中,为克服参与方之间的猜疑和分歧,调解者需掌握一系列的心理技巧,使他能够解读参与方的无声语言以及他们的态度、情感和瞬间反应。显然,在网络上再现这种模式面临一些难题,而且这些难题至少与现阶段的电脑技术有关。在线调解系统受这种开放模式启迪而形成,却因现有软件的有限"交流性"而受到局限。在虚拟环境的调停听证中,电子邮件沟通或聊天室是可用于尽可能再现这种特殊情境的唯一工具。就像现实中的仲裁机构所做的那样,调解服务供应商为参与方提供一个虚拟的会议室(解决室)以及符合标准、经验丰富的调解者。

在这项程序开始前,供应商在网页上提供一份由参与方填写的表格,要求填写启动调解的公司或人员的详细联系信息以及接受调解请求的人员/公司的详细联系信息。该表格也可交给代表客户或企业的律师。这项方式对金额未作限制:不论经济价值大小,任何争议均可提交申请服务。计划尝试调停的一方在网上填写并提交表格。除提供个人数据外,索赔人也必须从他或她的角度出发简要描述争议问题,添加任何必要的附件并描述争议的性质及金额。在调解程序开始阶段,索赔人也必须出示他或她的信用卡号码,因为必须事先支付程序费。在通过电子邮件收到填写的表格后,供应商联系对方并给他或她发送另一份表格,再次要求对方提供详细联系方式,并对解决问题作简要概述。

在线调解本质上具有自愿性,当服务经理联系对方而对方不同意参与时,那么将不会尝试调解。如果他或她同意,那么将指定一名调解者,确定会议的时间与地点,并预定一间交流室(只有参与方与调解者使用个人密码才能进入),这样程序就启动了。

参与方与调解者在此前安排的日期与时间登陆网站(参见 http://www.camera-arbitrator.com/concilliazione/),并填写在线解决所配置的调解案件的代码、密码和用户名。一旦建立参与方与调解者之间的虚拟联系,那么程序就再现了非虚拟调停的一般机制。调解者进行自我介绍,并请参与方也作自我介绍;之后请各方讲述己方认为的事实版本。调解者可能要求参与方作出进一步解释,由此将确定争议问题,起草一份解决提议。系统的设计方式使得参与方能够选择自己倾向的类型:与调解者进行排除他方的会谈(使用现有的"回复"指令),或者与所有参与方的会谈(使用"全部回复"指令)。

如传统调解所进行的那样,这个系统也能让调解者与各方进行单独交流,私下讨论有关争议最微妙、最保密的方面。虚拟系统必须像传统调解那样保证程序的保密性,确保谈判的隐私性,并且保证第三方不能获知所有交流内容。

在会议结束时,如果取得了积极的结果,那么调解者会通过邮件向参与方发送在线调解协议。必须打印、签署并以传真方式向在线解决服务供应商发送两份协议副本。服务供应商保留一份文件副本,并确保每位参与方都收到一份经另一方签署的副本。最后的操作具有必要性,因为只有这样在线协议才具有约束力,并具有根据法律可执行的真实合同的性质。

美国在线纠纷解决方式的前景

虽然在线纠纷解决方式作为替代性纠纷解决方式的子类或一种类型出现,提供了一种可行的"替代性纠纷解决方式的替代选择",但是直到今天,在线纠纷解决方式一直受到技术局限,一般只使用电子邮件或以聊天为基础的系统或方法,因此相对未受到重视。不过,在诉讼案件进行调解时,相较面对面的现场调解,这些电子邮件与以聊天为基础的非同步方法似乎因一系列原因而不具竞争力。

在线调解一般使用电子邮件或以聊天为基础的版本,用户通过电子邮件提出启动调解的调解申请,此时调解档案开启,但是这种方法并不能马上启动调解程序,或让用户立即与调解者或其他参与方进行视频或联系。相反,用户首先等待在线调解服务商开启档案,之后服务商通过电子邮件或其他的一些交流方式告知用户申请的结果。在建立借助电子邮件交流实现的非同步、存在先后顺序的调解前,用户需经历其他的准备阶段。之后用户点击提交按钮,填写并提交申请,在等待一段不确定的时间后了解申请的结果,随后再等待另一段不确定的时间,之后就可参与调解。在这类在线调解中,典型的调解是通过交换电子邮件来开展的。不过像在线解决的情况那样,调解也可能包含实时"聊天"区域、电脑共享的图像展示以及其他图像、无声语言。虽然可在这类在线调解中作出在线调解申请,进行无声、非同步及存在先后顺序的判定,但由于所有调解参与方之间缺乏充分同步的语音与视频联系,因此用户不能在网上快速有效地申请、启动并终结迅速的调解。此外,这类在线调解的用户还需等待是否开始流程的信息。接着,还要等待指定一位调解者,之后开始电子邮件的交流或面对面的会议。

鉴于早期以文本为基础、后期以聊天为基础的非同步在线调解的弊端,许多学者和评论者为在线纠纷调解方式提出了一系列的改革方案。专利待审同步视听在线即时调解方式由美国在线纠纷解决企业于2008年1月投入商业运营,该方式对在线纠纷调解方式的弊端作出回应。具有创造性的在线纠纷调解服务供应商呈现了在线纠纷调解方式的未来,因为服务商使用了先进但成本在可负担范围的技术。世界首起使用在线同步视听调解的民事诉讼于2008年1月8日进行。

同步视听在线即时调解方法提供了一项取得显著改进的在线调解方法。这使得调解者与所有其他参与方能够使用电脑、语音或视频交流方法或连入互联网,在现场同步的语音/视频在线调解方法中无间隙地提出申请并参与进来。这项程序在专业调解者在场时发生,此时调解者处于正常业务时间中的"上班"时间。该程序将视听连接整合到无缝实时的在线调解

第十二章
美国与意大利的在线纠纷解决机制比较

中,这样所有参与方都可同步看到并听到对方。所有参与方也可同步查看任何在线的证据材料、文档以及视听展示。

如果希望通过同步视听在线即时调解方法启动在线同步视听即时调解,那么必须通过电缆、数字用户线路、T1 或其他同等的互联网连接渠道将配备有网络摄像头的电脑和显示器连接到万维网。之后用户登入同步视听在线即时调解方法网站,点击按钮进入网站的同步视频——语音在线即时调解预约/订购表格页面。用户在这个页面上输入调解订购信息,同意服务的条件与条款,授权使用主要的信用卡支付调解费用,当用户在线提交表格后,此类付款以及信息将立即得到处理。

在批准订单时,用户将立即收到电子邮件,得到服务商接受调解订单的通知,而"在职"的调解者也将收到电子邮件并了解预约的调解。他或她将马上通知调解参与方即将进行的同步视频/语音在线调解。调解者告知各个参与方需在浏览器中输入的网址,从而马上进入在线调解会议。调解者也会提供一个共用的电话号码,作为同步视频会议的连接备选方案。

调解中的所有参与方都可以同步看到或听到对方,并可通过网上或电话的互联网电话供应商同时进行语音沟通。借助互联网电话供应商的服务,不论出现任何问题,都可使用电话语音连接。当参与方连接到调解者后,调解也就启动了。这个方法借助一个主要的虚拟"会议室"以及多个、额外的或者独立的虚拟"核心会议室",为促进调解谈判,调解者可在这些会议室与任何参与方单独会面,之后在参与方之间来回交流和/或再次加入所有参与方的讨论。在不干扰同步语音/视频在线调解连接的基础上,可根据需要采取多次来回交流和再次加入讨论的方法。

未来甚至有可能改进到面对面全息摄像调解,这将替代目前的动画语音形式。这项未来技术最终应该能让在线纠纷解决方式在事实上等同于个人面对面地调解,并可能引导在线纠纷解决方式成为替代性纠纷解决方式的一种主要形式。

如同在线解决的程序那样,不过同步视听在线即时调解方式采取一种更加自动化和即时的方法,如果达成了协议,那么调解者能够在线起草调解协议。这可在所有参与方见证下在现场进行，并可在现场编辑。

类似地，将制定并签署最终调解协议。在电子签名的帮助下，无须像意大利在线纠纷解决服务供应商那样打印并通过传真交换文件。

意大利在线纠纷解决方式的前景

米兰仲裁院提供的服务具有下列优势：通过使用电子邮件和传真，不能或不愿亲自会面的参与方有机会快速沟通，又不产生过多费用。这个系统也能让服务供应商指定经验丰富、准备充分的调解者，同时不让调解者担心差旅距离和费用，也不用担心租用设备进行调解的问题（Bordone 1998）。因此，在线纠纷解决方式的一个重要方面是，由于国际各方的争议解决速度并未因远距离而放缓，相反速度加快，因此国际商务关系得到了增强。就在线解决而言，45%的调解申请由外国客户提出，由此展现了在线纠纷解决工具在国际上的适用范围。在传统诉讼甚至有时在调解中，律师费用可能是最大的成本，不过在网络调解中，参与方因通常无须聘用律师而能降低成本。

电子邮件沟通具有非同步的性质，这也带来了多项益处。信息虽然不能现场发送，不过之后可以书写并发送。因为可随时书写、发布或回复电子邮件和网页发帖内容，参加网络调解非常便捷。在传统调解中可能出现的行程安排难题将不会出现于在线纠纷解决中；参与方能够在其做好准备且方便的时间参与谈判。在不影响调解进程的前提下，调解者可私下与一方或双方联系；与传统调解形成对比的是，争论者经历的闲置时间也类似地减少，因为调解者将时间关注在一方时，也不会浪费另一方的时间。正如梅拉米德（Melamed）（2002）所解释的那样：

> 经验丰富的调解者深谙非同步的益处。这很大部分是许多调解者与参与方召开"核心会议"（单独会面）的原因。调解者希望放缓程序，协助参与方取得更加适合的成果。放缓程序、协助参与方制定更加适合的贡献这个概念构成了核心会议的中心。互联网明确可以胜任一方

第十二章
美国与意大利的在线纠纷解决机制比较

核心会议的延伸,并且具有显著的便捷性和可负担性。互联网交流所需的阅读时间较短,客户也不用时刻想着专业费用的计时表一直在响。当在核心会议中使用互联网时,"非核心会议参与方"无须坐在等候室或图书馆阅读《时代》杂志或者因自己被无视而愈加愤怒。

也可以说,当事方在发送消息前编辑消息的能力产生了许多更加深思熟虑、精心细致的益处:"有时与面对面实时调解讨论中可能出现的'第一'(通常冲动的)反应形成对比,非同步互联网沟通具有编辑'最佳'沟通内容的优势"(Melamed 2002)。另一方面,由美国在线纠纷调解供应商提供的同步交流,可以让所有调解参与方像在面对面的会议中那样,现场听到或看到对方。这一优势极大地推动了现场的交流和反应,包括获得在其他在线纠纷调解形式中较少获得的重要"身体语言"和与情感相关的线索或观察。

上文讨论的全自动网络调解网站等许多网络调解机制全年无休,纠纷方可立即协商纠纷的解决方案,而不用长时间等待开庭日期。服务费用也与争议的金额相比较为合适。尽管需要通过付款启动调解程序,不过如果对方拒绝参与,那么将全额退款。

不过与传统调解或同步视听在线即时调解方式所适用的新兴在线调解体制相比,意大利的体制存在一些缺点。调解的实践的确不能在网络环境中得到完全的再现,因为网络空间不是物质世界的"镜像"。从情感、非语言角度来看,虚拟沟通不是特别具有"交流性"(至少目前是这样的)。当参与方能够面对面自由沟通时,谈判显然也更具效率。例如,以下内容被认为是谈判的一门重要艺术,即帮助参与方倾听并理解对方的忧虑,在相互间产生共鸣,发泄感受并直面情感:

> 对许多参与方来说,调解可以"发泄"在法庭等正式场合无法表达的感受及情感。对反对方直接讲述自己对案件的理解版本,并表达随之产生的情感,这样的机会对调解参与方而言可能具有类似泻药的发泄作用。(D'Zurilla 1997:1323)

例如,用电子邮件替换对话后,调解中就很难重视情感了。此外,不借助视频与语音的在线交流系统(网络摄像头)而进行的在线沟通不能展现参与方多变的语气、音高和音量,也不能展现性格特质或身体暗示。因此,这就加重了评估特定参与一方的灵活性或一方对特定问题所持情感或信心强度的难度。有些作者(Katsh et al. 2000)论证说,网络调解缺乏个人存在感,加大了调解者持续有效控制谈判方的难度:

> 在不表达控制性以及评判性的同时,调解者管理或控制反应语气的难度因网络媒介增大,至少在电子邮件的环境中是这样的。至少在开始阶段,调解者展现的是无实质的声音,不能借助她自身的个性来令参与方感到自在并创造一个适宜持续问题解决的环境。类似地,在缺乏纠纷方亲自在场的情况下,调解者很难利用作为面对面调解程序一部分的身体语言、面部表情和声音音调中的直觉性暗示。(2000:714)

行业的专家都认为这个模式存在不足,并相信有必要引入类似美国那样提升语言沟通层级的新做法。尽管目前还未分析同步视听在线即时调解方式等高度自动化的在线纠纷解决方式所带来的影响,不过显然可以从扩大视频与语音沟通中获得改善,因为这些沟通可以实现参与方与调解者间的远距离虚拟沟通。凯慈(1996:971)还讨论了另一个重要的问题,即保护在线纠纷解决方式中的保密材料的问题。传统的调解不一定产生实体记录,而在线调解却一定会产生实体记录。这有可能让一方在不告知对方的情况下轻而易举地打印并分发电子邮件的沟通内容。这有可能妨碍网络调解中开展开诚布公交流的进程。最后,当互联网成为调解开展的主要媒介,让意大利用户熟悉信息技术将成为一个根本问题。为利用在线纠纷解决方式的优势,用户必须能够管理必要的软件和硬件,从而进行在线聊天,发送电子邮件和传真,以及偶尔使用网络摄像头。

由于这些原因,米兰仲裁院提供的"在线解决"(RisolviOnline)在开始时就遇到难题,直到现在才收到来自消费者和企业的积极反馈。在过去几年时间里,许多向"在线解决"提交的申请在线调解的请求都与"在线解决"

第十二章
美国与意大利的在线纠纷解决机制比较

的调解范围无关。这有可能是因为,虽然这项新颖的服务事实上得到了清楚的解释,但意大利的万维网用户对这项服务的范围、性质和程序却并不熟悉。根据"在线解决"在线发布的数据报告③,2007 年提交了 117 项在线调解服务的新申请。与 2003 年提交的 16 项申请进行比较,可谓成果显著。另一方面,当我们细看米兰仲裁院的最新数据时,我们发现在 2007 年提交的 117 项新申请中,只有 8 位当事人同意参与在线纠纷调解,而 31 位当事人决定在程序外商讨协议。虽然申请的总数目一直处于上升趋势,在线纠纷解决也得到了越来越多公众的了解,但是可以注意到,即使"在线解决"自 2002 年起就积极投入使用,该项服务还处于起步阶段。

总 结

本章所提供的数据和记录表明意大利与美国的在线纠纷解决机制具有多项优势:这些机制可以让不能或不愿亲自会面的参与方有机会快速沟通,又不产生过多费用。这两项机制也能让服务供应商指定经验丰富、准备充分的调解者,同时不让调解者担心差旅距离和费用,也不用担心租用设备进行调解的问题。由于国际各方的争议解决的速度并未因远距离而放缓,相反速度反而加快,因此国际商务关系得到了增强。这项工具在企业关系、消费者与商家关系上具有明显优势。在线纠纷解决方式并不仅是将替代性纠纷解决方式转移到网页上的使用;相反,如果替代性纠纷解决方式对便于当事人找到寻求正义的工具作出回应,特别是就经济效益而言,那么在线纠纷解决方式回应了商家与消费者希望利用在线工具的快速及便利来解决经济纠纷不断加强的需求。

不过与美国所使用的、受到大力欢迎的虚拟机制——同步视听在线即时调解方式相比,意大利的体制存在一些缺点。从情感和非语言的角度而言,由于缺少网络摄像头,意大利的虚拟沟通不是特别具有"交流性"(至少

---

③ 参见 http://www.camera-arbitrale.com/consulta.php? sez_id = 4&Ing_id = 7。

目前是这样的)。当参与方能够面对面自由沟通时,谈判显然也更具效率。例如,以下内容被认为是谈判的一门重要艺术,即帮助参与方倾听并理解对方的忧虑,在相互间产生共鸣,发泄感受并直面情感。因此,处于在线解决使用的虚拟环境里,评估特定参与一方的灵活性或一方对特定问题所持情感或信心强度的难度加重。因此,网络调解缺乏个人存在感,加重了调解者持续有效控制谈判方的难度。最后,当互联网成为调解开展的主要媒介,让意大利用户熟悉信息技术将成为一个根本问题。为利用在线纠纷解决方式的优势,用户必须能够管理必要的软件和硬件,从而进行在线聊天,并使用网络摄像头(Conley and Raines 2006；Hattotuwa 2006)。很不幸的是,这却是普遍缺乏的知识(D'Angelo 2010)。

美国采取了新行动来改进虚拟交流的水平。主要的改进明显来自视频与语音交流的适用与传播,这些交流使参与方与调解者有可能进行远距离的虚拟交流。这样一来,同步交流和聊天室会议能让所有调解参与方像在面对面的会议中那样现场听到并看到对方,并因此可能将其用于再现虚拟环境中的调解的听证。这一优势极大地推动了现场的交流和反应,包括获得在其他在线纠纷调解形式中较少获得的重要无声"身体语言"和与情感相关的线索或观察。

尽管网络调解因其不具有人际交流属性而受到诟病,不过随着技术进步,网络调解有可能变得更受欢迎,并更适合纠纷的解决。当视频会议得到普遍适用,每台电脑都配备视频摄像机和耳机,用户可轻松获得视频会议软件,而调制解调器的速度也足够快时,在线调解就有可能获得全面的发展。④当这些成为普遍现实后,在线纠纷调解方式将触及更大范围的消费者,用户也将更加熟悉这一虚拟程序带来的诸多优势。

---

④ 凯慈和荣大力强调技术发挥的重要作用,他们认为技术是在线纠纷解决方式中的"第四方","能够援助、协助并加强第三方的信息管理活动"(2006：113)。

第十二章
美国与意大利的在线纠纷解决机制比较

参考文献

Arbitration Chamber of Milan. *RisolviOnline Statistics Report 2002—2007*. Online at ⟨http://www.camera-arbitrale.com/consulta.php?sez_id=4&lng_id=7⟩, accessed 15 June 2011.

Bordone, Robert C. (1998): Electronic Online Dispute Resolution: A Systems Approach—Potential Problems and a Proposal, *Harvard Negotiation Law Review*, Vol. 175, No. 3, 190-91.

Bruni, Alessandro (2006): *I Metodi di A.D.R. nell'Esperienza Americana—Risoluzione Alternativa delle Controversie*. Online at ⟨http://www.overlex.com/leggiarticolo.asp?id=974⟩, accessed 15 June 2011.

Bruni, Alessandro (2005): Dossier del Mediatore, *Mediares*, Vol. 5, 163-87.

Conley Tyler, Melissa and Raines, Susan (2006): The Human Face of Online Dispute Resolution (Introduction to Special Issue), *Conflict Resolution Quarterly*, Vol. 23, No. 3, 333-42.

D'Angelo Larissa (2010): Online Dispute Resolution in Italy. In Bhatia, Vijay K., Candlin, Christopher N. and Gotti, Maurizio (Eds) (2003): *Legal Discourse in Multilingual and Multicultural Contexts: Arbitration Texts in Europe*, Bern, Peter Lang.

Del Ninno, Alessandro (2008): *Procedure Alternative di Risoluzione delle Controversie: Conciliazione ed arbitrato*. Online at ⟨http://www.leggiweb.it/articoli/A5061696/Conciliazioneedarbitratoonline.html⟩, accessed 15 June 2011.

D'Zurilla, William (1997): Alternative Dispute Resolution, 45 LA. B. J. LA. B. J. 352. Hart, Christine (1999): *Online Dispute Resolution and Avoidance in Electronic Commerce*, Draft Report. Online at ⟨http://www.law.ualberta.ca/alri/ulc/current/hart.htm⟩, accessed 15 June 2011.

Hattotuwa, Sanjana (2006): Transforming Landscapes: Forging New ODR Systems with a Human Face, *Conflict Resolution Quarterly*, Vol. 23, No. 3, 371-82.

Katsh, Ethan (1996): Dispute Resolution in Cyberspace, *Connecticut Law Review*, Vol. 28, 953-71.

Katsh, Ethan and Wing, Leah (2006): Ten Years of Online Dispute Resolution

(ODR): Looking at the Past and Constructing the Future. In Symposium On Enhancing Worldwide Understanding Through Online Dispute Resolution, *The University of Toledo Law Review*, Vol. 38, No. 1, 19-46.

Katsh, Ethan, Rifkin, Janet and Gaitenby, Alan (2000): E-Commerce, E-Disputes, and E-Dispute Resolution: In the Shadow of 'eBay Law', *Ohio State Journal on Dispute Resolution*, Vol. 15, Issue 3, 705-714.

Katsh, Ethan (2000): The New Frontier: Online ADR Becoming a Global Priority, *Dispute Resolution Magazine*, 2000, Winter, 6-9.

Lan, Hang (2001): Online Dispute Resolution Systems: The Future of Cyberspace Law, *Santa Clara Law Review*, Vol. 41, 837-55.

Maggipinto, Andrea (2006): Un Alleato dell E-commerce, *Computer BUSINESS Review Italy*, Vol. 3, No. 8.

Melamed, Jim (2002): *The Internet and Divorce Mediation*. Online at ⟨http://www.mediate.com/articles/melamed9.cfm⟩, accessed 15 June 2011.

Sali, Rinaldo (2003): *RisolviOnline Experience: A New ODR Approach for Consumers and Companies*, Proceedings of the UNECE Forum on ODR 2003.

Sharp, Geoff (2008): What's New: Meeting f2f Holographically, mediate.com.

Uzqueda, Ana and Frediani, Paolo (2002): *La Conciliazione: Guida per la Soluzione Negoziale delle Controversie*, Milano, Giuffrè.

第十三章
行动中的仲裁:在证人听证中仲裁员中立性的展现*

〔意〕斯蒂芬妮娅·玛西亚·玛西(Stefania Maria Maci)

引 言

2006年,意大利政府根据第40/2006号法规推动了一项仲裁改革,以与《联合国国际贸易法委员会国际商事仲裁示范法》相协调。意大利的国际商事仲裁目前正依照《民事程序法》第806至832条开展,这是一项高度标准化的法律程序;仲裁被认为是争议解决的一种替代形式,也即广为人知的替代性纠纷解决方案。由于"仲裁使用司法以外的方法解决纠纷",①"替代性"一词并不是指它是法律程序的替代品,而是一种私人(即保密的)的司法外程序,因而算是在法庭进行的公共司法程序的替代品。这也就意味着仲裁是在普通法庭外私人间解决的司法外程序,这也就是为什么作为其最终产物的裁决具有与法官所宣读的判决一样的法律效力(Maci 2007, 2008)。因此,商事仲裁内存在一些法律属性,使得仲裁程序依赖法律的社

---

* 本章依据的研究是由中国香港特别行政区政府科研拨款委员会资助的国际研究项目的一个部分[项目号9041191(CityU 1501/06H)],题目是"国际商事仲裁实践:话语分析研究"(参见 http://www.english.)。它也为意大利大学部赞助(第2007JCY9Y9号Cofin拨款)的贝尔加莫大学毛里济奥·戈地(Maurizio Gotti)教授指导的国家研究项目《特定领域体裁中的紧张与变化》提供参考。

① 参见 http://www.camera-arbitrator.it/show.jsp? page = 118303,访问日期2011年6月15日。

会实践和论述。

作为一种殖民或转移，国际商事仲裁确认了已由学术研究发现的内容（Bhatia 2004；Fariclough 2007）：地方资源配置和依赖语境的理念不仅调和国际动力学及一般规范，当专业文化应用到专业实践时，它们也会引发专业文化混合的复杂过程。这些社会/专业实践在话语术语及通用术语中的作用，就是维持专业共同体所施加的正式性和限制。然而，此类作用通过社会变化与紧张共存的文本得以展现。的确，就像巴蒂亚（Bhatia）（2009）所表示的那样，国际商事仲裁与（国际）仲裁法律、（国内）应用的制度规则以及仲裁席位的（地方）特定规则相互作用。

某话语社区的专家成员为表达私人意图，倾向于采纳在实现另一种体裁时来源于特定体裁的词汇语法、修辞及语篇的一般惯例，"通过入侵一种体裁"导致"另一种体裁对一种体裁的殖民"（Bhatia 2004：87）。文本内（语境、文本和文本间）和文本外（话语实践、话语程序和学科文化）特征可能共同定义体裁完整性，而它具有"灵活性、可协商性或有时具有语境性质"（Bhatia 2004：123）。当其他领域占用了与其他体裁相关的惯例或资源，专家、专业成员们会借助互语性，它是专业体裁文本内一般资源最为重要的一项功能（Bhatia 2007：393）。这就造成理想与现实之间以及书面话语在学术、专业和机构语境的真实性与其在体裁分析的理想表达之间的差异。体裁确实具有约定俗成的特征，但是随着它们的发展并改变，当体裁在社会实践中实现时，则具有辩证的动态性（Bhatia 2004）。

在仲裁裁决的正式实现中，随着整个程序话语经历各种阶段：从事实到归纳、从归纳到规范、从规范到正式知识，确实会产生变化（Iedema 1999：50）。因此，发现事实的社会实践存在体现其特征的元素，这些元素之间的相互关系代表着内部平衡，而这种平衡按照裁决方面具有的正式组织意义进行重组和重新语境化。在仲裁程序中，从事实到判决的发展受到条款的严格规范。例如在意大利，仲裁程序需要收集仲裁小组所需的信息，清楚了解所发生的事实，从而能够将法律规范应用到仲裁参与方的行为中，形成客观中立的裁决。这种互话性借助话语实践、仲裁阶段、过程及程序的各个方面得以发生。在其中一个阶段,可能需要询问证人。此处会使用策略来转变社会实践及结构,并通过"将现在与过去或有关未来的预测性或预期性想象连接起来的""话语与叙述"表达出来(Fairclough 2007:12)。也就是说,人们不仅会行动并作出反应,他们还会解读并通过话语向他人陈述自己或他人所做的行为(Fairclough 2001:236)。当这些策略应用到实践中时,话语变得具有操作性,也就是在表达新的机制、新的程序以及两者间的关系。此类话语操作性需要新的沟通交流形式,也就是代表体裁间关系的新的对话形式(Fairclough 2005)。

意大利的仲裁在收集信息前,可能会进行审前程序,其中仲裁员试图在仲裁参与方间达成和解协议。这项努力通常用证人听证来实现,其中仲裁参与方、顾问以及仲裁小组将以正式的方式会面。证人听证是一种特殊的有组织互动。近期的会话分析研究调查了交流中的人称指代问题(Enfield and Stivers 2007)、互动顺序组织的方面(Schegloff 2007)以及会话分析从教学层面出发在专门用途语言上的应用(Bowles and Seedhouse 2009)。《语用学杂志》的一期特刊研究了语境在会话分析中的重要性(Machoul 2008)。我们的深入研究源自对法律语境互动的研究,并特别关注证人证词与交叉询问(Harris,2001;Hobbs,2003)。近期,巴蒂亚(2009)和阿妮萨(Anesa)(2009)开展了针对国际商事仲裁中证人询问的调查,两人描述了仲裁听证的流程与备忘录的撰写。此类针对仲裁流程的会话分析需要进一步的探索。

本章旨在研究由仲裁小组管理的作为仲裁程序的证人听证的社会实践,从而分析仲裁员展现中立和/或调解的方式,以及他们为建立公正而使用各类会话策略的方式。这项研究特别希望确定并描述仲裁员为展现自身的中立性而使用的会话设备。

背景与方法论方法

广义而言,仲裁员的行为准则明确要求仲裁员面对相互矛盾的立场以及任何分歧的原因必须保持公正与独立(也请参见《联合国国际贸易法委员会国际商事仲裁示范法》第18条以及意大利《民事程序法》第809至815条)。一般仲裁员确实会试图确定仲裁双方有平等的机会来讲述自己的立场,或者没有一方被迫达成协议。根据中立性的官方理念,仲裁员必须抵制赞成或反对一方或另一方,反驳并支持立场,质疑并反驳,或支持并证实的冲动;如雅各布斯(Jacobs)(2002:1406)所陈述的那样,这样的立场难以维持,特别是在证人听证中。

根据巴蒂亚(2009)的观点,为节省成本和时间并提供法律术语表达的发现或披露,仲裁中的证人询问一般由详细的书面陈述替代。在普通法系国家,为披露而询问证人并不常见,但是经仲裁小组的自由裁量权也是允许的,不过大陆法系司法管辖区对此程序并不熟悉。国家商事仲裁频繁使用书面证据,体现出大陆法传统在依赖质问上的影响(质问向来由法庭而从不由律师执行),反映出普通法司法管辖区的偏见。因此,国际商事仲裁体现出普通法和大陆法惯例与传统之间的平衡。不过这项体系正在朝着普通法流程演进,即倾向于证人听证所展现的抗辩流程。

近期于意大利开展的仲裁改革在将意大利仲裁向国际法靠拢的同时,明确替代性纠纷解决方式具有核心的法律形式②,即仲裁小组拥有与法官相同的权利与权力,而且最终裁决具有与判决一样的法律效力。因此,仲裁员不仅在仲裁实践中适用意大利的《民事程序法》,而且他们还在仲裁程序处理证人听证时遵循《民事程序法》第816条的规定,该条规定证人听证一般以口头形式做出(除非仲裁小组主席裁定证人可以展示书面答复)。按照《民事程序法》第420条的规定,法官可选择对诉讼方实施审前讯问,而此目的是收集有关事实的证据(即发现)。③法官不可依赖这类询问作出最终裁决,因为判决以论证为基础,而这种论证反映出法官对应用到所讨论案件的法律的解读。按照《民事程序法》第422条的规定,可对证词进行记录。应将任何记录的证词副本发给仲裁参与方,以便他们形成自己的推

---

② 就意大利仲裁的进展而言,参见玛西(2007 and 2008)。
③ 虽然在意大利,像在其他大陆法国家那样,不存在"发现"(de Franchis 1986),但意大利《民事程序法》(于2009年7月5日生效)似乎表明存在一类"发现"。

第十三章
行动中的仲裁：在证人听证中仲裁员中立性的展现

论和反推论(第423条)。④

本章开展的研究涉及从米兰一位仲裁员处⑤获得的两场不同仲裁听证的记录副本，该位仲裁员遵循《民事程序法》第816条规定和第420—422条规定，本章通过检验记录副本的谈话来确定顺序属性和互动属性。证人询问的记录分别持续1小时20分钟和1小时40分钟。分析依据仲裁小组发给律师的官方副本展开。第一项副本含6050个字与77处转向，而第二项副本含6058个字与87处转向。在两场听证中，仲裁庭各有三名成员：由仲裁参与方指定的两名仲裁员以及主席。在第一起案件(第一项副本)中，仲裁小组主席由米兰律师协会指定；在第二起案件(第二项副本)中，仲裁小组主席由仲裁参与方选择的仲裁员指定。此类指定上的差异来源于合同所含的仲裁条款。

结果与讨论

第一项副本：幼儿园案件

在第一项副本(TI)中，原告称被告在管理私人幼儿园的协议上违约。在副本制定前的证实记录上出现了下列元素：

a. 确定仲裁参与方、各自律师和仲裁员；
b. 明确说明听证开始的时候(日期和时间)和地点(场所)；
c. 描述询问的正式方法(首先是仲裁小组的问题，其次是律师的问题)；
d. 陈述记录及其副本是书面备忘录的补充；
e. 定义所有审前文件需被视作最终证据；

---

④ 参见《联合国国际贸易法委员会国际商事仲裁示范法》第22条，该条规定"因仲裁参与方之间达成的任何相反的协议，仲裁庭应裁定是否召开口头听证来展示证据或进行口头辩论，或程序是否应根据文件和其他材料来进行"。比较意大利《民事程序法》第806条。

⑤ 第一项记录的副本于2008年完成；在这项记录中，仲裁员是仲裁小组主席。第二项记录的副本于2004年完成；在这项记录中，仲裁员由仲裁参与一方选定。出于隐私的原因，本章内容删除了所有敏感数据，并以星号替代。

f. 如无法达成和解,那么通过仲裁裁决制定最终决定;
g. 要求仲裁参与方简要陈述情况;
h. 表明听证结束的时间;
i. 所有参与方的签名。

从副本的开头起,主席履行讯问双方任务的方式就明确展现了中立性的问题(第1次转向,第1项摘录):

(1) 主席:首先请仲裁参与方作出陈述,列出各自认为构成这些仲裁程序基础的主要核心事实。因此,我们按照这样的顺序开始,首先一方陈述然后是另一方陈述,首先有请*。T1

虽然主席并未定义也未明确表述中立性,不过可推断出这项声明确保主席不偏向任何一方。这些陈述不仅能够用于使得实际操作清晰易懂,而且也强调了主席不偏不倚的地位。主席建立的听证模式贯穿询问始终(共计8个问题)[6]。每个问题都会询问争议双方的意见。通常原告先作出第一项陈述,接着主席转向被告,邀请她/他作出答复(第3次转向,第2项摘录):

(2) 主席:谢谢。请合作方*以类似方式作出陈述。T1

在这些仲裁程序中,被告的代表律师新近受到律所的指定。这样的一位代表几乎不了解事实信息,而且不能作出回复。甚至在被告明确不能作出任何答复的时候,主席也总是会转向她/他(第35—36次转向,第3项摘录):

(3) 主席:被告*能够回答相同的问题吗?
*先生—我不知道说什么。T1

此外,与副本一起的正式记录显示,询问顺序为主席直接邀请其他仲裁

---

[6] 虽然律师在庭上被建议使用问题,从而让检验官始终掌控程序(参见 Hyams, Campbell and Evans 1998: 88-9),这些仲裁程序中的问题都提交给证人,表明了上文背景章节所讨论的收集信息的需要。第一个问题是阐明仲裁参与方的陈述;五个问题可能揭示事实发生的原因;两个问题旨在告知仲裁庭仲裁参与方是否意识到一些至关重要的要素。

第十三章
行动中的仲裁:在证人听证中仲裁员中立性的展现

员和仲裁参与方的律师来提问(第 9 次转向,第 4 项摘录):

(4)主席:仲裁员有任何问题吗?律师呢?下面我们回答第二个问题。T1

当然,当任何一位仲裁员或律师确实有问题时,他们从不直接告诉仲裁当事人,而是告诉接受或拒绝问题的主席。

如果主席同意仲裁员或律师询问证人,那么,主席可像下文所示的那样提问或更为清晰地说明某些方面(第 38—39 次转向,第 5 项摘录):

(5)律师*:既然她称*可能是出于欺诈目的(或者看起来是这样)联系合作方*的人员,不过合作方*说自己实际上联系的是*,我想进一步解释这个要点。

主席:好的。如果*女士将依据自己了解的内容作出回答,并声明是否以直接或间接方式得知这项内容,那么允许提出这个问题。T1

这一模式表明听证高度遵循惯例:仲裁小组主席掌控互动,并实施权力,参与者需遵守主席建立的规则,因此不能随时发言。

此处可以明显发现互动中存在特定的人称指代:主席在提问时适用第一人称单数代词,而在指向任何一方时使用第三人称代词。正如戈地(Gotti)(2008:101)所陈述的那样,第一人称代词在专业文本中使用,此时强调"作者在本学科内的自主性"。虽然听证不可被视为专业文本(因为证人可能是外行而非专业人士),但是主席管控询问的方式确实是专业的,而且表达了只需作为中介的积极作用(呼吁行动责任)以及她/他在程序中的权威。当指向现在的仲裁参与方时使用第三人称代词,这并非冒犯的用法,而是在专业背景下非常正式的用法,同时间接表现出个人的客观性。如下文所示也出现了第一人称的复数代词(第 39 次转向,第 6 项摘录;也参见上文第 4 项摘录):

(6)主席:让我们进入下一个问题。T1

主席在介绍每个问题前都会使用一个惯用表达,通过使用"让我们"的祈使句复数形式,他或她表达了仲裁程序涉及的团队的观点。与第 1 项转向(上文第 1 项摘录)所展示的主席的个人视角表达相比,"我们"的使用增强了中立性。由于协议的条款仍处于订立的过程中,主席在引出问题时指代并包含争议双方,这样对一方或另一方都无偏见。⑦

第二项副本:房地产中介的案件

第二项副本(T2)与 T1 存在很大差异。仲裁程序解决的是两家企业间的纠纷,听证中仅有双方律师出席——在整个仲裁过程中甚至没有出现过经理或重要人物。因此,听证程序在法律专业人员之间开展。在这起案件中,原告因被告推迟在意大利北部某个小镇建造建筑而起诉被告违约。

事实上听证在四名律师和三位仲裁员之间开展,似乎影响了商事仲裁中证人询问的惯常及约定俗成的布局。从主席的介绍中可知,不需遵守正式的程序(第 1 次转向和第 14 次转向,第 7 项摘录和第 8 次摘录):

(7)主席:我希望你们能注意这份文件,第 21 号文件。我认为[……]这不是这项协议或其他协议所含的这段时间跨度或那段时间跨度的变化,它们在仲裁参与方的关系上扮演关键作用了吗?T2

(8)我想和你们了解在 7 月 28 日续签合同时(我认为合同的有效期明确为 5 月 31 至 6 月 28 日)是否还续签了保单。事实上,我认为这些保单在 5 月 31 日失效[……]我做了笔记,不过这可能是我自己的笔记而没有[……]。T2

值得注意的是,第 7 项副本中主席在引入时使用了疑问句,这些疑问句更普遍地用于确认观点而不是提出问题中(Heritage 2002)。借助否定疑问句的使用,主席对律师查看案件的方式提出建议,构建修辞背景以支持她/他在本案中的法律论证,从而提供她/他设想的解决本案的最佳方案。主席似乎常常使用建构否定疑问句的策略,因为我们在第 35 次转向中再次发现了否定疑问句(第 9 项摘录):

---

⑦ 在这一点上也请比较 Heisterkamp 2006。

第十三章
行动中的仲裁:在证人听证中仲裁员中立性的展现

（9）主席:好吧,就这项计划而言,你们不觉得为了避免加重一方或另一方的请求,也许不能公布它们的内容吗？T2

主席在互动中发挥主导作用,并巧妙地说服律师相信她/他的论证是正确的。这个问题确实根本不构成问题。开始部分的"你们不觉得[……]?"并没有质疑这句话第二部分的含义:"也许不能公布它们的内容[……]"。当然使用无人称形式"一方"可以起到调和作用,因为通过认识论上的"可能"和"也许"提出了可能未考虑这项内容的想法,它能表达客观,而不涉及个人情感。因此,仲裁小组主席似乎从开始起就有一个想法,之后以间接的方式揭露,而不是以直接的方式表达。

从最初的问题开始,气氛虽然是专业的,但同时也是放松的。主席用第二人称复数代词"你们"来指代她/他的同事,展现出较不正式的语境,同时强调了两位(被告与原告的)律师在本案中得到了平等的待遇,不加区别作为一个团体表示。不过复数形式让步于第二人称单数形式"你",因为在意大利"你"用于非正式的背景(第51次转向,第10项摘录):

（10）主席:你是指九月吗？T2

在第76次转向中,互动上出现了有趣的进展:在超过1小时的时间中,互动在"我"和"你(们)"间进行;突然仲裁小组主席开始使用代词"我们"(第11项摘录):

（11）主席:我们不能回答,＊,因为他们必须清楚这个问题,即教授声明了一个事项,而该事项附带处理了律师间的协议,如果你认为你能确认这个问题的话[……]。T2

只有仲裁小组选择使用包含性的"我们"。在第68次转向和第71次转向中,被告选择的仲裁员在听证中全程保持沉默,向原告提出一个问题才发言,而这个问题显示该位仲裁员的立场与主席的立场矛盾。因此,仲裁小组主席暗示小组有必要团结起来,而不要争执——不过这表示的不是中立性而是在调和小组内的分歧。同时,主席似乎在查找使仲裁员的问题合理的理由。主席所表达的"我们不能回答"并未表示对持异议的仲裁员的任何批评,而是承认仲裁小组作为团体运行,而不能找到人人满意的解决方案的问题需归责于原告,因为原告对正在检验的问题未表达立场。在那段话中,中立性似乎只是指向作为团体的仲裁小组而不是单个的仲裁参与方。

在听证全过程中,主席请大家确定她/他的论证,这显然表现出主席的试探性。虽然主席询问的每个问题都由律师轮流作出答复,不过互动未受到控制——因为主席未说明任何要求。在查看主席与律师之间一般如何进行互动后,可以发现中立性似乎受到阻碍(第 17—20 次转向,第 12 项摘录):

(12)主席:[……]不幸的是,第 38 条未规定必要的工具,因此才使用了一类模仿的工具。我这样理解正确吗?[……]据称:根据采购合同第 38 条的规定,可以得到津贴,不过不能适用这项规定。这项规定不能得到适用,你们同意吗?

律师*:当然不同意了。我在自己的所有文件中都举证这只是建筑主管的意见,而且也只是他一人的意见。合同中甚至没有规定过这个内容,因此[……]

律师*:显然建筑主管的意见是唯一可能的意见,因为不可能存在其他的解读。

主席:不过我认为这项意见没有偏向任何一方,因为主管[……]。

仲裁主席再次请大家确认一项假设和可能的解读。主席没有提出问题,而是在请大家确认一项意见。两位律师自由地轮流作出回答,没有遭到主席的打断,而主席在听取回答的时候证实了自己对案件的解读。在其他地方,仲裁小组主席并不担心表达自己的思考,而这似乎不仅削弱了她/他中立的作用,而且还削弱了她/他具备仲裁能力的作用(第 23 次转向,第 13 项摘录):

(13)主席:坦白地说,这些文件对我们仲裁员和律师来说是希腊语的书面类型,因此它们需要再次接受检查[……]。T2

第十三章
行动中的仲裁：在证人听证中仲裁员中立性的展现

事实上在第26次转向(第14项摘录)中明显没有维持中立性,而这也在听证结束时主席的总结词中得到确认(第87次转向,第15项摘录):

(14) 主席:接下来我将陈述,我不期待大家作出任何判断,不过既然我们都是律师,那么没有必要表现得像是一位从不开口说话的法官,等等。我认为——除非你能展现这是错误的——即看似上诉法院近期学到的教训也不能适用这些具有欺骗性的解读。T2

主席:我将说明一些决定,并作出阐释,因此你们可在概要中加以考虑,虽然指出这些问题不符合标准程序,不过直言不讳是有意义的。

结　　论

我们可以在分析中看到仲裁程序中的证人听证遵循相同的结构:主席发言,解释听证将如何开展,原告与被告都提出问题并回答问题。仲裁员与律师可以提出问题。仲裁检验作为一种话语形式确实体现出:

a. 一种社会活动,它们构成体裁;
b. 一种社会表达(例如策略),它们构成文本;
c. 一种身份的社会构建,它们构成风格(Fairclough 2001：232-3),两位主席似乎建议维持两种不同的行为。

仲裁听证实现的话语类型在社会转型中发挥根本性作用,这是因为它被赋予表述力,从而形成它主张描述的(互语的)现实。不言而喻的是,此类话语顺序不是一个一成不变的系统,而是一个开放易变的系统。像副本分析所揭示的那样,T1代表着一种高度约定俗成的互动,其中仲裁程序所涉及的所有参与方的关系以他们之间不同的权利分配为特征。主席的论述干预被视作中立的行为,因为参与仲裁各方都给予平等的机会。主席在T1的立足点非常准确:使用第一人称单数代词标志着权威,而在指向仲裁参与方时使用第三人称单数则表明主席对案件保持客观情感;使用第一人称复数强调了参与方作为团体,在寻求带来和解或仲裁裁决的最终解决方案上的作用。主席从不向仲裁参与方提供信息,而且也从不表达她/他与一方或另一方的友好关系或孤立关系。因此,中立性在整个听证过程中得以维持。

T2 的情况则截然不同。互动中发生变动,似乎暗示仲裁小组主席在开展听证的方式上失去中立性。虽然向案件中的所有参与方提供了平等机会,似乎无法维持中立性。一方面,明显非正式的语境创造了积极的氛围,其中仲裁员和律师在一个团队中协同合作:转向像上文所示的通常程序那样进行,但是他们这样做是主席要求的。另一方面,非正式语境能让主席表达她/他的论证。此外,他或她创造了利于说服的语境设置:如我们所见的那样使用否定疑问句,不对问题进行提问,而是主席用于确认她/他观点的策略。

T1 和 T2 之间存在差异,这是由于听证所涉及的所有参与方之间存在不同的社会关系。如费尔克拉夫(Fairclough)(2007)所述,社会实践是已经建立的社会活动形式,并在其中不同的社会时刻⑧进行互动。这些时刻都是不连续的:其中每个时刻内化了其他时刻,但又不可还原。如果它们的关系发生变动,那么社会实践的内部平衡就会发生变化。不同的权力关系导致不同的政治与经济决策和战略选择。由于话语解读并表达人们见证的社会转变的方式不同,而且话语在不同领域进行使用和互语的方式不同,因此这可能产生无法预测的结果。

此处参与者之间的关系发生变化:T1 中有专业人士(仲裁小组和律师)以及外行人士;而 T2 中只有专业人士(仲裁小组、作为被告与原告法定代表人的顾问及律师)。因此,在 T1 中最为重要的是在非常正式的语境下解释中立性,而原告与被告必须理解证人检验实践非常重要,具有准确的法律影响;在 T2 中,听证最为相关的是形成满意的解决方案,并作为裁决得到实现。

---

⑧ 费尔克拉夫(2007:12)确定了下列在社会过程中存在辩证关系的时刻:话语、权力、信念、价值观、欲望、社会关系、习惯、风俗以及其他实践。

第十三章
行动中的仲裁：在证人听证中仲裁员中立性的展现

参考文献

Anesa, Patrizia (2009): Arbitral Hearing and the writing of minutes. Paper presented at the international conference on *Researching Language and the Law: Intercultural Perspectives* held in Bergamo on 18-20 June 2009.

Bhatia, Vijay (2004): *Worlds of Written Discourse*, London, Continuum.

Bhatia, Vijay (2007): Interdiscursivity in Critical Genre Analysis. *Proceedings of the 4th International Symposium on Genre Studies*. Online at ⟨http://www3.unisul.br/paginas/ensino/pos/linguagem/cd/English/36i.pdf⟩, accessed on 31 July 2009.

Bhatia, Vijay (2009): Witness Examination in International Commercial Arbitration. Plenary paper presented at the international conference on *Researching Language and the Law: Intercultural Perspectives* held in Bergamo on 18-20 June 2009.

Bowles, Hugo and Seedhouse, Paul (Eds) (2009): *Conversation Analysis and Language for Specific Purposes*, 2nd edition, Bern, Peter Lang.

De Franchis, Francesco (1996): *Dizionario Giuridico. Italiano-Inglese*, Milano, Giuffre.

Enfield, Nicholas J. and Stivers, Tanya (2007): *Person Reference in Interaction: Linguistic, Cultural and Social Perspectives*, Cambridge, Cambridge University Press.

Foto d'archivio.

Fairclough, Norman (2001): The Dialectics of Discourse, *Textus*, Vol. 19, No. 2, 231-42.

Fairclough, Norman (2005): *Governance, Partnership and Participation: Cooperation and Conflict*. Unpublished paper given at the conference of the International Association for Dialogue Analysis, Bucharest. Online at ⟨http://www.ling.lancs.ac.uk/profiles/263⟩, accessed 27 April 2009.

Fairclough, Norman (2007): Introduction. In Cortese, Giuseppina, Fairclough, Norman and Ardizzone, Patrizia (Eds) *Discourse and Contemporary Social Change*, Bern, Peter Lang, 9-14.

Gotti, Maurizio (2008): *Investigating Specialized Discourse*, 2nd edition, Bern, Peter Lang.

Harris, Sandra (2001): Fragmented Narratives and Multiple Tellers: Witness and Defendant Accounts in Trials, *Discourse Studies*, Vol. 3, No. 1, 53-74.

Heisterkamp, Brian L. (2006): Conversational Displays of Mediator Neutrality in a Court-based Program, *Journal of Pragmatics*, Vol. 38, No. 12, 2051-64.

Heritage, John (2002): The Limits of Questioning: Negative Interrogatives and Hostile Question Content, *Journal of Pragmatics*, Vol. 34, Nos 10-11, 1427-46.

Hobbs, Pamela (2003): 'You Must Say it for Him': Reformulating a Witness' Testimony on Cross-examination at Trial, *Text*, Vol. 23, No. 4, 477-511.

Hyams, Ross, Campbell, Susan and Evans, Adrian (1998): *Practical Legal Skills*, Oxford, Oxford University Press.

Iedema, Rick (1999): Formalizing Organizational Meaning, *Discourse Society*, Vol. 10, No. 1, 49-65.

Jacobs, Scott (2002): Maintaining Neutrality in Dispute Mediation: Managing Disagreement While Managing Not to Disagree, *Journal of Pragmatics*, Vol. 34, Nos 10-11, 1403-26.

Maci, Stefania M. (2007): *Arbitration in Italy: Litigation Procedures in Arbitral Practice*. Paper presented at the International Conference on 'Issues of Identity in and Across Cultures and Professional Worlds', Rome, 25-27 October 2007.

Maci, Stefania M. (2008): *Litigation Procedures in Italian Arbitral Practice*. Paper presented at the International Workshop 'Linguistic and Discursive Aspects of International Arbitration', University of Milan, Italy, 22-23 September 2008.

McHoul, Alec (Ed.) (2008): Questions of Context in Studies of Talk and Interaction—Ethnomethodology and Conversation Analysis, Special Issue of *Journal of Pragmatics*, Vol. 40, No. 5, 840-62.

Schegloff, Emanuel A. (2007): *Sequence Organization in Interaction: A Primer in Conversation Analysis*, Volume 1, Cambridge, Cambridge University Press.

第十四章
意大利的仲裁:是两面神雅努斯吗?

〔意〕尤里斯·布罗迪(Ulisse Belotti)

> 萨拉里诺:
> 也不是在恋爱吗?那么让我们说,您忧愁,
> 因为您不快乐;就像您笑笑跳跳,说您很快乐,
> 因为您不忧愁,实在再简单也没有了。
> 凭两面神雅努斯起誓,老天造下人来,真是无奇不有:
> 有的人老是眯着眼睛笑,
> 好像鹦鹉见了吹风笛的人一样;
> 有的人终日皱着眉头,
> 即使涅斯托发誓说那笑话很可笑,
> 他听了也不肯露一露他的牙齿,装出一个笑容来。
> (威廉·莎士比亚,《威尼斯商人》第一幕,第一个场景)

引 言

在这部喜剧的第一幕中,萨拉里诺提到了两面神雅努斯——在古罗马被认为是众神之父的门神。① 当时为雅努斯建造的神庙非常简单,仅是一个有入口与出口的长廊。入口与出口象征着出生与死亡,而雅努斯的两面

---

① 这个神也被称为造物者和父亲,证实了雅努斯在罗马万神殿中的重要性。

头像则位于入口上方,代表着从一个阶段进入下一个阶段、由生到死的生命轨迹。近期,雅努斯神话被用于解释不同的含义,而"两面神雅努斯"这个表达可用于指代前后言语完全相反的人,即根据对话者与环境而展现两个不同面貌的人。②

两面现实的概念也可适用其他方面的人类行为,诸如在存在纠纷的参与方间解决纠纷。理论上,纠纷可以用两种完全不同的方式解决。一方可决定对另一方采取法律行动,将整个事项留待法官判决,或者可以通过替代性纠纷解决形式来解决纠纷,有可能是调停、调解或仲裁。此外,一方可在诉诸仲裁前尝试一些形式的友好协商,如果这种方式被证实不能提供满意结果,那么再选择提起诉讼。两面神雅努斯可被作为纠纷解决方式的暗喻:一面可能是仲裁,而另一面可能是诉讼。就本项研究而言,我们将不考虑调解和调停,而是重点关注仲裁,其中特别指意大利情形下的仲裁。

仲裁诉讼

在海姆伦(Hamlyn)有关《下一个千年的商法》(1997年)的课程中,罗伊·古德(Roy Goode)教授注意到一个事实,即最初因为与诉讼相关的延迟与高成本导致了商事仲裁数量的上升,而人们预期商事仲裁"在私人间以非正式方式采取迅速和灵活的手段,有助于达成终局性,且费用较低"。虽然这一预期在商事仲裁中成为现实,但商事仲裁还是形成了自身的发展轨迹,需要运用一个贬义的别名:仲裁诉讼。(Nariman2000:264)

为纪念奇夫利的果夫勋爵(Lord Goff),2000年2月17日在香港,纳里曼(Nariman)作了"第十年果夫仲裁讲座"。纳里曼在摘录中使用的最后一个词是一个别名,即"仲裁诉讼",表达了仲裁与诉讼这两项被认为属于两

---

② 在意大利文化中,雅努斯常与错误或表里不一联系在一起。例如在《意大利语大词典》(Battaglia1961, Vol. Ⅵ: 767)中,"雅努斯"的一个定义是"虚伪、伪善的人"。

第十四章
意大利的仲裁：是两面神雅努斯吗？

个不同世界的程序，现在已经成为一个不可区分、包含两项程序特色的实体。本项研究参考纳里曼的仲裁诉讼概念，开始回答两个主要的研究问题：

1. 就意大利的情形而言，仲裁与诉讼如何变得相似？且相似程度多大？

2. 当谈论仲裁时，意大利仲裁职业人员在自己的叙述中使用何种语言实现形式？

数据与方法

本项研究以针对参与仲裁实践的专业人员的 14 个采访为基础，这些采访自 2008 年 10 月至 2009 年 2 月历时 5 个月完成。采访通过问卷[③]的形式进行，其中问卷涉及仲裁实践方方面面共计 13 节问题。为更好地了解具体问题的答案，也询问了其他问题。受访者是来自 11 家位于米兰和罗马的律所专业人员，主要作为仲裁方的律师或者仲裁程序的仲裁员开展工作，其中 2 位专业人员（非律师）担任仲裁员，1 位是仲裁机构的主席。就性别而言，12 位受访者是男性，2 位是女性。在所有受访者中，只有一位受访者是以英语（AE）为母语的，不过大家都同意用英语开展访问。所有受访者都被告知采访内容将录音，采访征求了所有受访者的同意，以将录音内容纳入语料库。问卷的副本以及说明主要目标的项目描述通过邮件寄给每位受访者。所有采访通过使用桑德斯克莱伯录音机（2004 年）进行转录（288,648 个单词），转录内容通过邮件发给受访者进行校对，邮件中还附上了采访电子文件的副本。所有受访者在反馈中都确认了转录内容的正确性，没有提出任何抱怨。尽管采访数量有限，但似乎需要指出受访者占了《实务法律公司》2008/2009 年版（Dispute Resolution Handbook, Volume 1, 2008, Practical Law Company Ltd. London：410-12）中所列的意大利所有仲裁员的 1/3。语料库由 14 个音频文件组成，采访录音共计 9 小时 40 分钟。

---

③ 问卷由研究项目主要调查人员制定。

论 述 社 区

　　研究开始不断强调论述社区的重要性,论述社区指的是为取得具体的目标,团体分享相同的习俗,并与其他成员交流。例如,斯华勒斯(Swales)列出了定义论述社区的六项标准:共同的目标、参与机制、信息交流、社区特有的类型、高度专业化的术语以及高水平的专业知识,尽管这些论述社区的特点仅体现在书面交流中。不过在1998年,他再次思考这个问题,并同时考虑用书面交流和口头交流来区别论述社区和"地点论述社区"。当然,还有个至今未下定义的问题——"一个论述社区可能有多大(或多小)"(Borg 2004:399)。事实上,人们可能同时属于不同的论述社区。根据我们的语料库,大部分的受访者(14人中有11人)属于法律执业人员的论述社区,其母语为意大利语(NS)。而这些人在参与国际商事仲裁(ICA)时讲英语(ELS),他们也属于在专业中使用英语的律师和仲裁员组成的更大型跨国论述社区。如果我们考虑这些法律执业人员可能受雇成为仲裁方的律师或仲裁员,可以总结出这些受访者属于一个论述社区网,即讲意大利语和/或英语的律师、讲意大利语和/或英语的仲裁员,这些人员使用的习俗和技术语言是他(她)们一致的特点。构成这些特别的论述社区或"实践社区"(Wenger 1998:78)特色的另一个要素是他(她)们使用的高度专业化的语言,借助这种语言,他(她)们可以和属于同个社区的其他成员进行有效交流(Bhatia 2004)。

专 业 语 言

　　法律语言一个最突出也是最与众不同的特色是拉丁词汇及表达的使用(Mellinkoff 1963),而使用拉丁词汇及表达的主要原因在于它们是那些使用法律术语工作的人所在的社区共享的易辨别的术语(CrystalandDavy 1969)。虽然拉丁词汇及其表达在法律书面语言和仲裁书面语言中得到普

第十四章
意大利的仲裁：是两面神雅努斯吗？

遍使用(Belotti 2003)，但是在口语中也会得到使用，这是让人感到惊讶的。在我们的语料库中，可以发现拉丁词汇及其表达出现了 19 次，它们属于 3 种不同的模式。诸如"*ex aequo et bono*"(公平善意)和"*de facto*"(事实上)这些表达具有套语的属性，并实现以有效的词汇表达确定的法律概念的意图。而其他表达则以简短的形式来表达意思更加详尽的术语，例如"*dies a quo*"(第一天不计入时期，最后一天计入时期)(CERG④ 2008:11)，它的完整形式是"*dies a quo non computatur in termino, dies ad quem computatur*"。在这个案例中，这个拉丁短语不是用于传达一个不同的概念，而是强调已经在英语中表达的概念。在其他情况下，受访者如下列摘录所示使用了完整的表达。

(1) 受访者：(。)⑤恭敬的(。)谢谢(。)法律的(。)。应该对商业有意义，因此那是(。)友好的意义(。)(默念)不能是(。)法之极(。)(。)即使世界毁灭，也要实现正义(。)再次法律不能被遗忘。你不能发出一个完全非法的裁决(。)你必须真正了解事项，理解它的内容(。)出现了商业文体，现在可以在与商业类似的情形中得到解决(。)让我们来看看其余的律师(轻笑)(2.3)当然(。)律师将(。)带到仲裁中(。)进入法庭的精神结构，他们在法庭上就法律的要点进行辩论，当然(默念)作为仲裁员我们常常会(。)遇到律师或法庭上的事物(。)他们只要令状(。)将法律这根头发分为 16 个部分，但是事实上不是(。)最初仲裁的想法与目标。(CERG 2008:I 2)

受访者在此处谈论如何作出裁决时，认为小组的裁决应该和实体间的争议属性相符，实体开展业务已有一段时间，解决方案应考虑代价。实际上，这个拉丁短语表示"极端的法律是最大的不正义"，似乎表示仲裁员应该适用法律，但是应有所保留。从实用角度来看，这条拉丁准则根植在英语句子中，在使用时未添加解释，这是因为假定对话者对此都有一定的了

---

④ 在本章 CERG 指的是根据向仲裁执业人员执行的项目问卷而进行的采访；号码指的是受访者个体。

⑤ 参见《附录2》，了解用于转录音频所记录材料的会议列表。

解。这也适用语料库中所有短语和表达：它们似乎传达出拉丁短语深深根植在法律语言中，以致不需要解释的想法。此外，受访者不仅使用法律语言中一般会适用的拉丁表达，还会使用只在仲裁语言中使用的表达。例如，其中一位受访者在谈论国家法律和法庭的干预时说到：

2 [……]嗯(。)意大利法庭在解释管辖权——管辖权原则时非常严格(。)(CERG 2008：I 4)

讲话者提到的管辖权——管辖权原则指的是仲裁庭是否有能力裁决其是否有管辖权的问题。管辖权——管辖权原则在国际仲裁中已经确立，并得到许多国家法律的接受。例如在英国法中，1996年的《仲裁法》第30节对此赋予了法律效力。似乎有必要指出，未对原则的含义作出解释，暗示了这是对话者共有的知识。

仲裁的积极方面及消极方面

本节将重点关注与仲裁实践相关、特别突出的问题，例如参与仲裁员的选择、过程和程序的灵活性和非正式性、仲裁程序的保密性和隐私性以及仲裁的成本。

受访者被要求对国际商事仲裁中比起诉讼更倾向仲裁的方面及考虑进行打分（1为最重要，10为最不重要），接着结合自己的观点对使国际商事仲裁作为替代性纠纷解决工具的吸引力下降的担忧领域进行打分。调查表展现了意大利仲裁执业人员是如何给这些仲裁程序各方面打分的。所有采访都是单独进行，除了打星号的采访——在这个采访中，两位属于同一家律所的执业人员一同接受了采访。

参与仲裁员的选择

参与仲裁员的选择似乎是受访者比起诉讼更倾向于仲裁的最重要原因，因为其中大部分受访者都认为仲裁员的选择对有效进行整个仲裁程序

第十四章
意大利的仲裁：是两面神雅努斯吗？

至关重要。如果我们将其与表14.2的同一个问题进行比较，数据显示就"担忧"而言，这个问题被认为不具相关性，可能大家都是"理所当然这么想的"。受访者将"过程和程序的灵活性和非正式性"排为比起诉讼更倾向于仲裁的第二大原因，不过50%的受访者认为这是首要原因。在表14.2中，相同的原因只有7.5的分数，这表明就"担忧"而言这个原因不具有特别大的相关性。

有趣的是，我们注意到一位受访者给这个特别问题打了4分，并论证道：

(3) 好吧(2.5)嗯(2.4)通常仲裁员会采取这样的方法(。)确立的(。)一国法院诉讼确立的程序方法，而这(。)就仲裁员看来，具有诸多优势(。)嗯(。)首先(。)这让程序管理更具一些(。)可预测性。(CERG 2008：I 7)

这里与法庭诉讼提供一个被认为更加容易遵循的"程序道路"相比，大家认为通常与仲裁联系起来的灵活性和非正式性的重要性相对较低。其中来自相同律所的一位受访者(R2)给这个特别问题打了5分，并补充道：

(4) 受访者2：不可避免的是仲裁会变得与诉讼类似，因为仲裁是法庭判决的替代品，而法庭在几个世纪中形成了处理纠纷和国家事项的法律和程序，良好的法庭体系事实上是解决纠纷的极佳体系，仲裁就会自然因其是替代品就倾向于遵循这种模式吗？它们显然不是由友谊或者谁为法官支付报酬而决定的。(2.1)那么，人们倾向于遵循法律，而由于法律体系的原因，法律将主要撰写在由法官制定的判决中，原因到底是什么呢？(CERG 2008：I 6)

在这个案例中，受访者强调了一个事实，即法庭形成了一个看似比仲裁能更好解决纠纷的体系，因此仲裁遵循法庭确立的模式就不足为奇了。值得注意的是，引用的开始部分是一个动词短语"不可避免的是"，传达出仲裁不可避免应该与诉讼相似的想法。

与更加正式的法庭诉讼相比，意大利的仲裁员似乎对仲裁程序的属性有不同的看法,如下列摘录所示。

(5)[……]看到规范过程的程序规则越来越多,不知为何产生限制,我不知为何有些担心这样的趋势(1.7)仲裁员和仲裁方的任意性(我的重点是自由裁量)。(CERG 2008:Ⅰ4)

(6)[……]仲裁中的形式自由(2.1)嗯(1.8)仍是一个关键问题。嗯(2.2)也是因为这个原因,你还对仲裁有所期待(。)仲裁员总是希望了解(。)事项的(。)核心,因此我想说(。)(2.3)非正式性仍是一个关键(1.4)一个关键的特色……(CERG 2008:Ⅰ11)

(7)[……]一方是中方(。)一方是英方(1.4)这(2.0)适用的法律(。)他们签署了合同(。)适用意大利的法律(。)但是他们不想在中国、英国或意大利进行诉讼(。)在瑞士的仲裁(。)适用意大利法律,3位仲裁员中碰巧有2位是意大利人,1位是瑞士人(。)用英语进行仲裁(。)(1.8)它是(1.7)你了解(。)这种(。)情况从未不能这样(。)像在国家法庭(1.8)体系中那样在仲裁中得到平衡地(。)管理。(CERG 2008)

(8)[……]我强烈相信这项程序在任何争议中都是根本性的(。)因此我个人排斥仲裁程序的非正式性。(CERG 2008:Ⅰ6)

在(5)中,说话人强调了一个事实,即仲裁本身受到规则的严重影响。这可能限制仲裁员和仲裁参与方的自由,因为双方应该能够自由裁量选择仲裁程序如何开展。从语言学角度来看,可以有趣地注意到减弱语"不知为何"的使用(Hyland 2000),作为前置限定词使用了两次,能够为动词短语表达语义的不确定性。如(6)所示,仲裁程序的非正式属性似乎与灵活性这个概念有紧密的联系。这里受访者使用"形式自由"的名词短语,提到了被认为与诉讼程序不同的仲裁程序。在(7)中,讲话者提出了国家法庭也可能难以解决的情形,明确地归纳提出灵活性问题,而在(8)中,讲话者陈述仲裁程序不应太不正式,因此支持了与法庭类似的程序可能更加高效的意见。这里"任何"这个不定指限定词和名词形式的"在任何争议中"属于詹妮(Janney)(2002:470)所称的"过度包含"的词汇类别。这个助推工具表明所有的争议形式都应按照确立的程序进行处理。

第十四章
意大利的仲裁：是两面神雅努斯吗？

仲裁程序中的保密和隐私

长期以来，仲裁程序中的保密和隐私一直是一个存在争议的问题。例如，陶（To）(2008)和王（Ong）(2005)在检查英国和澳大利亚法院作出的判决后，总结出即使两个国家属于同一个法律体系，它们在这个特定问题上也展现出巨大的差异。克里斯（Kouris）(2005)提出，由于保密仍然是一个主要的益处，因此应该在国家立法和仲裁机构规则上给予它最初的地位。一方面，考虑到关于仲裁的这个特定方面，米斯拉（Misra）和乔丹斯（Jordans）(2006)提出保密必须存在例外，从第三方证人的参与、依赖仲裁裁决来向第三方主张权利到公共利益考虑这个非常基本的问题等。另一方面，特莱克曼（Trackman）(2002：8)论证道，仲裁协议中通常不含有保密条款，而且在大部分主要的商法系统中甚至都没有提及保密问题。布依斯（Buys）(2003)观察到，仲裁程序中涉及的所有参与方在假定存在保密的一般义务或执行此项义务前，应该仔细思考保密的益处和成本，由此提出一个有趣的问题。

就意大利的情况而言，《意大利民事诉讼法》规定仲裁的那一节对此未作规定。⑥ 另一方面，米兰仲裁院（意大利的主要仲裁机构）的仲裁规则自2004年1月1日起更新，仍然含有对保密的特定条款。⑦ 此外，米兰仲裁俱乐部的会员是一群有影响力的仲裁员，在操作中与米兰仲裁院开展合作，曾多次表达"对在国际商事仲裁中实行一般保密原则的支持"（Coppo

---

⑥ 《意大利民事诉讼法》第四卷（标题13），根据2006年2月2日第2号立法令修订的仲裁第40号，参见 http://www.camera-arbitralr.it/Documenti/synoptic_cpc.pdf，访问日期：2011年6月5日。

⑦ 第8条：
(1) 仲裁院、仲裁庭和专家证人应对所有与程序相关的信息保密。
(2) 只有事先获得参与方对仲裁院的书面同意，才可以公布裁决内容。

参见 http:///www.camera-arbitrale.it/consulta.php? sez_id = 178&lng_id = 14，访问日期：2011年6月15日。

2008:606)。我们的数据的确显示所有的受访者都认为这不是一个与仲裁特别相关的方面,因为所有的受访者给它的打分都在 5 至 9 分的区间。此外,数据显示这个问题的平均分数是 7.1 分,这意味着对这个仲裁方面的担忧程序较低。另一方面,可以注意到,12 位受访者认为保密仍然在仲裁程序中发挥相关的作用,这是一个有趣的情况。那些认为是一个积极方面而支持保密想法的人作出了评论,从非常一般的考虑到更具体的原因,评论的范围很广。

(9)[……]这是(。)仲裁程序一项明确的优势,而且仲裁参与方确实认为这是一项优势。(CERG 2008:I 4)

(10)[……]在那个案例中(。)他们(1.4)有保密的特别需要(1.6)他们绝对想要回避(。)公开,因此仲裁是较好的选择。(CERG 2008:I 10)

(11)[……]好吧(1.8)很让我惊讶(2.1)我(。)我(。)很让我惊讶的是仍然非常(。)非常(。)非常强烈支持仲裁的一个论点。(CERG 2008:I 12)

(12)[……]仲裁中(。)都在谈论保密,但是如果最后披露了,那会发生什么呢(。)像这样的什么都没发生(1.8)它就是一只纸老虎而法庭命令保密倒是实实在在的东西。(CERG 2008:I 6)

(13)[……]如果你想了解仲裁,而你又在阅读 XXX⑧ 的报告,那么你也许可以读到 50 多页关于这个问题的详细说明(。)所以比起法庭上的程序,这个程序的保密就相对较少,而且肯定不会更多。(CERG 2008:I 6)

(14)[……]迄今为止,我还从未看过我的任何客户选择(1.8)选择仲裁,而不选择法院的普通管辖权,仅是因为(保密的1.4)(。)因此我认为这并没有那么重要或者(。)就我所有的具体目标而言(。)我没有看到商业企业或国际企业是个主要的(。)主要的问题。(CERG

---

⑧ XXX 字母代表公司的名称,因隐私原因而未提及。

第十四章
意大利的仲裁：是两面神雅努斯吗？

2008:I 10)

(15) [……] 保密是(。)嗯(。)也许(1.3)和披露的某些义务相冲突(。)因此(。)当我们(。)如果我可以这么说的话(1.6)我们(。)以研讨会的形式呈现仲裁或者这样(。)保密是大家会说到的一样事情(。)大家会提及的(。)好吧(。)但是却不知怎么得被过高估计了。

(CERG 2008:I 2)

在摘录(9)(10)和(11)中，保密被视作仲裁的积极特征。在(9)中，"优势"这个名词使用了两次，以此强调事实上保密被视作整个仲裁程序的一个良好属性。在同一个摘录中，讲话者使用了"确实认为"这个动词短语，以强调参与方在保密这个方面对仲裁的积极认识。在(10)中，保密被认为对组内纠纷特别重要，因为这种纠纷需要高度的保密性，而使用前置修饰语"绝对"后，能表明不惜一切代价回避任何类型的公开。在(11)中，"很让我惊讶"的排比语法能够表明保密出乎意料地被认为是选择仲裁的核心目的。下一个句子也使用了相同的模式，"非常"这个形容词重复出现三次，旨在加强形容词"强烈"的言外力量。另一方面，尽管承认当仲裁参与方在决定诉诸仲裁时仍会考虑保密，大部分受访者强烈主张保密不像过去使用时那么重要了。例如，在(12)中，受访者认为法庭判决的保密命令比仲裁中的保密原则更重要。此处保密被视为"纸老虎"，这意味着至少在意大利的法律背景下，披露应保留的内容，人们不认为这是一个严重的问题。摘录(13)举例说明了另一个问题，即事实上只要仔细阅读某公司的季度报告或半年度报告，也许就能绕开保密的问题。(14)和(15)确认了保密的重要性下滑，其中受访者强调事实上保密并不是仲裁中的一个相关特征，似乎值得在仲裁实践外进行一些考虑。

仲裁的成本

就仲裁的成本而言，12位受访者中有两位认为仲裁成本低于与诉讼相关的成本。大部分受访者(12位中有7位)提出仲裁成本是仲裁员们主要的担忧领域。仲裁程序通常需要多年时间,因此成本高,这主要是因为事实上参与方常常同意延长机构仲裁规则设定的时限。在其他情况中,参与方如果认为自己处于比预期更不利的地位,就倾向于以复杂的方式展示事实或法律要点,以此延长程序。大部分受访者都认为,事实上小型案件的仲裁费用愈来愈高,不过原因各有不同。一个很少受到关注的方面是,如果仲裁员认为案件的预期报酬不值得付出努力,那么仲裁员自己会决定不去受理案件。

(16)我们常常看到信誉良好的知名律师不愿意出任仲裁员,如果纠纷数额不够大,他们在计算后会说(。)我可以从案件中获得的最大数额是这个,而且(默念)可能案件还不方便,因此会等待更大的案件(CERG 2008:I 5)

在(16)中,受访者清楚提及,仲裁小组的预备成员在案件报酬不丰厚时会做出不被指定为仲裁员的决定。就语言实现而言,有趣的是,讲话者在所说内容中涉及了个人情感。此外,间接引语"他们说我可以从案件中获得的最大数额是这个"并不是对用意大利语所说的直接引语的逐字再现。引语确实涉及对原语行为的重大改造和修订。事实上,这些大部分根植于叙述中的间接引语不仅主要起到展示引用内容是确凿或可能的功能,而且通过表现不同的角色(仲裁员、律师和创业家)来强化引用的事件本身。

其他的受访者强调了仲裁机构在控制成本上发挥的作用,主要是因为可以预料到根据仲裁机构规则开展的仲裁所需的成本,如下面的摘录所示。

(17)如果你真的起草了一项精妙的仲裁条款(。)如果你选择正确的仲裁机构,例如你采纳了某一机构独任仲裁员的条款,而该机构的费用很高(。)(清喉咙)你有一些……方式来(。)控制成本,使其仍比任何(。)任何诉讼都便宜。(CERG 2008:I 12)

第十四章
意大利的仲裁：是两面神雅努斯吗？

为什么仲裁变得与诉讼类似？

据受访者称，毫无疑问仲裁变得与诉讼类似，而他们所提供的原因可被归纳如下：

- 对仲裁作为一项解决纠纷方法的了解很少或不足；
- 仲裁自身的属性被认为是另一种形式的诉讼；
- 由于诉讼看似有更好的设置来解决纠纷，因此倾向于诉讼；
- 友好和仲裁毫无关系。

对仲裁作为一项解决纠纷方法的了解很少或不足

在严重影响仲裁开展的诸多方面中，仲裁员的专业背景似乎是其中一个方面。鲍蒂斯塔(Bautista)(2008:9)观察到：

> 由于他们对国际仲裁不熟悉，且缺少这方面的经验，一些地方律师更想继续留在自己的舒适区，建议采用国内的诉讼手段，即使这违背客户的利益。

"继续留在自己的舒适区"这个动词短语表达了一个方面的特点，即似乎倾向于律师特别有自信的那些诉讼程序，如下面的摘录所示。

(18) 是(。)当仲裁条款参考民事程序(。)法规定的规则时(。)会发生这种情况(。)或者当仲裁员并非(。)仲裁方面的专家，而他们自然会觉得适用通常的程序规定让他们感觉更舒服。(CERG 2008:I 3)

摘录(18)似乎提供了两个理由。第一个理由是一些仲裁条款根据民事法起草，第二个理由是，事实上，即使律师缺乏仲裁的专业知识，他们有时也会被指定为仲裁员。这样一来，这些法律执业人员需要像仲裁员一样行动，倾向于使用他们更加熟悉的程序规定。这也适用那些未受过仲裁培训的仲裁参与方律师。如果我们想象这样一个仲裁程序，其中仲裁员和律师都没有丰富的仲裁经验，那我们可以轻松总结出仲裁本身将按照诉讼的

规则和习惯进行,如另一位受访者举例说明的那样:

> (19)是的(1.6)好吧(1.8)我(。)我必须确认,我(。)我确实认为仲裁具有越来越多的正式性以及(小吸口气)嗯(2.2)有时过程不一定由仲裁员主导,而是参与方主导(1.8)当律师对(。)仲裁(。)没有丰富经验,他们会成为诉讼律师(。)这也是一个问题。(。)以此为基础(。)接着(。)他们也会事实上(。)主导(轻笑)哈(1.6)过程变得更加程序化。(CERG 2008:I 4)

国际商事仲裁成为一个大业务,而仲裁机构之间、仲裁员本身之间以及律所之间的竞争都越来越激烈(Bautista 2008)。过去30年间发生了巨大的变化。此前仲裁主要通过为人熟知的"元老"组成的一定人数的团体开展,而现在则转变为德扎莱(Dezalay)和格斯(Garth)(1996:54)所称的"美国游说",标志着引入了一种新的类型,一位美国仲裁员(Dezalay and Garth 1996:55)总结如下:

> [……]律师在团队中工作更加关注事实、意向、目标和延迟。开始看起来更像是诉讼。

这个引用突显了仲裁与诉讼变得类似的一些原因。首先,新的仲裁执业人员都是大型律所的成员,为其客户提供一个更加复杂的选择组合,仲裁是其中一部分,也包括诉讼。其次,这些律所执业人员作为诉讼律师进行培训,即为客户赢得好的结果,倾向于像在诉讼中的方式一样行动,这通常会导致故意采取程序策略来取得特定的结果。其中一位受访者在陈述下列内容时也提到了"元老"(Dezalay and Garth 1996:57):

> (20)[……]因为和20年前相比,如果你描绘现在的情形(。)30年前当市场规模更小,而仲裁员数量也较少时(1.4)非常高的标准(。)都非常有能力(。)有威望(。)他们就是某一类艺术家,而且他们(1.5)他们都是(。)顶尖的人才(1.5)案件较少(。)都是大型案件(。)所以当时仍然都是绅士们在处理(1.8)就是这样(1.7)可能还不需要担保(。)例如程序担保(。)现在有个广泛的现象(。)一个(1.4)也是一个更

第十四章
意大利的仲裁：是两面神雅努斯吗？

普遍的现象(。)有了新的(1.6)商业形式(1.4)有了新的仲裁员(2.5)有了(2.7)较低的级别(。)再次出现(。)这是正常的,因为有不同的数量,所以也要接受(。)参与者(。)的素质不同(。)我说的参与者指的是律师和仲裁员(2.4)素质变差,因此我认为所需的反应是需要担保(。)像降落伞(。)因此我想要别人听到我的意见(。)我想要行使权利让别人听到我的意见(。)我想要给你这样的权利(清喉咙)可能这就是司法化的崇高原因,接着还有一个不那么崇高的原因是(2.4)英美法系对国际仲裁的影响越来越(1.8)大,而你知道英美法系处理审判和程序的方法与我们大陆法系的方法不同。(CERG 2008:I 10)

在(20)中,被访者重点关注国际商事仲裁数量上升后的相关问题,一方面,这对将越来越多的法律执业人员纳入仲裁实践产生积极影响,另一方面,这对他所称的"参与者"(即仲裁员和顾问)的素质降低产生消极影响。这里强调了当仲裁由少数几位、知名和高价值的仲裁员(有威望/某一类艺术家/顶尖的人才)开展时,就不需要程序担保,而这能将仲裁与诉讼区别开来。由于仲裁作为一项纠纷解决方式变得普遍,为应对这一问题,当仲裁员的数量增加时,事情发生了剧烈迅速的变化。从语言学角度来看,这个摘录提供了一个有趣的例子,说明叙述中的间接引语,其中受访者扮演参与方的律师,说到"我想要别人听到我的意见,我想要行使权利让别人听到我的意见,我想要给你这样的权利"。通过使用间接引语的形式,被访者再次表示参与方律师可能向仲裁员陈述的内容。由于我们接触不到参与仲裁程序的律师的原话,我们看到间接引语作为一种修辞工具进行使用。从实际角度考虑,这种模式既能形成论点(Baynham 1996),而且举例说明程序规则是如何插入仲裁程序的。就语言实现而言,似乎有必要注意到"我想要权利"三次微调为"我想要行使这项权利"。排比语法表明"权利"适合"诉讼"程序,而不适合仲裁程序。有意思的是,代词"我"清楚固定在"被引用情形的背景而不是当前引用情形的背景"(Bolden 2004:1091)。此外,我们看到讲话中使用了时态,现在一般时与叙述行文一致,因为现在一般时指的是在引用事件时发生的动作。

仲裁作为另一种形式的诉讼

近期,意大利的仲裁裁决可以被许多原因提出质疑,这些原因包括仲裁员在适用法律时的错误。在2006年改革后,参与方可对裁决提出质疑的理由相对减少,这就使得仲裁裁决更具终局性。不过,显然仲裁失败方可能采取一切手段来避免执行裁决。就裁决终局性而言,意见再次出现分歧。一些受访者提及对仲裁裁决提出的质疑次数上升,并认为这是:

(21)[……]事实上出现了一个症状,仲裁被越来越认为是一种诉讼的形式(。)因此,仲裁的文化和实践出现变化,因此导致出现更高程度的不遵守行为。(CERG 2008:I 4)

受访者强调了许多方面,其中一个方面是在许多情况中,仲裁员倾向于像在法庭上那样开展整个仲裁程序,因为这是他们受到的培训所致。下面的摘录举例说明了此类行为:

(22)受访者:是的,我(。)我(。)相信(1.8)根据我的个人经验,我看到许多仲裁员管理仲裁程序的方式与(1.9)他们(2.4)他们他们(1.8)普通法院管理一般(。)程序的方式相同,而且(。)我认为这是最大的(。)对仲裁尝试的最大且最重要的挑战(1.5)嗯(。)尝试做。

访问者:不要照搬诉讼(。)这是你的意思。

受访者:(。)是的(1.5)因为基本上像我此前提到过的,许多仲裁员倾向于(。)嗯(。)规范(。)嗯(1.7)管理程序时应用(1.6)民事程序(。)规定(。)而且(默念)这听起来不是一个好的(。)好的方法。

访问者:就像他们在法庭那样

受访者:(。)就像他们在法庭那样(。)是的是的。(CERG 2008年:I 3)

由于诉讼看似有更好的设置来解决纠纷,因此倾向于诉讼

仲裁变得与诉讼越来越相似的一个更深层原因是,相较仲裁,诉讼看似

第十四章
意大利的仲裁:是两面神雅努斯吗?

有更好的设置来解决纠纷。

（23）变得类似是不可避免的,因为仲裁是法庭判决的替代品,而法庭在几个世纪中形成了处理纠纷和国家事项的法律和程序,良好的法庭体系事实上是解决纠纷的极佳体系,仲裁自然因其是替代品就倾向于遵循这种模式吗？他们显然不是因为友谊或者谁为法官支付更多报酬而作出判决的。(2.1)那么,人们倾向于遵循法律,而由于法律体系的原因,法律将主要撰写在由法官制定的判决中,原因到底是什么呢？(CERG 2008：I 6)

这里受访者重点关注一个事实,即法庭体系形成了被证实能有效解决纠纷的程序。讲话者将仲裁裁决定义为"法庭判决的替代品",表明法庭体系比仲裁更具信赖度。

就指定律师担任仲裁员而言,大部分受访者认为律师在有效仲裁上发挥了重要的作用。

（24）[……]有(1.8)具体的经验,并能实现估计案件可能发生的真实结果而且(1.7)等等(1.8)都是应该帮助(1.7)找到解决方案的所有要素。(CERG 2008：I 10)

（25）[……]绝对(。)我想说(1.4)必要的,因为(1.7)最终你期待(1.9)以法律为依据(。)由某人作出友好的判决[……](CERG 2008：I 11)

事实上仲裁员应以法律为基础,这是意大利仲裁员给这个行业本身添加的一个主要特征。似乎毫无疑问的是想要成为一名优秀的仲裁员,必须首先是一名律师,即使这还需要一些谨慎的思考,如一位受访者在主张下列内容时表示的那样：

（26）[……]如果作为合格的律师,那么,他们确实成功地为争议增加了价值(1.7)而且如果(。)律师实际上受理仲裁部门的业务或者是诉讼律师,那么他们在背景中不愿(。)嗯(1.8)让参与方达成解决方案,并再次不想按照正式规则进行游戏,因为这很可能毁坏了整个任

务。(CERG 2008:I 4)

友好和仲裁毫无关系

在谈及仲裁员发挥的功能时(Nariman 2000:267)主张:"仲裁员应该是一位——其功能不仅在于判定争议,而且在于通过参与方的协作友好解决争议"。

就这个问题得到的答案中含有诸多方面,其中一个方面涉及对这句话意义的初步观察:"仲裁最初的目的是帮助'友好地'解决纠纷。"大部分被访者观察到仲裁本身有判决的性质,与友好解决争议毫无关系。例如,有位仲裁员说道:

(27) 嗯(。)好吧(。)嗯(。)根据我的意见,而且基于我的,嗯(。)仲裁中没有友好(1.8)仲裁仍是一个审判的程序(。)如果参与方想要开始友好解决纠纷的程序,那么调解者准备好提供这样不同的(2.3)这样不同的服务。(CERG 2008:I 3)

在另一种情况下,受访者对该陈述持异议,并论证道:

(28) 我不同意这项主要陈述,我的意思是(。)有时你发现仲裁条款说在采取仲裁手段前,合同方必须努力友好地解决纠纷,并将其作为仲裁的一项条件,但是一旦进入仲裁后,根据定义参与方会针锋相对,需要打一场法律战,因此需要律师[……]。(CERG 2008:I 5)

因此,讲话者提出仲裁是另一种形式的诉讼,而表明法律战即将开始的词条支持了他的观点。例如,他说"针锋相对"或"需要打一场法律战",因此如果雇用律师的话就有了更好的准备。甚至仲裁员应在参与方的积极合作下、帮助友好解决争议的假设也开始受到质疑,因为:

(29) [……]如果一方认为因其选择了仲裁,那么将以友好的方式进行解决(。)这是错误的(。)有人应告诉参与方事实并非如此(。)这是一个诉讼程序(。)这是一个解决纠纷的程序(。)因此是一个法律

第十四章
意大利的仲裁：是两面神雅努斯吗？

纠纷(。)(1.7)

讲话者继续解释道：

[……]如果你违约了，或者很难解释作为法律文件的合同，最终你需要一位法官，你也需要一位出任仲裁员的律师。(CERG 2008：I 5)

因此，受访者的行为似乎就像两面神雅努斯。仲裁有可能被选为一种解决纠纷的方式(雅努斯戴着仲裁员的面具)，但是同样这种方式既不友好也不快速。相反，它是一个旨在解决浮躁法律纠纷的诉讼程序，而这样的纠纷只有出任仲裁员的法官或律师才能解决(雅努斯戴着诉讼裁判者的面具)。

谈到裁决在不受法官控制的情况下制定时，一位受访者说了两个长句，含有属于不同类别的批判主张，主要包含形容词和动词：

(30) [……]程序中缺失了法官的任何有效控制，这意味着仲裁极有可能产生撰写巧妙的糟糕裁决，因为数百页纸张都在完全无用地概括程序，而在这几百页纸中，通过其中的一些分析只得到了完全不合逻辑的决定，但这本质上是仲裁员可以免责的任务。如果没有上诉法院告诉他们工作极差，我会对此感到非常沮丧(。)事实上仲裁员只对自己的良知负责，而不幸的是也就是只对他们的朋友负责。(CERG 2008：I 4)

在第一句话中，动词短语"仲裁产生了"的宾语是一个名词长短语，该短语含17个词。有意思的是，动词被广泛用作名词的前置修饰语(书面裁决在写作技巧上非常糟糕；完全无用地概括；完全不合逻辑的决定)，表达明显的批判主张。此外，上面的句子显示出讲话者使用了其他的语言工具来表达批判意见，例如形容词(无限、糟糕、无用、不合逻辑)以及名词(缺失、旋转、免责)。值得注意的是，事实上"旋转"这个词用作暗喻，表示为适应一方需求而快速调整的内容。非常出人意料的是，口语的延伸不含任何障碍的例子，这种例子显示出事实上讲话者对某些裁决的批判意见是主要的语用目标。在批判意见最后一节，重点关注仲裁本身最为重要的一个方面,即仲裁员的独立和公正。因此,受访者论证道,在一个圈子内的仲裁员,只根据所谓的道德准则,而不是依靠独立和公正来裁决争端。

结　　论

采访无疑是语用调查(Briggs 1995)中最少受到调查的一个领域,有关仲裁执业人员的采访也不例外。很少有关于采访和叙述仲裁实践的研究,其中一个原因可能与行业本身有关。仲裁执业人员都非常忙,如果没有可能,很难和他们安排采访。此外,我们收集了意大利仲裁执业人员的小型语料库,用于研究仲裁实践的多个方面。我们明确了为何这些执业人员比诉讼更倾向于仲裁的原因,以及国家商事仲裁的担忧领域。

就仲裁变得与诉讼类似而言,受访者确定了四个主要的原因,即对仲裁作为一项解决纠纷的方式了解很少或不足;仲裁自身的属性被认为是另一种形式的诉讼;认为诉讼而非仲裁看似有更好的设置来解决纠纷;"友好"和仲裁极少有关系或毫无关系。

就语言实现而言,语料库含根植于叙述中的直接引语行为的例子,不仅起到展示引用内容是确凿或可能的功能,而且赋予仲裁程序中的不同角色以生命。从词汇角度考虑,受访者使用了大量通常在法律语言中使用的拉丁短语和表达。虽然根据这些结果还不能得出绝对的结论,但是意大利的法律执业人员似乎与诉讼紧密相关,当他们在讲述自身的仲裁经验时,更倾向于使用诉讼中常见的语用工具和词条。

致　　谢

本章在国际研究网络——"国际商事仲裁实践:话语分析研究"的框架内开展,该研究获得香港科研拨款委员会 CERG 基金(项目号:9041191)的资助。项目细节及协作网络可在这个网站(http://enweb.cityu.edu.hk/arbitrationpractice/index.html)上查看。

第十四章
意大利的仲裁:是两面神雅努斯吗?

我想要感谢项目主要调查人员维杰·K.巴蒂亚教授(Vijay K. Bhatia)以及意大利协调员毛里济奥·戈地教授(Maurizio Gotti)的合作。我也想感谢下列律师、学者和仲裁专家,有他(她)们无私的帮助才使这项研究成为现实。

斯特凡诺·爱萨尼(Stefano Azzali)律师

马西莫·贝尼德特利(Massinmo Benedettelli)教授

加布里尔·邦尼凡托(Gabriele Bonivento)律师

乔凡尼·德贝尔蒂(Giovanni De Berti)律师

塞西莉亚·卡拉拉(Cecilia Carrara)律师

罗伯特·卡萨提(Roberto Casati)律师

保罗·吉尼格奈提(Paolo Gnignati)律师

安吉洛·鲁奇尼(Angelo Lucchini)教授

威廉姆·麦古恩(William McGurn)律师

斯特凡诺·摩德纳(Stefano Modenesi)律师

麦卡尔·蒙提奈瑞(Micael Montinari)律师

阿尔伯托·南尼(Alberto Nanni)律师

克里斯蒂娜·帕加尼(Cristina Pagni)律师

斯特凡诺·帕甫勒提克(Stefano Pavletic)博士

参考文献

Battaglia, Salvatore (1961): *Grande Dizionariodella Lingua Italiana*, Torino, UTET.

Baynham, Mike (1996): Direct Speech: What's it Doing in None-narrative Discourse? *Journal of Pragmatics*, Vol. 25, Issue 1, 61-81.

Bautista, Jun (2008): International Arbitration—Past, Present and Future. Paper presented at 'The International Arbitration Conference Brunei' and 2nd RAIF Conference, Brunei, 16-17 August 2008, 7-10.

Belotti, Ulisse (2003): Generic Integrity in Italian Arbitration Rules. In Bhatia, Vijay K., Candlin, Christopher N. and Gotti, Maurizio (Eds) *Legal Discourse in Multilingual and*

Multicultural Contexts, Bern, Peter Lang, 19-40.

Bhatia, Vijay K. (2004): *Worlds of Written Discourse: A Genre-based View*, London, Continuum.

Bolden, Galina (2004): The Quote and Beyond: Defining Boundaries of Reported Speech in Conversational Russian, *Journal of Pragmatics*, Vol. 36, Issue 6, 1071-118.

Borg, Erik (2004): Discourse Community, *ELT Journal*, Vol. 57, No. 4, 398-400.

Briggs, Charles (1995): Interview, Handbook of Pragmatics Manual, Amsterdam, John Benjamins Publishing Company. Online at ⟨http://www.benjamins.com⟩, accessed 15 June 2011.

Buys, Cindy G. (2003): The Theories between Confidentiality and Transparency in International Arbitration, American Review of International Arbitration, Vol. 14, No. 121, 121-38.

Coppo, Benedetta (2008): RiservatezzavsTrasparenzanell' ArbitratoInternazionale e neiLabvori di Revisione del Regolamento UNCITRAL. La posizione del Club of Arbitrators in Milano, *Arbitraje. Revista de arbitrajecommercialy de inversiones*, Vol. I, No. 2, 605-8.

Crystal, David and Davy, Derek (1969): *Investigating English Style*, London, Longman.

Dezalay, Yves and Garth, Bryant G. (1996): *Dealing in Virtue*, Chicago, IL, University of Chicago Press.

Hyland, Ken (2000): *Disciplinary Discourse: Social Interaction in Academic Writing*, London, Longman.

Janey, Richard W. (2002) Cotext as Context: Vague Answers in Court, *Language & Communication*, Vol. 22, No. 4, 457-75.

Kouris, Steven (2005): Confidentiality: Is International Arbitration Losing One of its Major Benefits?, *Journal of international Arbitration*, Vol. 22, No. 2, 127-40.

Mellinkoff, David(1963): *The Language of the Law*, Boston, Little Brown & Co.

Misra, Jordan and Jordans, Roman (2006): Confidentiality in International Arbitraton, *Journal of International Arbitration*, Vol. 23, No. 1, 39-48.

Nariman, Fali S. (2000): The Spirit of Arbitration, *Arbitration International*, Vol. 16, No. 3, 261-78.

Ong, Colin Y. C. (2005): Confidentiality of Arbitral Awards and the Advantage for Arbitral Institutions to Maintain a Repository of Awards, *Asian International Arbitration Journal*, Vol. 1, No. 2, 169-180.

SoundScriber (2004): Regents of the University of Michigan. Online at ⟨http://www-personal.unmich.edu/~ebreck/scriber.html⟩, accessed 15 June 2011.

Swales, John (1990): *Genre Analysis: English in Academic and Research Settings*, Cambridge, Cambridge University Press.

To, Christopher (2008): *Confidentiality in Arbitration*. In Bhatia, Vijay K., Candlin, Christopher N. and Engberg, Jan (Eds) *Legal Discourse across Cultures and Systems*, Hong Kong, Hong Kong University Press, 75-108.

Trakman, Leon E. (2002): Confidentiality in International Commercial Arbitration, *Arbitration International*, Vol. 18, No. 1, 1-18.

Wegner, Etienne (1998): *Communities of Practice: Learning, Meaning and Identity*, Cambridge, Cambridge University Press.

第十五章
仲裁是否被诉讼殖民了？
——新加坡背景下的从业者视点*

〔新加坡〕苏基塔·卡帕利亚（Sujata Kathpalia）

背　　景

新加坡是国际商业中心，吸引了来自全球的跨国公司。而在新加坡商业活动增加的同时，这些公司间争议的数量也增加了。过去，这些争议通过新加坡的司法系统解决，但是近来，提供替代性争议解决方案的仲裁在新加坡日益受到欢迎。为了满足仲裁的需要，新加坡国际仲裁中心①（SIAC）已于1991年7月设立，并获得了新加坡经济发展委员会（EDB）和贸易发展委员会（TDB）的财政支持。此后，新加坡国际仲裁中心的知名度不断提升，并在中立第三国审判地中获得第三名，至今共处理超过1,500起仲裁案件。该中心拥有最高水平设施，以及技术和法律专业技术以服务仲裁程序。

新加坡吸收了1985年联合国国际贸易法委员会（UNCITRAL）《国际商事仲裁示范法》（ML），而且在仲裁法上适用国际和国内仲裁的两个体系（Merkin and Hjalmarsson 2009）。国际仲裁法主要是基于示范法，并根据当地法作出了调整，不允许司法干预，而在某些案件中国内仲裁法允许司法

---

* 本文由中国香港特别行政区政府科研拨款委员会的项目"国际商事仲裁实践：话语分析研究"提供支持［项目编号：9041191（CityU 1501/06H）］。

① 新加坡国际仲裁中心网站：http://www.siac.org.sg，访问日期：2011年6月20日。

第十五章
仲裁是否被诉讼殖民了？

干预,案件中一方弱势于另一方时尤其如此(ibid)。基于这种双重性,在新加坡进行国际仲裁活动越发有吸引力,而新加坡国际仲裁中心依据立法承担了重要的法定责任,也发挥着仲裁中心机构的应有作用。

仲裁是替代性争议解决机制(ADR)(如和解及调解)之一。这三种形式的争议解决方式和诉讼的主要区别在于这三种方式被设为非对抗性的(Tan and Lee-Patridge 2000)。将仲裁和诉讼进行比较的话,前者是同意接受任命仲裁员决定双方之间法庭外争议的私人解决途径,而后者中,争议由法庭解决。泰伊(Tay)(1998)认为,仲裁不同于诉讼在于其是私人的、合意的。从程序上,仲裁有五个不同的阶段,包括启动、组成仲裁庭、庭前听证、听证及执行(Lim, Ta and Woo 1993/1994；Buhring-Uhle 2006)。一旦争议当事人在启动阶段书面达成仲裁协议并设立了仲裁庭,将会继续庭前听证阶段决定程序细节并用文件证明争议问题。在听证阶段,会审验双方提交的文件并提交证据或主张给仲裁庭。决定将通过仲裁裁决传达,在任何国际商事仲裁(ICA)中裁决都是终局而具有约束力的,并在加入1958年《承认及执行外国仲裁裁决纽约公约》(以下简称《纽约公约》)的所有140个国家强制执行(Moses 2008)。

新加坡的国际仲裁主要规定在《1994年国际仲裁法案》(*International Arbitration Act 1994*)第23条中,于1995年进行修订并于2002年公布前被修改(第143A章)(Merkin and Hjalmarsson 2009)。对于国内仲裁,主要适用《2001年仲裁法案》(*Arbitration Act 2001*)(第37章)的修订版本——《2002年仲裁法案》(*Arbitration Act 2002*)(第10章)。这种国际和国内仲裁的区分使新加坡成为受欢迎的国际仲裁审理地。而新加坡进行的国际仲裁允许外国律师介入,这更加强了新加坡作为国际仲裁中心的知名度。关于仲裁的基本标准,联合国国际贸易法委员会起草了示范法,确认了"当事人对仲裁程序的自治权、没有任何上诉程序、在默认权力程序中限制司法干预,以及除管辖权和显然不合理程序的案件外免费对裁决强制执行"(Merkin and Hjalmarsson 2009：2)。对于国际商事仲裁,这些条款的修订增加了仲裁的吸引力,使其成为相比诉讼而言更受欢迎的争议解决方式。

国际商事仲裁中的话语与实务：问题、挑战与展望

仲裁的优势与劣势

在商事界,仲裁更受欢迎,因为其相对于诉讼有许多优势。普华永道(PricewaterhouseCoopers)(2008)近期针对82个公司律师研究发现,国际仲裁不仅是跨国争议中最受欢迎的争议解决方式,而且在实践中,尤其在裁决执行中也被认为非常有效。它的主要优势在于快速解决争议和仲裁成本的有效性;自由选择裁决者;时间、日期、地点和规则的灵活性;程序的保密性;有益的环境;仲裁裁决的可执行性(Lim, Tan and Woo 1993/1994; Moses 2008; Tay 1998)。从理论角度看,仲裁被视为商事界替代诉讼的更优选项,但是前者的优势,尤其是关于仲裁速度和成本的优势,在实践中并不确定。有人认为同诉讼相比,仲裁仍有相当的劣势。从法律专家的角度看,仲裁员缺少法官具有的权力,不同于法庭判决,他们无须说明裁决理由,出于程序的保密性质,他们无须遵循先前的仲裁程序。同时,假如他们不是经过训练的律师,他们可能缺乏处理复杂案件的法律专业知识(Lim, Tan and Woo 1993/1994; Moses 2008; Tay 1998)。另一方面,也可以将这些劣势看作给予仲裁员权力,使其不受法庭规则限制,在仲裁中享有更大自由,在决定程序上几乎有无限灵活性,而裁决也可以任何形式书写,不用顾虑会被质疑。有关仲裁的一些主要的优势和劣势将在下文中进行分析。

仲裁的优势

仲裁更快更便宜,主要是由于仲裁程序的灵活性。仲裁程序中的当事人不受限于国内程序法(Paulsson et al., 1999),并能自由决定程序及时间框架。此外,依据法律及/或当事人的合意,对于经常延迟法庭决定的对裁决的上诉在仲裁中是不允许的。这不仅缩短了程序,也降低了费用,因为收费是基于听证的性质、数量及长度。泰伊(1998)认为,在特定情况下仲裁可能更便宜,例如当争议只通过文件证据而不经过庭审程序解决,以及仲裁由技术性仲裁员而非律师进行时。然而,如果有专业律师参与其中,

第十五章
仲裁是否被诉讼殖民了？

在全部听证中程序均参照诉讼,除非仲裁员和律师在听证前缩小争议问题范围以努力节省时间,否则费用会不断增加。随着国际仲裁作为争议解决方式越发受到欢迎,新加坡国际仲裁中心于2010年更新了其规则以鼓励在新加坡通过仲裁更快更便宜地解决商事争议。其中包括对金额不高于500万美元案件的加速仲裁或"快速通道"程序,而且自组成仲裁庭起裁决能在6个月内出具。

仲裁相对于诉讼的另一主要优势在于当事人可以基于专业资格、经验、性格和费用自行选择仲裁庭成员(Lim, Tan and Woo, 1993/94;Tay, 1998;Paulsson et al. 1999)。相比熟悉特定领域及相关问题的专家仲裁员,法庭任命的法官则不一定具有特定商务领域的技术背景和经验;作为内行人,他们可能会达成革新性的解决方案,并作出不同于关于公平正义的司法解释的高质量裁决。另一方面,法官被迫严格执行法律,因为法庭不允许裁决中有个人理解。除了技术性专业知识,仲裁员更容易获得信任和信心,因为他是由相关当事人选择和授权的,更能友好地解决双方冲突。此外,许多法律专家过度专注,因此花费的时间常超出必要范围。为了改正这种现象,新加坡国际仲裁中心最近更新了规则:新加坡国际仲裁中心的主席有权判定待任命的仲裁员是否有充分时间以快速高效的状态处理案件,这主要是为了避免因无法亲临仲裁庭而造成不必要的拖延。

仲裁程序中选择地点、日期和规定的灵活性对于诉讼来说无疑是优势,诉讼必须在法庭选定的时间和日期遵循特定法庭程序并在法庭内进行。同争议当事人达成合意后,仲裁员可以在进行程序的特定仲裁地适用其自己熟悉的程序。例如,依据情况,他们可以选择仅以文件或问询的方式,甚至可以在一方当事人缺席的情况下进行仲裁,因为SIAC规则允许这么做以避免程序上的延迟(Tay 1998)。

最后,程序的保密性、有益的环境以及仲裁裁决的执行使仲裁作为诉讼的替代者更有吸引力。程序在私下进行并且不像法庭那样正式,争议当事人因而可以在没有不合理曝光的情况下解决问题,同时在不对其生意造成负面影响的情况下保持其商业关系(Lim, Tan and Woo 1993/1994;Tay

1998)。从这种程序的结果看,仲裁裁决同法庭判决一样可以强制执行,并适用于所有《纽约公约》的签署国。但实际上由于仲裁裁决的不可更改,对于裁决的上诉通常难以实现。(Paulsson et al. 1999)。

仲裁的劣势

尽管仲裁有许多优势,但在仲裁员缺少权力、法律专业知识和对案例研究的遵循上并非完全没有问题。诉讼中,法官的权力来自于法庭和国家,而仲裁员对争议涉及的第三方没有任何法律权威。在这种情况下,他们必须寻求国内法庭协助,获得关于案件的第三方禁令和认可(Paulsson et al. 1999)。与之相对的是仲裁员缺乏法律专业知识的问题,尽管他们在争议领域有技术性专业知识。泰伊(1998:20)认为,"缺少司法方法的专业比任何非技术性的法官更糟糕"。关于仲裁的最后一点担忧是基于程序的性质,仲裁员不遵循先前的程序,造成他们无法估计仲裁可能的结果(Lim, Tan and Woo 1993/1994)。

从理论角度看,仲裁的优点在重要性上似乎胜过了其限制,但是新加坡的从业者基于其仲裁中的实践经验是否赞成这些观点仍待考查。

研 究 目 的

为了进一步探究仲裁和诉讼的关系,尤其为了判定作为诉讼实践替代者的仲裁在仲裁实践中的完整性程度,本研究以小范围为基础考查了新加坡仲裁员的观点。为实现此目的,设计了一份调查问卷并分发给新加坡的仲裁员和法律从业者,在国际上,该调查问卷同时也是《国际商事仲裁实践研究》[②]的国际首创的一部分。此外,于 2010 年 1 月 23 日举行的第 20 届新加坡 AIFA 研讨会上关于仲裁的程序是数据的另一个来源,研讨会上的许多问题都与本研究所涉及的调查问卷相关。研讨会的架构以文字资料形

---

② "国际商事仲裁实践:话语分析研究"这一国际研究项目由香港城市大学的维杰·K.巴蒂亚牵头,可参见〈http://www.english.cityu.edu.hk/arbitration/〉,2011 年 6 月 15 日访问。

式在会前分发,包括了关于特定仲裁和法律议题及其相关问题的简介。人们在研讨会上对这些议题及问题的探讨为进一步研究提供了基础,无论法律专家、仲裁专家或是其他与会人士都能从中获得启发。其中一些讨论已包含在下文中以证实调查结果。

方 法 论

如前文所述,本研究主要的数据收集方法是通过特别设计的调查问卷,此外,调查结果来自目标组和第 20 届 AIFA 研讨会参与者处收集的信息证实。另外,结果还可通过主项目进行的专家研究采访证实。本部分附有调查问卷的设计细节、回答者的概况和提交的研讨会文字资料。

调查问卷设计

调查问卷主要包括三个部分。开篇部分描述了调查问卷的目的,即收集国际商事仲裁从业者的专家意见。调查问卷主要由题为"国际商事仲裁实践:话语分析研究"的项目设计,由中国香港特别行政区政府科研拨款委员会出资在香港城市大学进行。研究还强调了研究的目的,即判定作为诉讼实践替代者的仲裁实践中仲裁的完整性程度,以及研究的有用性,即便于更好地理解仲裁程序和实践。调查问卷的第二部分用于收集受访者的个人信息,包括他们的教育背景、职业、被指定以及作为仲裁员的经验。第三部分包括了 20 道封闭性(是非、多选、李克特量表、排序问题)以及 2 道开放性问题,涉及仲裁以及其与诉讼的关系,还包括诸如和解及调解等其他类型的解决方式等类型的问题。

受访者的概况

调查问卷以纸质及电子形式分发给在新加坡执业的数名律师。只有 8 名受访者按时完成并返还。调查的受访者都是以法律为职业,包括 6 名律师和 2 名出庭律师/诉讼律师。其中 4 人现在是合伙人,2 人是律师,1 人是法律专家,1人是法律顾问。他们的资质涵盖法学学士(5人)、法学硕士(2人)、博士(1人),并且他们都有仲裁经验,其中一半处理过1—15起案件,另一半处理过50—100起案件。

研讨会议题和问题

研讨会讨论重点是参会者事先提交并以文字资料形式分发的一系列问题。文字资料中的每个讨论议题包括了议题的背景信息以及该议题相关的问题清单。因此,讨论采用了常用的议题—问题—讨论的三段式结构,模仿了实际的采访形式。详细的笔记在整个程序中都有记录,但本章只包含了与本研究相关的讨论议题。如前所述,公开的以及研究采访知名学者和从业者所得的观点和看法也是所作主张的有效证据。

结果和讨论

为便于分析,调查问题根据相关分类进行了分组。其中包括了受访者相比诉讼偏好仲裁的理由;对于仲裁的顾虑,诸如费用、法庭上诉和裁决的执行;仲裁程序采用的语言、风格和方法;以及,最后,对于不同争议解决方式尤其是仲裁和诉讼的比较。关于这些的结果和讨论可见如下:

偏好仲裁的理由

对于是否仲裁将仍旧是解决跨境商事争议的更受欢迎的方式,高达88%的受访者认为他们强烈同意(50%)或同意(38%)该陈述。根据调查结果,相比诉讼更偏好仲裁的三个主要理由包括(按提及顺序依次是)保密性和灵活性(当事人的自由选择)、裁决的执行以及相对快捷的过程。剩余的两个理由,包括程序的非正式性及金钱方面,并没有排在很前面。对于这一问题的回答同调查问卷中一个类似问题的回答相对应,那个问题中仲裁裁决的强制执行性及仲裁地的自由选择是相比诉讼更偏好仲裁的首要原因。第二个原因包括流程及程序的灵活性、在几乎所有决定方面鼓励当事

第十五章
仲裁是否被诉讼殖民了？

人的积极参与以及仲裁程序的保密性和私密性。相比诉讼更偏好仲裁的第三个理由是能够参与选择仲裁员。这些结果同普华永道(2008)调查的结果是类似的，其中86%的公司顾问表示他们对国际仲裁感到满意。即使是他们偏好仲裁的理由都和目前的研究相似，排在前面的理由包括仲裁裁决的强制执行性、程序的灵活性以及可以自由选择有经验的仲裁员。

关注重点主要在于裁决的强制执行性、程序的保密性和程序进行的灵活性一点也不意外，这些因素是仲裁独有的特征，有了它们才使仲裁在国际商事争议中更具吸引力。法庭判决只能在国内强制执行，而仲裁裁决可以在《纽约公约》的所有签署国执行(Moses 2008; Tay 1998)。由于仲裁裁决不能上诉，其程序也没有诉讼那么正式，时间通过排除上诉程序和缩减程序被节省了下来(Lim, Tan and Woo 1993/1994)。保密性是相比诉讼更偏好仲裁的另一发挥主要作用的因素，这是由于各公司都很在意公司形象，为了公司的名誉，不希望公开其同其他商事组织的争议（Moses 2008; Tay 1998）。最后，选择仲裁员或者选择听证地和日期的灵活性给予争议当事人更多的控制权，而在诉讼中则没有这种选择权。毫无意外的是，受访者的选择同其他法律专家就这项议题对于这些因素的关注是一致的。

对于仲裁的顾虑

关于国际商事仲裁的顾虑而使仲裁相较于其他争议解决方式不具有吸引力的问题，许多受访者提出了费用、上诉和仲裁裁决强制执行的问题。相当数量的受访者(63%)认为中/小型国际商事仲裁案件同跨国诉讼一样昂贵，但对于更复杂的案件，大多数人(88%)认为费用上升是争议当事人的主要顾虑。这种关于增加的费用和程序延迟的顾虑在普华永道(2008)调查中也有提及，其中小部分(5%)的顾问对仲裁表示失望。

关于裁决的强制执行性和上诉，受访者认为允许挑战仲裁裁决的终局性将会大幅(63%)或一定程度上(25%)牺牲仲裁流程的完整性。对于争议当事人是否会偏好在仲裁框架内有上诉体系，其中有一半人认为不会，但有一人认为这取决于实际情况，如其中一方与管辖地相关，而上诉法院又位于该地,可能会引起对不公平的担忧。另一受访者指出,在新加坡可能会偏好国内法院的干预,因为当地法院处理案件速度较快。但是,他又指出新加坡的国内法院对于仲裁程序一向袖手旁观,不愿意干预。允许上诉及仲裁流程的费用/速度间存在交换。仲裁流程中允许上诉无疑将会影响程序的费用和速度,这会使得仲裁同一般允许上诉的诉讼程序一样冗长。该领域另一专家也指出了这点(Moses 2008;Tay 1998)。

关于裁决问题,普华永道(2008)进行的全球调查同本研究结果之间形成了有趣的对比。当问及对于仲裁裁决的履行时,前一研究提及了高度的履行性,84%的受访者表示对方完全履行了裁决以维持商业关系。此外,前一研究还表明大多数(92%)仲裁案件在仲裁程序的某一时间被成功解决的主要原因就是为了达到维持商业关系,避免高额费用和额外延迟,以及胜算不大的诉讼的目的(ibid)。少部分不得不强制执行的裁决(11%)主要是因为裁决债务人的情况,而不是出于仲裁程序的缺点。

关于时间问题,第 20 届 AFIA 研讨会就西方世界的计时或限时听证以及将其运用在亚洲地区以更好管理时间的可能性进行了讨论。亚洲地区主要仲裁中心,如新加坡国际仲裁中心(SIAC),香港国际仲裁中心(HKIAC),吉隆坡区域仲裁中心(KLRCA),日本商事仲裁协会(JCAA)和中国国际经济贸易仲裁委员会(CIETAC)的仲裁规则为仲裁程序的进行提供了灵活性,在一些情况下还提供了快捷程序。但是,它们并未明确参考计时(或限时)听证程序。有人建议,限时听证可以是各方在当地情形下在 20 天内各有 50 个小时的限定时间。有些参与方认为停表程序没有必要,最好有个合理的听证时间表。限时听证的危险在于如果当事人没有足够时间进行阐述,最后的结果可能导致裁决的延迟。对此,有人认为最好给双方同等时间,而不是给予各方固定的 50 小时。例如,可以在每次交叉询问时给一方半小时,接着给另一方半小时。仲裁庭应有权在不被冒犯的情况下,告诉律师特定问题已调查充分,因此应继续下一个问题。然而,实践中,这几乎不可能。在一个案件中,项目研究人员有机会旁听,结果导致在仲裁庭没有干预的情况下,一名证人被交叉询问的时间超过了两个整天。

普华永道的研究(2008)发现,承认、强制执行及履行裁决的平均时间小于1年,55%的参与人报告说在1年内得到了解决,而其中44%得到了全额追索。根据大多数情况,高成功解决率主要因为1958年的《纽约公约》,而未能得到全额追索的原因主要是非胜诉方可供执行的财产有限(ibid)。这些数据很有可能正确,但是确认是否同样的情况也适用于新加坡还需要更详细的研究。

仲裁的方式、风格和语言

英语是贸易和商事的国际语言,也是仲裁的主要语言,这点已经被我们调查的所有受访者确认。他们(两名受访者除外)还确认一般对于仲裁中的语言没有提供指引。听证中,如果直接证言是以书面证人陈述形式提交,交叉询问则是从证人那里得出的确认性或反驳性信息的一种受欢迎的形式。当仲裁庭是由来自大陆法背景的专家组成时情况也是如此,而他们一般不喜欢复杂的直接或交叉询问形式。巴蒂亚(Bhatia)(2011:109)也指出:

> 国际仲裁中大量使用书面证据反映了其受大陆法传统的独特影响,而事实发现这似乎是美国特有的实践。根据大陆法传统,证据通常以书面形式提交,由法官而非律师负责向证人提问。如果仲裁庭主要由来自大陆法背景的专家组成,仲裁中一般不允许直接询问证人。

从受访者在本研究中的选择来看,一些人(50%)将其限定在书面陈述的范围内,其他人(38%)则超出这些陈述,其余人称大多数证言是经交叉询问而非之前提交的书面陈述举出。尽管可能基于书面证据作出仲裁裁决,实际往往并非如此,因为在大多数仲裁案件中至少会在当事人间进行一次会议,让其向仲裁庭提交证据和口头论证(Buhring-Uhle 2006)。就证人交叉询问来说,仲裁员似乎遵照了不同的方法,有些将其限制在书面陈述,而有些偏好对问题作进一步考察。

在新加坡进行的第20届AIFA研讨会上也讨论了交叉询问的议题。在接下来的讨论中,有人认为应允许证人陈述案情,而交叉询问在仲裁中应以"友好"问题的形式进行。反对意见认为证人陈述案情是不被允许的,因为这不是证人的陈述,而是由其律师起草的,不仅如此,它们还会延长听证的时间。然而,一名受普通法背景训练的知名仲裁从业者,当在项目专家采访中被问及作为对抗性实践的仲裁时,称:

> 你必须记住向你付钱的客户正坐在你身后,甚至可能同你坐在一张桌子旁,他们希望你为其尽全力[……]因此我认为这绝对是一个对抗性过程。如果我参与其中,我会将其作为一个对抗性过程处理。

然而,参会者似乎一致认为应该有一种中间地带,可能是一种证人会谈流程或评估证人证据的可信方法以区分证人的意见和其律师的指示。巴蒂亚(2011:110)也提出并讨论了这种书面陈述的身份和声音问题,他宣称:

> 尤其是在普通法国家的法庭调查中,有人认为被告没有说出自己的话,他们的身份经常被律师操控。在普通法国家,问题在于"多少程度上证人证言由证人呈交,多少程度上由律师呈交?"如果确实如此,那么下一个问题就是"在法庭中谁的叙述没有展开?"假设证人而非律师是证据的真正呈交者,因此,在国际商事仲裁中,提出"谁负责书面陈述?"是合理的。证人经常提供事实,而律师基于这些事实组织陈述。因此,证人的书面叙述往往成为其事实地位的重复说明,因而在此过程中几乎去除了各种陈述中证人的个人身份。

问及交叉询问中适用的语言形式类型时,大多数调查受访者选择了封闭式问题和直接问题(63%)或只有直接问题(25%)。关于语言风格,答案各异,63%的受访者选择友好、正式以及标准与重点的结合。然而,25%的受访者选择了消极(如敌意的、大声的、坚持的、冗长的)和积极(如友好的、标准的、灵活的、有重点的)风格的结合,强调风格应取决于案件类型,应使用特定情形下最有效的风格。出乎意料的是,他们大多数人(88%)并未完全同意争议应通过争议当事人的积极参与友好解决这一观点。同等比例的受访者(88%)否认仲裁流程的友好性因频繁任命律师作为仲裁员而被破坏了。结果似乎表明没有适用所有案件的某种风格,而交叉询问应依据其相对人调整其方式和语调。考虑到这种反馈,很难将这种结果和仲裁

第十五章
仲裁是否被诉讼殖民了？

从不主张对抗性而友好性是其区别于诉讼的特征这一事实进行调和。

关于"声音"和语言掌握问题，研讨会的参与者认为仲裁庭主席及成员起着重要作用。在温和风格的律师遭遇强势律师时他们尤其关注，担心声音越大则越有说服力。同时，还有人强调应在听证中考虑文化因素。如果案件是非英语母语者对抗英语母语者（如中国人对抗澳大利亚证人），仲裁庭可能要发挥主要作用。仲裁庭应准备充分，了解一切事实，提出正确的问题并使论证在其轨道上，不让任何一方因对语言更好的掌握而获得强势地位。因此，有人总结道，仲裁庭应发挥关键作用，确保事情不脱离轨道，而主席更应明晰把控程序。

诉讼对仲裁的影响

在仲裁实践中，本应是诉讼替代者的仲裁所受诉讼的影响正日益增加（Nariman 2000）。相当数量的受访者（63%）赞同此陈述，并且在回答调查问卷中的另一问题时，他们都认可在一定程度上仲裁的非正式正屈从于诉讼中更技术性的流程和程序。在一个关于仲裁实践被诉讼程序殖民化的开放式问题中，他们进一步对此进行了论述。被要求指明造成现今的仲裁类似诉讼的方面时，他们提出了以下几点：

- 普通法程序，例如申诉、文件披露和对证人进行交叉询问。
- 律师的参与，以及当事人委托退休法官任仲裁员的倾向，而他们很可能在仲裁中遵循法庭程序。
- 律师的对抗性方式使过程更像诉讼。
- 进行仲裁和诉讼的费用区别很小。
- 因没有仲裁员或仲裁员忙于其他事情造成听证安排延迟。

尽管仲裁和诉讼有这些相似点，一名受访者声称仲裁的保密性、便捷的跨境执行和最小的法庭干预仍使其比诉讼更具吸引力。

替代性争议解决方式

除了诉讼和仲裁，还有其他争议解决形式，例如和解和调解（Tan and

Lee-Patridge 2000；Buhring-Uhle 2006）。向受访者提出的开放性问题之一便是这些替代性争议解决方式在未来取代仲裁的可能性。受访者一致认为仲裁不会被和解及调解取代，因为三者是互相补充而非相互排斥的。而对其中一者的偏好取决于争议级别和程度以及当事人的关系。因此，当争议很复杂并涉及法律问题时，当事人更偏好审判，而通过合意解决的可能性较低。尽管受访者都认为一种形式不能被另一种取代，但一些受访者强调现在有起草多重争议解决条款的趋势，要求将和解及调解作为仲裁的前置程序。其中一名受访者表示，出于对仲裁程序某些方面的不满，已有诸如仲裁调解（ARBMED）和调解—仲裁（MED-ARB）程序的革新形式来便利仲裁流程。它们是对仲裁和调解流程的结合（调解—仲裁）并引出了许多争议解决的可能性，其中包括仲裁前调解及仲裁后调解（Buhring-Uhle 2006）。

普华永道的调查（2008）发现，相比诉讼，公司大都支持国际商事仲裁和替代性争议解决方式。事实上，在一些产业中，如保险、能源、石油和燃气及运输，国际商事仲裁是首要的解决方式，有88%的公司确认它们至少用过一次（ibid）。问及解决国际争议的争议解决机制类型时，44%的公司最多使用的是国际商事仲裁，41%是跨境诉讼，15%是以其他争议解决机制作为传统法庭程序的替代项（ibid）。这一趋势在开放性问题的反馈中也有所反映。

结　　论

本研究以调查为基础，从中可以明确看出尽管仲裁受诉讼影响，但其不大可能被诉讼取代。我们的所有受访者均有仲裁程序的经验，他们认为仲裁实践将会保留并发挥与其他争议解决方式（无论是诉讼、和解还是调解）不同的作用。引述本研究的一名受访者的原话：

> 诉讼和仲裁我都参与过，似乎很多从业者认为两者一样并给予同样对待，但是，随着仲裁实践越发特定化，我开始发现仲裁中引入了许多创新性的非正式程序使流程更高效。当事人和仲裁员能自由修正和设置程序以符合待解决的争议，这便是仲裁的优势。

第十五章
仲裁是否被诉讼殖民了?

仲裁程序的形态掌握在从业者手中,他们因而希望通过更多操作这类争议解决方式来提升技能并使仲裁成为与诉讼有显著区别的形式。同时,仲裁程序从和解及调解中引入多重争议解决条款将使其得以保留其作为一个友好的争议解决形式的最初目标。此外,诸如成本效率及便捷等仲裁的最初目标要通过恢复最少的司法干预、不许上诉及重构交叉询问的语言和风格来实现。努力结合运用以上各种方法将保证未来仲裁实践的完整性,使其成为区别于其他争议解决方式的独特形式。

参考文献

Bhatia, Vijay K. (2011): Witness Examination as Interdiscursive Practice, *World Englishes*, Vol. 30, No. 1, 106-16.

Buhring-Uhle, Christian (2006): *Arbitration and Mediation in International Business*, 2nd edition, edited by Kirchhoff, Lars and Scherer, Gabriele, The Netherlands, Kluwer Law International.

Lim, T. Y., Tan, Catherine L. H. and Woo, S. L. (1993/1994): *Arbitration versus Litigation*, Final Year Project, School of Accountancy and Business, Nanyang Technological University.

Merkin, Rob and Hjalmarsson, Johanna (2009): *Singapore Arbitration Legislation Annotated*, London, informa.

Moses, Margaret L. (2008): *The Principles and Practice of International Commercial Arbitration*, New York, NY, Cambridge University Press.

Nariman, Fali S. (2000): The Spirit of Arbitration: The Tenth Annual Goff Lecture, *Arbitration International*, Vol. 16, No. 3, 261-78.

Paulsson, Jan, Rawding, Nigel, Reed, Lucy, and Schwartz, Eric (1999): *The Freshfields Guide to Arbitration and ADR: Clauses in International Contracts*, 2nd revised edition, The Hague, The Netherlands, Kluwer Law International.

PricewaterhouseCoopers (2008): *International Arbitration: Corporate Attitudes and Practices*, London, University of London, School of International Arbitration.

Singapore International Arbitration Centre (2010): Online at 〈http://www.siac.org.

sg/cms/⟩, accessed 12 August 2010.

Tay, Catherine T. S. (1998): *Resolving Disputes by Arbitration: What You Need to Know*, Singapore, Singapore University Press.

Tan, Ngoh Tiong and Lee-Patridge, Joo Eng (2000): *Alternative Dispute Resolution. In Business, Family and Community: Multidisciplinary Perspectives*, Singapore, Pagesetters Services.

附　录

国际商事仲裁实践项目问卷调查表：文本分析研究

感谢您参与本调查。本问卷旨在收集您作为仲裁员或法律专家在国际商事仲裁方面的专业意见，并应用于名为"国际商事仲裁实践：文本分析研究"的项目。该项目获得中国香港特别行政区研究资助局和香港城市大学的资助。调查结果将用于以下方面的研究：

- 作为代替诉讼的手段，仲裁实践如何维持仲裁原则的完整性
- 国际商事仲裁实践涉及的法律知识、专业知识及经验。

我们希望，本研究的成果将有利于更好地理解仲裁程序和实践，并在国际仲裁出版物中获得发表。受访者的信息将严格保密。

个人资料：

您的教育背景是什么？

您的职业是什么？

您目前的头衔是什么？

您担任过仲裁员吗？

迄今为止您参与过多少件仲裁案件？

仲裁问题调查：

1. 虽然仲裁制定的初衷是为了取代诉讼，但目前对仲裁实践的总体印象是：诉讼越来越影响仲裁，仲裁和诉讼越来越类似。请从下表中选择最正确的表述。

第十五章
仲裁是否被诉讼殖民了？

完全同意	同意	不确定	不同意	完全不同意

2．您认为在国际争端中人们选责仲裁放弃诉讼的主要原因是什么？请按照重要性顺序排列一下原因(1 为最重要,6 为最不重要)

[ ] 机密性　　　　　　　　[ ] 各方选择的弹性和自由度

[ ] 非正式性　　　　　　　[ ] 执行裁决

[ ] 程序相对简洁　　　　　[ ] 性价比

3．您认为仲裁过程和程序的非正式性质在多大程度上正被类似于诉讼的更具技术性的裁决所取代？

绝大多数时候	很多时候	有时	很少	从未

4．对中/小案件而言,国际商事仲裁与跨国诉讼的费用相当,但如果案件复杂,仲裁的性价比更高。

[ ] 是　　　　　　　　　　[ ] 否

5．近来国际仲裁费用上升是各方关注的。

[ ] 是　　　　　　　　　　[ ] 否

6．争端各方倾向于选取上诉机制框架内的仲裁程序,而不是某个国家的法院制度。

[ ] 是　　　　　　　　　　[ ] 否

[ ] 看情况(具体) _____

7．诸如通过国家法律和法院系统进行干预的手段在多大程度上能够解决通过仲裁流程和程序的案件？

绝大多数时候	很多时候	有时	很少	从未

8．在仲裁过程中,争端是通过各方积极合作以达到"友好地"解决的吗？

绝大多数时候	很多时候	有时	很少	从未

9．经常将律师任命为仲裁员的做法影响了整个仲裁过程的"友好性"。

[　] 是 [　] 否

10. 在您看来,哪些是仲裁员需具备的重要素养?

[　] 专家/专业知识　　　　[　] 实践经验

[　] 个性友好　　　　　　[　] 灵活性

[　] 交叉询问的技巧　　　[　] 良好的语言能力

[　] 其他:_____

11. 您会出于仲裁程序完整性的考虑而作出具有挑战性的裁决吗?

[　] 会　　　　　　　　　[　] 不会

12. 交叉询问在国际商事仲裁中的重要性如何?

非常重要	比较重要	既非重要也非不重要	比较不重要	完全不重要

13. 诉讼和仲裁的交叉询问过程有何不同?请选择对的。

[　] 交叉询问仅针对证人证词进行。

[　] 交叉询问不仅针对证人书面证词进行。

[　] 法庭所引用的证据多参考交叉询问,少参考事先提交的证言。

[　] 交叉询问环节中会提交新的文件。

[　] 证人对交叉询问有所准备。

14. 仲裁对语言政策有规定吗?

[　] 有　　　　　　　　　[　] 无

15. 当当事人的第一语言不是英文时,英文仍旧会作为仲裁语言使用吗?

[　] 是　　　　　　　　　[　] 否

16. 交叉询问会使用哪些语言形式?

[　] 封闭式问句(是—否问句)　[　] 开放式问句

[　] 直接提问　　　　　　[　] 强制性问句

17. 哪些是民事诉讼律师和国际仲裁员的语言风格?

[　] 敌意的　　　　　　　[　] 友好的

[　] 喧闹的　　　　　　　[　] 正常的

第十五章
仲裁是否被诉讼殖民了?

[ ] 坚持的 　　　　　　　　　[ ] 灵活的
[ ] 啰嗦的 　　　　　　　　　[ ] 专注的

18. 请选出在国际商事实践中提请仲裁而非诉讼的头五个原因(1 为最重要的,5 为最不重要的)。

[ ] 过程和程序的灵活性和随意性,在决策的各个阶段鼓励各方参与
[ ] 裁决的可执行性
[ ] 仲裁的保密性和隐私性
[ ] 可参与选择仲裁员
[ ] 相对诉讼收费低廉
[ ] 仲裁结案快
[ ] 仲裁地点选择自由(地点中立性,法律体系中立性)
[ ] 仲裁成本
[ ] 裁决的挑战——国内法律和法庭的干涉
[ ] 仲裁框架内的上诉体系

19. 请列出您认为最可能造成国际商事仲裁无法胜任解决纠纷的五大因素(1 为最重要,5 为最不重要)。

[ ] 裁决的可执行性
[ ] 仲裁员的素质
[ ] 仲裁的周期
[ ] 仲裁的成本
[ ] 仲裁裁决的挑战——国内法律和法庭的干涉

20. 您相信仲裁将继续成为解决国际商事纠纷的优选吗?

非常赞同	同意	不确定	不同意	非常不同意

21. 在您看来,在多大程度上,在哪些特定的方面,其他形式的争议解决(如调解和调停)可能会取代仲裁程序?

22. 至少有部分仲裁员认为,仲裁实践似乎被诉讼的过程"殖民"了,两者已十分相似。以您的经验来看,当代仲裁过程的哪些方面与诉讼类似?

感谢您完成本问卷!

第十六章
保密性与公开性：媒体对国际仲裁的影响

〔西班牙〕伊莎贝尔·科罗拉(Isabel Corona)

导　　论

在过去二十年中，国际仲裁中的保密性概念发生了重大的变化。直到20世纪90年代，人们相信仲裁程序是既隐私又保密的，而且保密义务是由仲裁的本质决定的。因此，保密性成为国际争端解决中仲裁优于诉讼的一个明显优势。

然而，在20世纪90年代发生了数个案件（参见 Fortier 1999；Dundas 2004），其内在的保密性受到了严重的质疑。在1999年，福捷（Fortier）警告世人，在处理保密性的问题时，不应再觉得"任何事情都是理所当然的"。许多人为揭示该问题进行了大量分析，也有许多有关支持或反对保密性的辩论。二十年后，比奇（Beechey）(2009)得出了相同的结论，即"当事人和仲裁员不应忽略国际仲裁程序中涉及的保密性问题，更不应认为保密性是理所当然的"。

仲裁地的法律、仲裁机构的规则以及当事人之间的合同条款决定了当下保密性应如何理解及如何适用。对同一原则，各个国家的法院似乎采取两种不同的态度：在英国、法国和新西兰，一般认为保密性是一项固有义务；而在澳大利亚、美国和瑞士，有证据证明法院更不情愿认可保密为固有义务，除非可适用的仲裁规则另有规定或当事人另有约定。

如伯温（Berwin）和巴鲁蒂（Baruti）(2009)所观察的那样，仲裁机构更

第十六章
保密性与公开性:媒体对国际仲裁的影响

倾向于保护听证和仲裁庭内部运作的私密性,而非仲裁程序的保密性。

职业实践业内的观点似乎有两条发展主线。首先,大家普遍呼吁达成国际共识;其次,汤姆森(Thomson)(2007)总结道,有一种普遍的看法是,"由于不同司法辖区法律的不一致性以及不同仲裁机构规则的不同处理规定,仲裁当事人不应认为仲裁的存在、证据及裁决必然是保密的"。目前令人困扰的是,一些知名执业者警告仲裁服务接受者,"一般"仲裁条款基本不处理保密性问题,因此建议设计适当的保密条款。如果隐含的保密义务起不到应有的作用,执业者呼吁将其列为明示的义务。

与此相反,企业界似乎并不认为保密性是仲裁最重要的特性(Bhatia et al. 2008)。普华永道(2008)开展的一项关于企业的研究表明,裁决的可执行性、程序的灵活性以及仲裁员的专业水平是仲裁的主要优势,而时间跨度和费用则被认为是劣势。

问题的真相在于,全球范围内对信息的需求以及新兴媒体技术已经波及仲裁,并带来了全新的视野,引发了布朗(Brown)(2001:971)所描述的"[保密性]的推定与披露和公开的现实常态之间的脱节"。从整个仲裁社会的整体利益出发,越来越多自愿和非自愿的披露不得不令人考虑透明性改革的问题,其目的是改善信息的可获取性和程序的透明度(Beechey 2009)。

本章详细分析了一个关于披露的案例并分析了披露的原因。而且,本章发现,与罗杰斯(Rogers)和卡德瓦拉德(Cadwallader)的意见一致(quoted by Bhatia 2009),除提高透明度外,可能存在其他原因。

本章所研究的仲裁案件是于2007年提交斯德哥尔摩商会仲裁院的。涉及的当事人为英国啤酒商苏格兰纽卡斯尔公司(Scottish & Newcastle)以及丹麦啤酒商嘉士伯和荷兰啤酒商喜力为此专门设立的一个财团(以下称"财团")。该仲裁程序系一场长达六个月的持久战的组成部分,从2007年10月持续到2008年4月,即直至苏格兰纽卡斯尔公司不再存续。由于"过早地"被媒体知晓,该事件发展成为当事人之间的公开对话,形式包括双方当事人发布的证券交易所公告和整个事件的媒体报导。

国际商事仲裁中的话语与实务：问题、挑战与展望

本案表明,仲裁是一把双刃剑,仲裁程序的公开——而非保密——是达到其他目的的最有效策略。换句话说,涉案当事人对仲裁程序及程序的公开具有战略性的使用方式。

通过追踪双方当事人发布的证券交易所公告(共42则),以及在国内、国际、商业和财经网络、报纸上发布的30则新闻,作者重构了整个事件。全文均可在因特网上免费获取。①

公司在伦敦证券交易所上市后,按要求需就任何对其业务产生影响的事件发布正式公告。通常而言,这些公告汇报业务发展、公布关键日期,如结果公告和交易更新。

苏格兰纽卡斯尔公司和财团公布的42则证券交易所公告,基本上都是成双发布的,用来确认信息沟通及后续进展。它们作为一个对话式交互体系,是双方当事人之间电子版的调解式会话,显示出轮换的顺序结构。这些是清晰地连接专业实践和商业沟通(即话语实践)的真正战场。随着事件的发展,公告的信息量也越来越大——更倾向于披露程序,用来澄清当事人立场的争辩越来越激烈。在遵循该类型的制度特征以及交易实践和交易当事人的(Knorr Cetina 2007)行为既定规则的同时,它们还包含了大众传播媒体各种类型的一般资源,即新闻报道,如对双方各自执行总裁的发言的引用,总裁们就各自公司的态度及对方的举动发表直截了当的立场声明(下称"评论")。因此,这些文本造就了"早已成型的"新闻,可想而知的是,有关新闻也因此各执一词。如此一来,这些公告实际上成为媒体报导整个过程的实时新闻发布。

就这样的新闻报道而言,必须声明该等媒体文本系从英文媒介搜集而来,面向说英语的读者。由于没有从丹麦媒体发布的新闻报道中搜集证据,我们认为它们的方式存在文化"旋转"的可能性。这也可以解释为什么英国啤酒商苏格兰纽卡斯尔占据了多数的新闻条目。

媒体发表的故事主要以作为新闻发布的公告为基础,因而也遵循新闻

---

① 两个公司的声明可参见他们各自公司的网站:嘉士伯:http://www.carlsberggroup.com/media;苏格兰纽卡斯尔公司:http://archive.scottish-newcastle.com/sn_acq/acquisition。

第十六章
保密性与公开性：媒体对国际仲裁的影响

采访的惯例。由于双方当事人的公告基本上都是同一天成双出现的，其中一则公告作为对另一则公告的回应，多数新闻报道均引用双方观点。由于公司自身发表的文稿十分详细，其中直接引用高层代表的评论，记者们常常将这些声明转化为自己的文本。因此，我们可以说，对整个过程的新闻报道与证券交易所的公告内容十分一致。然而，可想而知的是，它们的标题大不相同，这是由新闻业的话语实践所决定的，即它们履行了简洁、有效和吸引注意力的特定功能。涉及啤酒酿造和饮用的语义领域的双关语在这些标题中大量出现，大家都没有错过使用"酝酿"这个词的双层含义的机会。

苏格兰纽卡斯尔 v. 嘉士伯和喜力案

苏格兰纽卡斯尔（以下称"苏纽"）的历史可追溯至1777年，作为英国最大的啤酒酿造公司，其畅销的啤酒有纽卡斯尔棕色艾尔啤酒（Newcastle Brown Ale）、福斯特（Foster's）、克罗南堡1664（Kronenbourg 1664）和约翰史密斯（John Smiths）。自2002年开始，苏纽和嘉士伯一同经营俄罗斯最大的啤酒公司——波罗的海饮料控股公司（下称"波罗的海饮料控股"），各自占该公司50%的股权。对苏纽而言，该国际业务是掌上瑰宝。它运营了19家啤酒厂，在蓬勃发展的俄罗斯和东欧饮料市场占据优势地位，其中包括俄罗斯领先的啤酒品牌——波罗的海（Baltika）。

该长达六个月的案件仲裁过程（直至苏纽于2008年4月28日从伦敦证券交易所退市）有三个明显阶段：第一阶段是试验性阶段，即消息泄露，第一批公告发布；第二阶段长达三个月，仲裁程序被披露，双方当事人强烈对立的态度被公之于众；第三个阶段是保密阶段，以财团最终收购苏纽告终。

在2007年夏天，苏纽向媒体表示销售受到了欧洲恶劣的夏季天气以及

英国酒吧禁烟令的影响。② 如下述标题所述,媒体充分再现了该观点:

"苏纽利润遭受暴雨侵袭"(《标准晚报》,7月7日)

"啤酒制造商的啤酒销量受雨水影响"(英国广播公司新闻,8月7日)

然而,苏纽也表示,在波罗的海饮料控股(苏纽与嘉士伯共同所有)的运营地,销量有所上涨。九月份,有关嘉士伯权益的消息泄露出来。《金融邮报》(The Financial Mail)在标题"苏纽组织对抗丹麦人"(《金融邮报》,9月9日)中利用了相关历史背景知识,即苏格兰人与丹麦人的历史冲突。该新闻报道,苏纽在"酝酿秘密计划以抵挡欧洲大陆竞争对手嘉士伯的恶意收购",并且摘录了苏纽总裁的两段声明,说"相关推测是虚张声势",但是最有趣的是,他们"不会什么都不做[……]它就像支军队,不到最后一刻不会面世"。

有关嘉士伯策划分手活动以夺取波罗的海饮料控股100%股权的媒体推测,引发了相关问题第一批公告的发布。第一则公告是嘉士伯的正式回应,确认了与竞争对手喜力展开共同设立财团以收购苏纽(并最终控制波罗的海饮料控股)的"讨论"。

作为回应,苏纽的第一则公告采取了类似的类型结构:第一部分包括对嘉士伯公告的承认和对缺乏对策的确认,随后是苏纽对该问题的态度:认为该提议"出乎意料且不受欢迎",并声明确认自己的立场是"对未来很有信心"。

我们可以看到,双方的首批公告(均于2007年10月17日发布)在类型结构方面体现出十分清晰和一致的步骤。此外,它们还表现出强烈的互文性,因为该等文本通过使用另一方之前发表的文本将最近的过去时转换为现在时(Candlin and Maley 1997)。苏纽的公告按惯例常常是以对股东的建议作为结尾。

---

② 苏格兰纽卡斯尔公司已对此禁令的后果表示关注,参见《标准晚报》2007年2月27日的报道《苏纽或因禁烟损失1000万镑》。

第十六章
保密性与公开性:媒体对国际仲裁的影响

双方第一次公开交战被搬上媒体,媒体认为该等行为是:

"苏格兰纽卡斯尔的重大计划"(英国广播公司新闻,10月17日)

"苏格兰纽卡斯尔采取行动"(《标准晚报》,10月17日)

10月23日,苏纽声称,嘉士伯滥用保密信息来发布竞标,违反了波罗的海饮料控股的最佳利益,因而违反了双方的合资协议,在该协议项下,嘉士伯在此情况下有义务将其对波罗的海饮料控股的股份出售给苏纽。喜力回应道,该主张"没有任何价值"。两天后,嘉士伯以每股720便士的价格第一次作出报价提议,苏纽的总裁拒绝了该提议,并评价其为"出乎意料且可笑的"。与日俱增的敌意被媒体充分渲染:

"有关俄罗斯啤酒协定的争议正在酝酿"(英国广播公司新闻,10月24日)

"苏纽拒绝'可笑的'出价"(英国广播公司新闻,10月25日)

"苏格兰纽卡斯尔不屑70亿英镑的报价"(《标准晚报》,10月25日)

10月31日,苏纽宣布开始仲裁程序。苏纽报道说,它已要求斯德哥尔摩商会内的仲裁庭确认嘉士伯违反合资协议。苏纽在筹划赖以获取波罗的海饮料控股所有股权的法律依据。如果仲裁庭支持苏纽的主张,则嘉士伯这个丹麦啤酒商将被要求依据"猎枪机制"协议出售其所持有的波罗的海饮料控股所有股份,在该协议项下,如果任何一方希望放弃合资,则应向其合作伙伴出售所有股份。当天晚些时候,嘉士伯驳斥苏纽的主张为"误导性的",并争辩道,猎枪机制仅仅适用于想要离开合资企业的合伙人,因而在该仲裁案中不应予以考虑。媒体对此大肆报道:

"竞价目标苏纽将嘉士伯告上法庭"(《标准晚报》,10月31日)

"苏纽试图解决嘉士伯俄罗斯纠纷。该英国啤酒商将试图通过仲裁解决争议,但该丹麦集团驳斥其主张"(《泰晤士报》(网络版),10月31日)

"如果没有把握,苏纽不会开始行动"(《苏格兰周日报》,11

月4日）

财经网站 thisismoney.com 甚至决定在其"30秒指南"中解释仲裁是如何运作的,并就四个问题进行简要回答:"仲裁是什么?""仲裁如何运作?""下一步是什么?"以及最终"有什么关联?"最后一个问题对应的答案是"敌对的苏格兰纽卡斯尔和嘉士伯通过这个方式着手解决他们关于俄罗斯合资企业的争议"[3]。嘉士伯的执行总裁就财团的立场进行总结:

> 苏纽的法律主张是虚假的,没有法律价值,是对推进财团于10月25日向苏纽作出的720便士提议的商讨的阻碍。

自那时开始至2008年1月,苏纽和财团共发布了15则公告(苏纽7则,财团8则),双方保持相对立的态度:苏纽坚持诉诸仲裁并且督促股东们"不要采取任何行动",而财团则逐渐提高报价,并催促苏纽的股东指示苏纽董事会参与洽谈。双方各自不断拒绝对方的主张。因而,财团提出的后续三个报价提议,在其公告中被描述为"足够并公平的"和"十分慷慨的",均被苏纽以"完全不够"为由拒绝。同样地,该英国啤酒商认为仲裁案件有"牢固的"和"强健的"法律依据,而财团则认为是"具有误导性的且没有法律价值""虚假的""烟幕弹"和"太过分的举动"。

随着双方通过公告沟通所传达的敌意日益升级,双方均采取披露相关信息以公开陈述自己论点的策略。换而言之,财团和苏纽都走进了公众的视野,双方完全沉浸于媒体战之中:财团公开自己的提议而苏纽则公开仲裁案件。

财团主张苏纽拒绝的原因是"董事会的不妥协"和"消息不畅通",提倡"完全透明",因为他们说道,"苏纽股东全面知晓该加价提议的价值是很重要的":

> 随着苏纽董事会轻率地否决了财团的最初提议并且至今拒绝参与洽谈,财团决定向市场直接公开第二次已加价的充分且公平的提议

---

[3] 参见 http://www.thisismoney.co.uk/30-secondguides/article.html?in_article_id=425868&in_page_id=53611,访问日期:2011年6月15日。

第十六章
保密性与公开性:媒体对国际仲裁的影响

细节。

该则公告长达数页,全面详细地列明了他们的提议。之后,苏纽以一则篇幅很长的公告和面向分析师、投资者和媒体的公开演说作为反击,披露了详尽的仲裁主张和胜诉的价值。该公告甚至包含了一个连接到该公司网页的链接,该网页上有展示要点的幻灯片演示。④ 直接引用苏纽首席执行官对公司立场的表述:

> 嘉士伯试图通过绕过波罗的海饮料控股股东协议而终止波罗的海饮料控股的愿望,正是我们通过赢得仲裁案件来控制波罗的海饮料控股的大好时机。

嘉士伯的回应⑤是驳斥苏纽对仲裁案件的分析,认为该等主张是"基于有瑕疵的设想",因此,他们声称:

> 嘉士伯很高兴苏纽终于提供了有关其具有误导性的主张的进一步详情[……]目前很清楚,这些主张是轻率的,没有任何价值,因而将尽快以不符合立案条件且构成对仲裁程序的滥用为由请求仲裁庭驳回案件。

此外,财团曾明确向苏纽股东致辞,提醒他们"应该意识到此类仲裁程序在瑞典通常要经过12个多月才能有终局结果"。嘉士伯公开表示时间跨度是仲裁的一个缺点;在该案件中,时间的拖延和因此引致的不确定性对证券交易市场而言是致命的武器。

关于该程序阶段的媒体报道显示,该仲裁案件比起那些提议而言更具有报道价值。我们从不同媒体中搜集的自11月中旬至12月中旬的10则新闻条目中,只有2则在标题中提及该报价提议:"苏纽拒绝了提价方案"

---

④ 原文:此次会议的幻灯片可登录苏纽网站 www.scottish-newcastle.com,点击"BBH 仲裁更新,2007 年 7 月 15 日"获取,访问日期:2011 年 6 月 15 日。

⑤ 此财团在同一天内连发两条声明:一是嘉士伯和喜力已向苏纽提出完整和合理的报价(2007 年 11 月 15 日 07:35);二是苏纽拒绝报价有损股东利益(2007 年 11 月 15 日 11:50)。参见 http://www.carlsberggroup.com/media,访问日期:2011 年 7 月 15 日。

(英国广播公司新闻,11 月 15 日),以及"对苏纽啤酒商的报价深怀敌意"(英国广播公司新闻,11 月 16 日)。剩下的 8 则均涉及仲裁程序,相关标题举例如下:

"瑞典官员裁决苏纽嘉士伯争议"(《爱丁堡晚报》,12 月 5 日)

"已指定仲裁庭主席来解决苏纽与其潜在新股东嘉士伯之间的争议"(《泰晤士报》(网络版),12 月 5 日)

"苏纽在嘉士伯战役中寻求俄罗斯解决方案"(《泰晤士报》,12 月 5 日)

"嘉士伯警告波罗的海饮料控股数据"(《泰晤士报》,12 月 6 日)

该仲裁事件还被载入《泰晤士报》的社评("精细酝酿",12 月 6 日),该社评将其描述为财团对苏纽的"围攻";《周日先驱报》的专题文章("冷战中的双面间谍")第一段提及了苏格兰作家伊恩·兰金(Ian Rankin)笔下的著名侦探,值得全段引述:

> 这是一宗卢布思(Rebus)无力破解的犯罪案件。这个爱丁堡侦探,在牛津酒吧大口狂饮着一品脱的 Deuchars IPA 啤酒,对人性的缺点了如指掌。他知道贪婪和嫉妒可以令酒肉朋友成为不共戴天的仇敌。⑥

作者将苏纽描述为身陷"生存之战"并希望它"在仲裁结束时仍能完好无损"。似乎所有媒体都有一个共识,即苏纽是在利用仲裁程序以试图获取波罗的海饮料控股这个合资企业的控制权。但是,苏纽还通过其他途径施压。苏纽要求英国并购委员会发布"要么行动要么闭嘴"的截止日期,根据该委员会的决定,财团向苏纽提出任何正式报价均有截止日期。小报媒体以下述标题报道该事件:"啤酒竞标人的最后通牒"(《太阳报》,12 月 18 日)。

1 月 3 日,两个啤酒公司均确认斯德哥尔摩商会仲裁院向双方发出书面通知,表明当年夏季初期应该会发布裁决。媒体将该消息转告读者:

---

⑥ 肯尼·坎普:《冷战双面间谍》,载《星期天先驱报》2007 年 11 月 24 日。参见 http://www.sundayherald.com/misc/print.php? artid = 1857567,访问日期:2011 年 7 月 15 日。

第十六章
保密性与公开性：媒体对国际仲裁的影响

"苏纽等待竞价之战的裁定"（《金融时报》，1月3日）

"英国/丹麦：嘉士伯、苏格兰纽卡斯尔获悉仲裁裁决日"（just-drinks.com，1月3日）

在苏纽和嘉士伯都欢迎该书面通知的同时，嘉士伯再次警告股东"标准时间表按照惯例被延长了"，而且实践中该等性质的案件"通常花费"两倍的时间。

此外，双方都心知肚明，斯德哥尔摩仲裁院的终局裁决是不可上诉的。根据国际法律新闻：⑦

> 向瑞典国内法院上诉仲裁裁决的可能性是很小的，即使得以上诉并成功提交维多利亚上诉法院审判，证据表明上诉法院一直不愿意撤销仲裁裁决或宣布其无效。

因此，仲裁决定被双方认为是决定竞标未来走向的关键。之后便到了苏纽继续施压的时候，苏纽公开了长达15页的仲裁请求书，由路透社这个国际新闻服务商发布（"苏纽赢得波罗的海饮料控股的价值"，1月8日）。分支网站Beveragedaily.com将该等主张描写为"抱负"（"苏纽详述合资企业仲裁案之抱负"）（2008年1月9日）。

财团的即时反应是公布第三次提议——"极大提高价格的提议"，即780便士每股。苏纽以较为友好的口气回应，认为该提议是"仔细地"，但仍然"未能反映出公司的独特优势"，并且突然大转弯，宣布"当且仅当对方提出不低于800便士每股的确定报价，才准备参与洽谈"。《金融时报》将之总结为：

"苏纽等待更好的报价"（《金融时报》，1月16日）。

2007年1月17日，一场长达三个月之久的公开交战发生了大转变：双方发布相同公告："苏纽与嘉士伯和喜力开始洽谈"。在相同的标题项下，

---

⑦ 《国际法律新闻》2006年6月20日。参见http://www.imakenews.com/iln/e_article000602946.cfm?x=b11,0，访问日期：2011年7月20日。

公告内容也一样且十分简短:"苏纽和财团确认他们已经开始就对苏纽800便士每股的建议报价进行洽谈"。从该日开始,直到4月28日收购完成,双方发布的16则说明法律程序的公告(每方8则)都是一样的。

媒体的理解是苏纽已经"转变了之前的态度",并且在标题中总结了事实:"苏纽就嘉士伯—喜力收购进行商谈"(伦敦—法新社,1月17日)。在报道的结尾首次出现了该日之后有关仲裁事件的内容,报道将其描述为"一场口水战",即短暂且不重要的争论:

> [……]周四的声明没有对苏纽和嘉士伯之间正在进行的关于俄罗斯合资企业波罗的海饮料控股的口水战进行更新[……]

一旦他们达成了协议,就开始变得保密起来。再也没有关于仲裁案件的更新,公告中提都不提。根据普华永道(2008)的观点,可以说该案件是属于25%的在裁决作出前已经和解的案件。

通过仲裁,波罗的海饮料控股成了苏纽抵抗收购的议价筹码。在仲裁案件中败诉的威胁使得财团三番两次提高报价,从720便士每股到750便士,再到780便士,最终到800便士,专家们认为在没有涉及第三方的情况下,这种情况较为罕见。

概　　述

该报价游离于收购法典的正式框架之外(伦敦收购委员会如此认定)。财团的报价被泄露了,然后双方公开进行谈判。正如彼得·肯纳利(Peter Kennerly)(苏纽的公司秘书和总顾问)在《律师》上所发布的访谈中所声明的那样,"这像是公司之间的危险象棋游戏,完全暴露于公众视野"(thelawyer.com,2008年5月12日)。

当事人以两种不同方式利用了公开性:财团通过披露不同报价提议的详尽细节并全面表述他们对仲裁主张的看法和财团对自身策略的信心来督促苏纽股东采取行动从而给苏纽施压。相反,苏纽的策略是立足于对仲裁案件的公开,全面展示程序的详细信息和赢得案件的利益。苏纽更多是与

第十六章
保密性与公开性：媒体对国际仲裁的影响

律师打交道，而非直接与财团打交道。上述两个策略中，关键问题是他们谈判的公开性。一旦激烈的争议消除，双方又恢复到保密状态。在该案件中，保密性是一项工具，而非原则或责任。保密性的使用完全是工具性的。

该特定仲裁案件中的管辖选择也是较难处理的一个问题：为什么是斯德哥尔摩商会仲裁院而不是伦敦法院管辖？一个解释是这与瑞典的法律规则相关。斯德哥尔摩商会仲裁院规则仅规定仲裁院和仲裁庭——而非当事人——须维护仲裁的保密性：

> 第9条：斯德哥尔摩商会仲裁院应维护仲裁的保密性并以公正、实际且迅速的方式处理仲裁。

瑞典的态度是当事人之间必须订有相关明示协议才会使其受制于仲裁程序中的保密义务。此外，争议相关信息的披露在某些情形下可能是必要的。汤姆森和芬恩(Thomson and Finn)(2007)对涉及公共政策认可的案件进行了总结：

> 一方当事人可以推断，公开披露争议及任何相应裁决的相关信息有利于它的商业利益以及股东和潜在股东的利益，因此，它有责任进行该等披露。

布尔班克(Bulbank)案件是一个先例。在2000年，瑞典最高法院在保加利亚对外贸易与阿尔贸易财政案(*Bulgarian Foreign Trade v. Al Trade Finance*)中对仲裁程序的私密性与仲裁中所产生的信息和文件的披露相关的保密义务的存在进行了区分。如邓达斯(Dundas)(2004)解释的那样，瑞典法律未认可仲裁保密义务的固有性，尤其是当公共的合法利益占据主导地位时：

> 向投资者披露仲裁结果而非实质内容是必要的，就像当仲裁对公司账户有重大影响时应向公司股东披露；在有合法理由的情形下，披露仲裁的开始、存在或结果等事实并不违反(保密)义务。

如果仲裁对股东账户有重大影响的话,有必要向他们披露。虽然目前研究的案例缺乏保密性,但考虑到苏纽股东的利益,这完全是可以理解的。而且,苏纽后续发布的信息和财团在公告中向苏纽股东传达的信息不仅仅是为了遵守透明性的要求,而是引导他们的行动方向,这才是最重要的。正如奇恩·甘茨(Kian Ganz)在《律师》中所写的那样:

"他们对苏纽的辩护很可能是基于股东利益最大化的教材案例"(thelawyer.com,2008年5月12日)。

苏纽股份退市之前的几个星期,《星期日泰晤士报》发布了一篇专题文章,记载了苏纽的首席执行官,约翰·邓斯莫尔(John Dunsmore)所述的故事版本。该文章标题为:"我是如何榨干嘉士伯的"。以下是该长篇访谈中的一些摘要:

邓斯莫尔认为辩护的关键是关于波罗的海饮料控股未来所有权的仲裁案件。[⋯⋯]当竞价战争开始时,邓斯莫尔承认他们并不清楚它会有多关键。他说道,"我们在11月20日进行了演示,列明了我们的策略,但是一看就明白,当时我们演示的仲裁案件并不是很站得住脚"。[⋯⋯]他争辩道,该战役偏向苏纽一方,因为嘉士伯承受不起败诉的风险,如果败诉,它将不再拥有波罗的海饮料控股的任何股份。"那不是任何竞价人都可以承受得起的法律风险"。⑧

媒体的后续动态也令我们看到了整个故事报道的三步骤结构。一开始,他们揭示了策划的阴谋,然后,他们报道了各方所采取的每一项行动,最终,当所有交易都完成的时候,他们试图解释发生了什么。他们亲手打开了水闸然后又将其关合。

这里面有意思的一点是媒体向读者展示仲裁的方式。就词汇化而言,即该法律技巧如何被包装于词汇的标签之下,我们可以看到媒体所使用的词汇发生了变化。一开始,是使用比较中立的词汇"争议",然后将其描述

---

⑧ Goodman, Matthew. How I Squeezed Carlsberg dry', *The Sunday Times*, 6 April 2008.

为"法律战争""权力斗争""争吵",以及最终当双方到达敌对巅峰时,用了"战争"一词。一旦双方"进行洽谈",就变成了"一场口水战"。

就其具有新闻价值的新闻业功能性而言,当它成为事件核心登上舞台时,立即且持续地占据了主要媒体报道的突出版面;然而,当双方当事人实际上达成了收购协议,进入私下商谈并且忽略仲裁程序后,它就彻底淡出了媒体报道,再也没有了新闻价值。更不用说,新闻报道应该不再有必要了。

就其作为法律技巧的功能性而言,仲裁不仅被媒体描述为一种争议解决方式,还是一种获得优厚现金报价的关键策略。媒体对仲裁的该等用途十分清楚。不确定的是,媒体是否意识到自己被这几家公司利用了。媒体报道为双方解决该局面施加了压力。

我们现在所理解的国际商事仲裁(ICA)是经济全球化的副产品。信息的全球需求和新兴媒体技术已经波及国际商事仲裁,并且在信息丰富的时代,仲裁程序越来越容易被接触,因此维持保密性也更加容易。换而言之,仲裁程序的可视性越来越好。如因公共政策需要,则必须承认披露的必要性,但一些执业者认为该发展是"对保密性概念的腐蚀"(Blackaby et al. 2009:143),而且他们像邓达斯(2004)在本声明中所做的那样,反对当前追求仲裁透明性的趋势且将之归责于新兴的全球信息科技:

> 很遗憾,因特网无疑在资料更广泛的传播方面起到了作用,而这些资料本应该保密。事情的真相是,仲裁不能逆势而为,而且,正如巴蒂亚等(2009)所指出的那样,"保密的一般原则正在向透明性妥协"。这一不可避免的趋势可能产生两个后果:首先,透明度可以为其他"私密"目的使用;其次,程序越透明,就会越注重公众形象以及对公众的影响。

致　　谢

借此感谢西班牙科学与创新部的资助项目(编号:FFI2009-09792),感

国际商事仲裁中的话语与实务：问题、挑战与展望

谢中国香港特别行政区政府科研拨款委员会资助的国际科研项目"国际商务仲裁实践:话语分析研究"[项目编号:9041191（CityU 1501/06H）]（参见 http://www.english.cityu.edu.hk/arbitration/）。

参考文献

Beechey, John (2009): Foreword. Confidentiality in Arbitration, *ICC International Court of Arbitration Bulletin*, Special Supplement.

Berwin, Stanley J. and Baruti, Rukla (2009): *Confidentiality in International Arbitration*. Online at ⟨http://www.lexology.com/library⟩, accessed 20 July 2011.

Bhatia, Vijay K. (2009): Interdiscursive Colonization of International Commercial Arbitration Practice: Accesibility of Data in Critical Genre Analysis. *5th International Symposium on Genre Studies*, SIGET, Caixas Do Sul, Brazil, 11-14 August 2009.

Bhatia, Vijay K., Candlin, Christopher N. and Engberg, Jan (2008): Concepts, Contexts and Procedures in Arbitration Discourse. In Bhatia, Vijay K., Candlin, Christopher N. and Engberg, Jan (Eds), *Legal Discourse across Cultures and Systems*, Hong Kong, Hong Kong University Press, 3-31.

Bhatia, Vijay K., Candlin, Christopher N. and Sharma, Rajesh (2009): Confidentiality and Integrity in International Commercial Arbitration Practice, *Arbitration*, Vol. 75, 2-13.

Blackaby, Nigel, Partasides, Constantine, Redfern, Alan, and Hunter, Martin (2009): *Redfern and Hunter on International Arbitration*, Oxford, Oxford University Press.

Brown, Alexis C. (2001): Presumption Meets Reality: An Exploration of the Confidentiality Obligation in International Commercial Arbitration, *American University International Law Review*, Vol. 16, No. 4, 969-1025.

Candlin, Christopher N. and Maley, Yon (1997): Intertextuality and Interdiscursivity in the Discourse of Alternative Dispute Resolution. In Gunnarsson, Britte-Louise, Linell, Per and Nordberg Bengt (Eds) *The Construction of Professional Discourse*, London, Longman, 201-22.

Dundas, Hew R. (2004): Confidentiality Rules OK? Recent Developments Affecting the Confidentiality of Arbitrations, *Transnational Dispute Management*, Vol. 1, No. 2. Online at 〈http://www.transnational-disputemanagement.com/samples/freearticles/tv1-2-article24b.htm〉, accessed 20 July 2011.

Fortier, Yves L. (1999): The Occasionally Unwarranted Assumption of Confidentiality, *Arbitration International*, Vol. 15, No. 1, 131-40.

Knorr Cetina, Karim (2007): Global Markets as Global Conversations, *Text & Talk*, Vol. 27, No. 5/6, 705-34.

第三部分
前景和结论

第十七章
国际仲裁实践中的身份争议*

〔英〕维杰·K. 巴蒂亚(Vijay K. Bhatia)、〔澳〕克里斯托弗·N. 坎德林(Christopher N. Candlin) 和〔意〕毛里济奥·戈地(Maurizio Gotti)

概　　述

  国际商事仲裁(ICA)由联合国国际贸易法委员会 (UNCITRAL)提出,并由联合国大会通过其1966年12月17日第2205(XXI)号决议建立,"旨在促进国际贸易法的协调和统一"。联合国国际贸易法委员会还拟定了有关国际商事仲裁的示范性法规,经联合国大会于1985年6月21日通过,并建议作为《联合国国际贸易法委员会国际商事仲裁示范法》(以下简称《示范法》)采用。尽管《示范法》(ML)没有约束力,联合国仍建议其各成员国采纳并将之融入其国内法。《示范法》旨在促进仲裁作为解决跨境背景下商事争议的诉讼替代作用,也旨在推进跨司法体系的流程和程序整合。值得注意的是,大多数国际商事仲裁案件的参与者常常来自不同的语言、民族、文化、司法甚至技术背景,说着不同的语言。

  现今,国际仲裁是使用最广泛的解决双方之间商业争议的替代性争议解决机制(ADR)。它严重依赖当事人的合意解决争议,通常是按照当事人合同中的仲裁条款而依据其自己决定采用的特定仲裁机构的规则,来选定

---

* 本文由中国香港特别行政区政府科研拨款委员会项目"国际商事仲裁实践:话语分析研究"提供支持[项目编号:9041191(CityU 1501/06H)],参见 http://www.english.cityu.edu.hk/arbitration/。

一名仲裁员或多名仲裁员组成的仲裁庭的私人审理来解决争议。国际仲裁实践已发展为几乎不受法庭干扰的争议解决形式。

仲裁中,当事人或其代理人(通常是律师)将其争议提交给中立仲裁员或仲裁庭解决并作出决定,该决定称为仲裁的裁决,具有法律约束力,一般不能在法院提起上诉。仲裁中,当事人考虑最多的是在选择仲裁庭上,还有在其希望仲裁庭遵循的程序上,包括仲裁地的选择,以及协商解决方案的仲裁规则。

因此,当当事人没能自行解决争议而希望第三方提供争议解决方案,并希望避开费时费钱且对决定完全没有控制权的诉讼时,仲裁是最合适的替代性争议解决机制。如此前所述,除非符合一系列严格条件并给予程序性理由,仲裁庭作出的决定具有强制执行力而且不能通过法庭上诉。因此,仲裁的主要优点在于其效果上类似诉讼,由中立仲裁员或仲裁庭决定,但不同于诉讼的是,其本质上具有非正式、应急性、经济性及保密性,同时在其实际进行中给予争议当事人充分的发言权和自由。仲裁作为"诉讼的替代者"的主要优点如下:

- 快速解决争议:争议可以通过仲裁在数周或数月内解决,而诉讼可能常常需要数年。
- 费用经济性:通过仲裁解决争议可能只需要相当于法庭花费的一部分费用。
- 保密性:争议当事人可以确保关于争议的所有细节,诸如文件、争议金额、专家证言,甚至是争议的最终结果(即裁决),都将进行保密。大多数争议解决仲裁程序中都包括承担保密义务。
- 裁决的强制执行力:仲裁是一种私人判决形式,可能会让人留下其最终结果不像法庭判决那样具有强制执行力的印象;但是,实际上,仲裁裁决至少同法庭判决具有同等强制执行效用,甚至可以跨越管辖界限,而这也是国际商事仲裁实践中最具吸引力之一。
- 不受法庭干扰:法庭(在仲裁中)没有作用;事实上,鉴于仲裁有助于减轻待定法庭案件的重担,法庭往往对仲裁持支持态度。

- 仲裁员的专业性：仲裁中，仲裁员不需要取得司法资格，因此特定争议领域的专家也可以担任仲裁员。例如，如果争议涉及运输，可以选择运输专家而非法律专家作仲裁员（或仲裁员之一）。
- 程序灵活性：与诉讼不同，仲裁允许当事人选择仲裁流程进行的方式，尤其在选择仲裁员、仲裁地、保密性义务、送达最终裁决的方式上。
- 当事人参与性：争议当事人有权直接或通过其代理人参与仲裁程序，不同于法庭程序，这种参与的方式更加非正式。
- 定制仲裁流程的自由：在语言选择、仲裁庭组成、仲裁员人数和仲裁规则上尤其如此。
- 仲裁中心的协助：在选择仲裁员、仲裁规则、基本要求方面，例如非正式的庭审设置、记录设施、文书制作等，当事人能得到仲裁中心的实质协助和建议。

问　　题

尽管仲裁结果是终局的并在各领域和地区可强制执行，当结果不符合其预期时，争议当事人常常会寻求机会诉诸法院。为使其战略上具有可能性，当事人往往会选择法律专家而不是争议领域的专家作为仲裁员，通常认为法律专家更善于发现质疑一项裁决的机会。因此法律专家常常作为代理人和仲裁员出庭，造成仲裁同诉讼相类似。在此背景下，2005年度克莱顿尤治律师事务所（Clayton UTZ）主办的讲座中，亚瑟·麦瑞阿特（Arthur Marriott）明确指出：

> 尽管1996法案在赋予仲裁员相当大的权力，也在其自治上给予了更多保密，但我认为仲裁员并没有创造出根本上比过去更高效及快速的新程序。英式的消极传统很难消灭，而追求个人利益是主要因素。从业者同主导诉讼一样主导了仲裁流程，并导致了同样的结果。

奈曼（Nariman）（2000：262）是知名国际仲裁员，他进一步强调称，"国际商事仲裁变得几乎和诉讼没有区别了，而其本应是诉讼的替代者"。与此类似,科尔(Kerr)(1997)也声称国际仲裁似乎已获得了贬义绰号"仲裁诉讼",标志着仲裁的大范围"司法化"。

这种诉讼对于仲裁的压制性影响增加了语言混合和对专业身份的争议,因为仲裁似乎被诉讼实践"殖民"了,面临被诉讼破坏实践完整性的威胁,因而牺牲了仲裁作为非司法实践的精神。然而,对此种印象和观察并没有研究证据,仅有该领域专家的观点和陈述,如前述仲裁圈成员的观点所示。值得注意的是,普华永道(2006:17)在其研究《国际仲裁:公司的态度和实践》中揭示了需要"更多的仲裁员具有争议的问题上的专业知识或技能",尤其是其对于行业方面的专业知识、区域或国家经验、跨学科专业知识,如技术或财务背景。该研究总结出具有这些技能的仲裁员能为其公司省时省钱。然而,实践中,诉讼专家主导仲裁实践的情况仍在继续,而作为非司法实践的仲裁也仍在受诉讼实践影响,这种发展似乎与作为法庭之外的争议解决的仲裁精神相悖。

有争议的身份

专业背景下的论述被战略性运用于表现和实现不同身份,可能包含以下几点:
- 公司身份
- 组织及机构身份
- 地区、国家、文化或民族身份
- 学科身份
- 专业身份
- 司法身份
- 个人身份

然而,在语篇中,尤其是国际背景下语篇上的专业仲裁实践中,我们还能发现我们所称的"司法"身份。作为本章基础的研究清楚突出了基于上述所讨论的各种身份的激烈和突出的争议,可以缩小到专业、学科、司法和个人身

第十七章
国际仲裁实践中的身份争议

份,因为涉及两种区别很大但又互相交叉的司法实践(诉讼和仲裁),两个或以上学科领域(法律、商业及其他争议内容),至少两个司法体系(普通法和大陆法),以及至少两个主要参与者类别,即专业人士(律师)和外行(证人)。

基于这种背景,在一定程度上似乎需要以证据为基础的调查,在这方面仲裁实践确实受诉讼程序和实践影响。中国香港特别行政区竞争性专项研究资助委员会赞助的国际项目,题为《国际商事仲裁实践:语篇分析研究》,由超过20个国际研究团队合作进行,从司法和仲裁实践角度,并从语篇分析出发,是该方向的一项工作。该项目的主要目标之一就是调查目前国际仲裁实践的"完整性",通过分析各种补充的文本性、叙述性及论述数据分析仲裁实践受诉讼实践交互影响的程度,尤其是仲裁实践的意图和目的、采用的流程和程序以及特定案件中参与方共同期望的专业知识。为实现这些目标,该项目采用了多角度多维度的种类分析框架(Bhatia 2004, 2010; Candlin 1997, 2006; Candlin and Crichton 2011; Crichton 2010),结合分析了至少三个不同来源的数据:

- 仲裁话语实践中的文本交互及话语交互关系;
- 和利益相关者相对的主要从业者的经验描述;
- 在仲裁实践文书中的关键时刻的分析(Candlin 1987)。

尽管仲裁和诉讼实践的界限常常被模糊,但可以利用这种模糊及反射性寻求仲裁程序的交流性特点,测试从业者对其他从业者经验的假设和对在"关键参与情形"(Scollon 1998:27)或是在"互动的关键时刻"(Candlin 1987)的互动情况的假设。如此一来,我们采用了戈夫曼(Goffman)关于"舞台上"和"舞台下"表演的"剧场"理论(1959),以重构并调查仲裁实践在国际商事背景下的"完整性"。戈夫曼认为,我们在台前按照特定职业背景分配给我们的角色表演,而这通常不能反映我们真实的自己,因为这种角色是由我们的职业分配给我们的。另一方面,我们还在台下表演,更接近真实的我们,因为我们自行选择了这种角色(进一步讨论还可参见Roberts and Sarangi 1999)。该项目使用的数据同时反映了仲裁中经验丰富的从业者"舞台上"和"舞台下"的表演。

争议场景

下文中,我们将确认并突出国际商事仲裁实践流程中识别的一些关键场景,其中存在身份争议并导致交互推理的冲突可能破坏仲裁作为一项非司法实践的完整性,并讨论仲裁被诉讼"殖民"的程度。其中所涉一些场景如下:

1. 事实发现程序;
2. 书面证言;
3. 证人询问;
4. 裁决书写。

事实发现程序

国际商事仲裁中涉及的最具争议的场景之一就是事实发现程序的使用(或滥用?)。它为研究跨职业、语言和文化界限的交互推理现象提供了一个有趣的场景。它充满争议,不仅是因为它被两个区别相当大的专业实践,即诉讼和仲裁所共用,带来了国际参与方,尤其是基于不同道德和文化背景、语言和交互学科知识而带有个人原则和司法理念的利益关系方,还因为其造成了对两种不同法律体系和文化冲突的关注,即普通法文化和大陆法文化。

如前文所述,越来越多的诉讼经验丰富的法律顾问在国际商事仲裁争议中被聘为代理人,而他们无一例外地认为商事仲裁中的事实发现程序同他们熟悉的诉讼一样。例如,美国律师常常认为事实发现程序和证言程序允许在审判前考查证据并询问证人。但是,有经验的大陆法系律师更期待各方在未经直接证人问询而发现事实的情况下,提供与案件相关的范围有限的文件。不幸的是,结果经常会被当事人、仲裁员和法律顾问的法律背景所左右,尽管他们经常推进证据收集流程以促进仲裁实践的司法化。法律顾问,甚至是国际商事仲裁仲裁员,倾向于遵循其熟悉的诉讼程序来进

第十七章
国际仲裁实践中的身份争议

行仲裁。有些甚至认为仲裁是诉讼的另一种形式,沃尔特(Walter)(2001)称之为"私人诉讼",因而为有争议的学科身份提供了条件。

然而,在大多数情况下,当事人需要为调查准备好与特定仲裁争议有关的所有文件。在跨司法仲裁审理中,当事人需要在证据发现中进行合作,可能是通过口头证言减少对证人的询问,也可能是通过提交书面文件。一些从业者,尤其是来自普通法背景的从业者,认为没有特定形式的事实发现(无论这种形式多么有限)可能会带来风险,使听证无法得出合理结论,他们认为在当事人对证据作出回应前向其出示证据非常重要。然而,在大多数情况下,仲裁庭不鼓励冗长及不相关的事实发现。该等及其他相关问题一般在仲裁审理的准备阶段处理及协商。尽管有时在大陆法司法下国际商事仲裁可能有一些事实发现程序,一般不会允许采用普通法传统下的典型美式事实发现程序。里德(Reed)(2010)似乎不赞成法律顾问作出的任何形式的复杂的事实发现,尤其是美国法律顾问。

> 公司律师国际仲裁组(CCIAG)的最近一项研究发现,100%的公司顾问参与方认为国际诉讼"耗时过长"(其中56%的被调查者强烈同意)并且"花费过高"(其中69%的被调查者强烈同意)。许多人归咎于外部顾问(尤其是美国的外部顾问),因为他们要求提供太多文件、提出过多动议以及提交过多页数的文件。有人归咎于内部顾问没有使用职权控制他们批评为低效或无用的实践。也有人归咎于仲裁机构本身,称其未能建立控制各方的体系。

然而,也可看出某些一致倾向,如偏好使用文书、证人陈述、实地考察和专家意见,而非美式证言,除非存在例外情况。

跨司法领域的分散实践 正如事实发现在大陆法司法领域很少见,普通法从业者对于书面证人证言也很敏感。如果来自大陆法司法领域的当事人和律师对仲裁程序中的事实发现感到不适,美国律师也同样不喜欢仅基于书面陈述来进行交叉询问。国际仲裁大量使用书面证据显然反映了大陆法传统的影响,而事实发现则可视为完全的美国实践。在大陆法传统中,证据通常不是由法律顾问以书面形式呈现,而是由仲裁员或仲裁庭来询问证人。仲裁中一般不允许直接询问证人,当仲裁庭由来自大陆法司法领域的专家主导时尤其如此。

另一个有争议的程序在于仲裁是一项对抗性还是非对抗性的争议解决过程。国际仲裁的规则和程序反映了普通法和大陆法规范的融合;然而,该体系正在朝普通法方向发展,越发偏向于非对抗性程序。基于从新加坡收集的数据,卡帕利亚(Kathpalia)(本卷)指出了诉讼和其他形式的争议解决程序在以下方面的区别:

> 诉讼及其他三个形式的争议解决方式(即仲裁、调解和和解)的区别在于它们不是非对抗性的形式(Tan and Lee-Patridge 2000)。对仲裁和诉讼进行比较,前者是法庭外私人的解决方式,双方当事人同意接受指定仲裁员的决定;而后者,争议由法庭解决。泰伊(Tay)(1998)认为,作为区分仲裁与诉讼的两个程序在于它的私密性和对抗性。

对抗性的证人询问概念来自于普通法,并要求大量训练和实践,而大陆法律师在其法律训练中均未接触过。因此,美国和英国律师一般更具有竞争优势。加布里尔·莫恩斯(Gabriël Moens)是具有普通法背景的知名仲裁从业者和培训者,他们在本项目框架内进行的特别采访中被问及仲裁时声称,"你必须记住向你付钱的客户正坐在你身后,甚至同你坐在一张桌子上,他们希望你倾尽全力[……]因而我认为它无疑是一个对抗性的程序。如果我参与其中,我会将其作为对抗性程序对待"。尽管学者和从业者在仲裁中付出了很多努力,国际商事仲裁中的事实发现和信息收集程序仍然饱受争议,一方面是在跨专业学科领域,另一方面是在司法领域。即使在书面证言方面,尽管类型不同,我们也发现了有争议的身份,我们接下来将讨论该问题。

书面证言

在法庭询问中,尤其在普通法法系国家,一般认为被告没有发言权,经常被律师控制。问题在于"在多大程度上证人证言是证人自己传达的,在多大程度上是律师传达的?"如果确实如此,则有必要问"谁的陈述在法庭

第十七章
国际仲裁实践中的身份争议

上得以展开",其暗含的假设则是证人而非律师才是证据的真正传达者。国际商事仲裁中,提出"谁对书面陈述负责?"是非常合理的。通常,证人提供事实,律师基于提交的事实起草陈述。因此,证人的书面叙述常常会变成其事实地位的重复说明,因而几乎每个陈述中都排除了证人的个人身份。这引起了一个有趣的问题,即在何种程度上为维持证人询问的完整性证人的个人身份有关键意义,而律师起草的书面证言往往会使这种身份丧失。有人可能会为律师的这种行为辩解,称证人陈述需要与当事人提交的文件进行交互文本参考,而这种交互文本性(Bhatia 2004)经律师提供也能达到充分和有效的效果。也有人认为证人的口头证言相比其书面证言更费时,既然律师能更好理解特定争议的重要问题,允许律师代证人书写证人陈述比证人自己写更加省时。这再次使仲裁和诉讼中的直接证人询问更加类似。争议当事人的另一顾虑是,律师有能力剔除一些弱点以减少不必要的负面曝光,进而避免在交叉询问中对他们的案子造成破坏性的负面影响。尽管法律顾问起草的书面证言在战略上更有利于回避不必要的交叉询问,但无疑律师的书面证言均反映了证人和律师的争议性身份。

证人询问

如前文所述,在提交书面文书后进行交叉询问对来自普通法传统背景的仲裁员来说是独特的挑战,因为这些仲裁员习惯于在进行口头证言程序后进行交叉询问(Rubinstein 2004)。由于书面证词有限,且这些证词均出自法律专业人士之手,难以对此展开交叉询问。尽管国际商事仲裁允许当事人选择最适宜特定案件并经其同意的程序,但对于仲裁员来说选择程序和流程的灵活性变成了一项挑战,因为其需要和争议当事人就共同策略达成一致。真正的问题在于案件中有来自两个不同司法体系的仲裁员,一个偏向于书面证言而另一个却偏好证人询问。即使所有当事人都同意先通过书面证言,再进行一些证人询问和交叉询问,但在来自不同司法背景的律师和仲裁员之间,甚至在来自相同司法背景尤其是来自普通法背景的律师之间,也可能就证人询问程序发生冲突。我们接下来将强调在诉讼和国际仲裁中证人询问冲突的主要方面。

法庭询问一般包括直接询问或所谓"对证人的询问"、交叉询问、再询问，以及必要情况下法官为确认进行的询问。直接询问经常被视为一种取得法庭信任的程序。为此，证人的律师常常会给己方证人一个不受干扰的说明事件的机会，尽管引导性提问一般是不允许的。另一方面，在交叉询问中，证人均受律师控制，同时，除非被视为诱导无关及不当证言，律师均会使用诱导性提问战略。因此，交叉询问并视为律师的关键武器，不仅用来测试直接询问中披露证据的准确性，可能更重要的是用来质疑证言及证人的可信度（Du Cann 1964）。交叉询问最为人所知的目的就是测试证人的可信度。然而，也有其他目的，如为了提供一个比起直接询问中经修正的更完整的故事，为了探究对方的逻辑弱点，为了取得对事实的让步（Cymrot 2007），从而尽量使其不被驳斥。因此，交叉询问在诉讼和仲裁中均被视为一项战略上强有力的手段（Bhatia 2011）。一位最高法院法官（Cymrot 2007）曾将成功的交叉询问描述为将需要的证言"一滴一滴"从证人那里"流出"的过程。同诉讼一样，国际商事仲裁中的交叉询问也意在破坏证人的可信度。恰如施耐德（Schneider）（2009：2）所指出的：

> 交叉询问常见于普通法国家的法庭，意在破坏证人的可信度，使证人确认询问者的提议，经常用于达成这些目的。[……]尽管国际仲裁中的律师不以同等形式采用这些技巧，其主要目标基本是一样的。

结果是，尤其是来自普通法传统背景的仲裁员，感到尽管不同司法体系间存在不同的实践，高超的交叉询问技巧越发重要。温（Ong）（2007：2）就国际商事仲裁中交叉询问的重要性说道：

> 鉴于对书面文字的强调，高超的交叉询问技巧对于顾问争取在案件中对自己有利越发重要。[……]尽管关于交叉询问意义和功能的理论多种多样，普遍观点认为交叉询问的主要目的是削弱或破坏对方证人提供证据的可信度。

法庭审理和仲裁审理的一个主要区别是法庭审理均非常正式，法官身着正式法官袍,证人被单独安排在证人席。律师可以自由走动以使证人感到不适。所有这些法庭的机构化特征均意在表现法庭审理的严肃性。与之相比,仲裁审理的设定通常显得非正式,不鼓励严格的交叉询问(Newman 1999)。此外,商务人士一般在相对非正式的会议场景感到更加舒适,而证人位置与律师的关系也相对没那么紧张。但是,一旦涉及交叉询问战略的使用,基本上是一样的,尤其在普通法司法领域。这引起了另一个重要问题,即在何种程度上,法律、仲裁及商业圈对国际商事仲裁中的交叉询问的看法一致?

如前文所述,用书面陈述替代直接证言对依赖口头证言来表达证据的普通法律师来说是个陌生的概念(Newman 1999)。相反,大陆法司法体系对于口头证词没有给予很多重视(Tallerico and Behrendt 2002)。国际商事仲裁中,司法和文化背景在证人询问尤其是交叉询问中有重要作用,并成为潜在的冲突源头。在普通法背景下,尤其在美国体系中,交叉询问被视为审理中的一个重要方面,因其无论在法庭还是国际商事仲裁中,都为口头证据提供了测试基础。证言的真正信任和信用度建立于特定证人的交叉询问中。另一方面,受大陆法训练的仲裁员不偏好口头证言,甚至将其视作"迷惑证人的花招流程"。纽曼(Newman)(1999: cited in Tallerico and Behrendt(2002: 15))指出:

> 大陆法系对于口头证言概念有所怀疑,并憎恶交叉询问。[……]在欧洲,美国和英国式的交叉询问常被视作用来迷惑证人的诡计而非探求关键信息的流程。

大卫·瓦格纳(David Wagoner)是一名经验丰富的仲裁员,在一次专家采访中,他指出,同诉讼一样,仲裁中的证人也要准备作证实,而一些从业者相信这是一项公平的游戏。

> 在大多数案件中,关键证人都要为作证作准备,而同诉讼一样,这种情况如今在国际仲裁中也被接受。这并不表示你告诉他们如何作证,而是告诉他们问题是什么,从而让他们对问题进行思考,替代做法

是什么，然后再让他们作证。这是我认为的公平游戏。所以总体上，我会说国际仲裁中交叉询问相对更少，但是谁来做交叉询问呢？在我的一个瑞士案件中，主席负责一切，如同瑞士或德国的法官一样负责交叉询问。而美国从不如此，几乎从不。

几乎在所有的司法领域，仲裁庭有相当大的灵活性同争议当事人协商决定程序问题，仲裁庭因此可以决定支持还是驳回书面陈述形式的直接证言。来自普通法司法背景的仲裁庭可能会采用口头证言，而来自大陆法司法背景的仲裁庭可能会选择书面证言。在任一场景下，可能有人会认为，相比书面证人陈述，对证人面对面的口头直接询问能得出更准确真实的证人证言，而书面证人陈述很可能是由法律顾问精心起草的证言，并非证人作出的准确真实的证言。如果有法律顾问参与其中，就无法保持真实证人证言的完整性了。

交叉询问由于要关注细微的不一致问题，可能很费时，以忽略真正要考虑的问题为代价，还有可能影响仲裁员发挥作用。另一方面，交叉询问可以揭露说谎的证人、逻辑上的弱点或事实上的不准确，而这些情况，不经宣誓或另一证人证言来质疑可信度可能不会被揭露出来。尽管国际商事仲裁往往会涉及合同接受问题，主要会依赖于书面文件作为证据，但证人的口头证言和可信度仍非常有用。

裁决书写

大多数专业圈子都有供其使用的语篇资料，关注以何种交流形式能恰当表达关于其学科和专业知识的特定专业行为。因此，专业的仲裁员也期望有自己的语篇资料，作为其专业领域最有代表性的，而任何有经验的仲裁员都能够巧妙利用这种资料达成其机构性目标并实现其交流行为。然而，仲裁员的选择相对受限，因为大多数仲裁员本身也是司法圈的成员，他们发现从其母学科即诉讼中脱离和区分出来很困难。因此，他们继续长期采用作为他们专业武器一部分的语篇资料，将其变成仲裁论述，尤其是裁决，而其本应是反映其与诉讼情景相关的其他特性。有充分证据表明，在

第十七章
国际仲裁实践中的身份争议

相当比例的国际裁决中,仲裁员基本上受到了其习惯的诉讼实践的严重影响。他们的语篇产物同他们在诉讼中所写的内容区别不大,除了不如诉讼中那么具体,也没有精心的论证和推理,如广泛参照相关适用的立法内容和参考先前判决的先例。因此其在仲裁裁决中要么是略显不严谨,要么是对文字的可读性漠不关心。面对这些发现,一些仲裁员给出至少两个主要理由:首先,任何详细推导的裁决可能使其容易在法庭上被质疑;其次,这种质疑可能会更费时费钱,而这一般是争议当事人最不愿意看到的。仲裁裁决似乎还给人一种相对不那么正式的总体印象;然而,在所有其他方面,尤其在使用技术词汇语法和公式化表达、客观风格,以及在使用显示力量和权威的表述上,它们同诉讼判决非常相似。基于其对意大利仲裁裁决的研究,戈地(本卷)甚至进一步指出,其文献中的意大利裁决具有大量长句、二项及多项式表述、大量使用名词、中立风格和许多其他典型的司法文书的句法特征。根据其综合分析,他总结称司法文书对意大利仲裁裁决有很大影响。他进一步指出:

> 通过本章研究的裁决,可以看到法律术语(包括词法和句法)的所有主要特点。同样,仲裁裁决的布局也来自于法庭判决的主要文本结构。尽管相对于复杂迟缓的诉讼,仲裁应该是一个更简易快捷的程序,裁决语言和典型的法律语言一样复杂。

关于裁决中说明的本质,布里兹(Breeze)(也在本卷中)通过评估分析(Martin and Rose 2003),关注了论证的清晰性和逻辑性,这是仲裁行文中的主要价值,以使论证或证据具有说服力以得到正面回应。她主张仲裁裁决本质上具有对话性特征,因为其试图"说服他们某观点或论证真实、合法或有逻辑性,或其他观点或论证不真实、不合法或不具有逻辑性"。她还主张仲裁裁决是写来"回应其他(先前的)文本及(之后的)读者的想法的"。她指出"文本本身也有对话性,包含了不同论证或主张及其相应反主张的说明,因此许多文本关注的用一种令人信服而连贯方式解决对立或冲突"。然而,从分析资料中的裁决来看,可见除了一些程度上的说明或论证,大多数仲裁裁决没有诉讼判决那样详细。但是,它们同诉讼判决仍十分相似,尤其在对词汇语法和句法的使用上,因而表现出其他专业论述及实践中罕见的语篇交互的争议。

身份争议的另一个方面反映在仲裁的语篇架构和正义的传播中。相比诉讼中的法官,仲裁员有更大的权力,因此他们被视作正确与错误的裁决者,有权按照问题的重要性程度对其排序。仲裁裁决中表达的讨论正义的语篇架构相当有权威性,因为非因程序理由,其不可通过法庭被质疑。一方面,仲裁员被视作权力和权威的来源,另一方面,他们也被视作"说服大师",不仅要探求真相,同时还要向其目标观众进行充分说明得出特定裁决的论证,从而使裁决难以被当事人质疑。但是,在此项目进行中的专家采访中被问及这种顾虑时,一位资深从业者称:

> 不,并非如此[……]显然我不希望我的裁决令人失望。但是那样的话影响也不大,我只是按照我自己的方式写裁决[……]显然我们仲裁员有义务写出有强制执行力的裁决[……]我认为总有可能有人会对它有质疑,同时我也认为裁决是以一种不会被质疑的方式所写的。

对于国际商事仲裁是否越发接近诉讼这一问题,一位专家在采访中总结如下:

> [……]我的感觉是国际仲裁在相当程度上同诉讼非常相似,这是普遍现象,尽管有大量案子并非如此,但这仍旧是一种普遍现象。缘何如此?我觉得有很多原因;一方面美国律师习惯了诉讼,包括大量事实发现、作证、质询、要求出具文书。美国律师似乎认为在审理之前要作各种尝试和努力,在一定程度上我认为这种想法被传递到了仲裁中。在美国及全球范围内,大型律所都有专家组成的仲裁团队,而他们往往原先是诉讼专家。

然而,值得注意的是,尽管国际商事仲裁同诉讼越来越相似,而且有大量证据表明即使以一种典型的司法风格书写仲裁裁决,尤其在词汇语法的使用方面,至少在一个方面这些裁决不尽相同,即在其句法模式上,尤其是法律推理和说明的使用上。这可能是出于以下原因:仲裁员普遍觉得对最

第十七章
国际仲裁实践中的身份争议

终决定详尽的论证或说明只会增加仲裁的成本;或者仲裁圈相对较小,案件经常集中由小部分人处理,他们觉得花时间书写详尽的说明会让其没有时间接手其他案件;或者他们觉得裁决越不详尽,就越不可能被质疑。甚至有一种可能是,不同于法庭中的法官,仲裁员通常在仲裁进行中掌握相当权力,因而觉得没有义务对其决定进行证实、论证或说明。还有一个因素是仲裁裁决极少(若有)被作为判例,因而仲裁员对其决定作出说明的压力极小。在我们看来,国际商事仲裁已发展为一个成熟的机构,并有其自己的完整性,向利益相关方及整个仲裁界更负责的需求将会增加。

此外,可以预期,这种发展会逐渐改变裁决的书写方式,形式、风格及内容上将会更少司法化,而其论述也将会更加具体。考虑到目前的实践,近期仲裁从业者的语篇实践中可能不会有显著的变化。

结　　论

本章我们尝试概述国际商事仲裁实践中常常采用的一些关键流程和程序,并特别关注了许多所涉及的关键争议场景,引用了诉讼和仲裁中典型的流程和程序。国际商事仲裁的审理不但涉及各行各业的人士,还横跨诸多专业,主要体现在跨文化、跨学科、跨司法领域,以及最重要的是跨专业实践方面。本章基于以下假设,即国际商事仲裁有其自己的完整性和专业文化,同其近亲诉讼不同。还有一项暗示性的假设是,不同于本质上具有对抗性特征的诉讼,国际商事仲裁作为一种专业实践,是一种各种司法特征的和谐体,因此不应是对抗性的。但是,基于目前的实践和仲裁界成员的看法,本章主张尽可能达成一致性,近期这种愿景将无法实现。来自不同司法体系(主要是普通法和大陆法)的诉讼界成员参与其中。这些成员深受其各自的法律文化和司法实践影响,发现在仲裁操作中难以转变其立场。这样一来的主要后果是商事仲裁实践在所有方面越发近似于诉讼,结果无论在事实发现程序、书面证言、证人询问甚至裁决书写方面都被视为"身份争议"场景。

国际商事仲裁中的话语与实务:问题、挑战与展望

国际商事仲裁的实践仍存在争议。由于仲裁实务的相对不公开,人们对其流程和本质的研究仍显不足。不同于公开的法庭实践和流程以及以出版形式公开的法庭判决,仲裁程序是私下进行的,关于审理程序性细节和其结果,包括仲裁裁决都是保密的(Bhatia, Candlin and Sharma 2009)。私密性利于公司保守商业秘密,以及需要向竞争者和公众保密的金融交易,但是当当事人认为公开有特定优点时,他们会毫不犹豫地将争议甚至是仲裁决定公之于众(Corona 2011)。

如同雷德芬(Redfern)和亨特(Hunter)(1991)所指,研究国际商事仲裁实践好比在黑暗中窥视。几乎没有仲裁裁决会公布,也没有程序性决定会公开。信息主要来源于仲裁机构的经验记录或查看诉诸法庭的个案,如作为执行程序的结果,或者败诉方对某个仲裁裁决提出异议并诉诸法庭。这都给国际商事背景下仲裁的整体流程带来了私密性和低透明性,从长期来说,有助于实现当事人(包括律师、仲裁员或公司利益相关方)的特定商业利益。当然,这种实践对于国际商事仲裁发展为在实践中有其独立文化和完整性的机构是不利的。

参考文献

Bhatia, Vijay K. (2004): *Worlds of Written Discourse: A Genre-based View*, London, Continuum.

Bhatia, Vijay K. (2010): Interdiscursivity in Professional Discourse, *Discourse and Communication*, Vol. 4, No. 1, 32-50.

Bhatia, Vijay K. (2011): Witness Examination as Interdiscursive Practice, *World Englishes*, Vol. 30, No. 1, 106-16.

Bhatia, Vijay K., Christopher N. Candlin and Rajesh Sharma (2009): Confidentiality and Integrity in International Commercial Arbitration Practice, *Arbitration*, Vol. 75, 2-13.

Breeze, Ruth (2012 [this volume]): Appraisal Analysis of Dissenting and Concurring Opinions. In Bhatia, Vijay K., Candlin, Christopher N. and Gotti, Maurizio (Eds) *Discourse and Practice in International Commercial Arbitration: Issues, Challenges and Prospects*,

Farnham, Ashgate Publishing.

Candlin, Christopher N. (1987): Explaining Moments of Conflict in Discourse. In Steele, Ross and Threadgold, Terry (Eds) *Language Topics Vol 2 Proceedings of the 1987 AILA Congress*, Sydney and Amsterdam, John Benjamins, 413-29.

Candlin, Christopher N. (1997): General Editor's Preface. In Gunnarsson, Britt-Louise, Linell, Per and Nordberg, Bengt (Eds) *The Construction of Professional Discourse*, London, Longman, viii-xiv.

Candlin, Christopher N. (2006): Accounting for Interdiscursivity: Challenges to Professional Expertise. In Gotti, Maurizio and Giannoni, Davide (Eds) *New Trends in Specialized Discourse Analysis*, Bern, Peter Lang, 1-24.

Candlin, Christopher N. and Jonathan Crichton (2011): Introduction. In Candlin, Christopher N. and Crichton, Jonathan (Eds) *Discourses of Deficit*, Basingstoke, Palgrave, 1-24.

Candlin, Christopher N. and Jonathan Crichton (2011): Emergent Themes and Research Challenges: Reconceptualising LSP. In Pedersen, Margrethe and Engberg, Jan (Eds) *Current Trends in LSP Research: Aims and Methods*, Bern, Peter Lang.

Crichton, Jonathan (2010): Why a Multi-perspectived Approach to Discourse? In Crichton, Jonathan, *The Discourse of Commercialization*, Basingstoke, Palgrave, 20-48.

Corona, Isabel (2011): From Corporate Argumentation to Media Perception: The Recontextualization of Arbitration in the Public Sphere, *World English*, Vol. 30, No. 1, 129-40.

Cymrot, Mark (2007): Cross-Examination in International Arbitration, *Dispute Resolution Journal*, Vol. 62, No. 1, 52-65.

Du Cann, Richard (1964): *The Art of the Advocate*, Harmondsworth, Penguin.

Goffman, Erving (1959): *The Presentation of Self in Everyday Life*, Garden City, NY, Doubleday-Anchor.

Gotti, Maurizio (2012 [this volume]): The Judicialisation of Arbitration Discourse in the Italian Context. In Bhatia, Vijay K., Candlin, Christopher N. and Gotti, Maurizio (Eds) *Discourse and Practice in International Commercial Arbitration: Issues, Challenges and Prospects*, Farnham, Ashgate Publishing.

Kathpalia, Sujata (2012 [this volume]): Is Arbitration Being Colonized by Litigation? Practitioners' Views in the Singapore Context. In Bhatia, Vijay K., Candlin, Christopher N.

and Gotti, Maurizio (Eds) *Discourse and Practice in International Commercial Arbitration: Issues, Challenges and Prospects*, Farnham, Ashgate Publishing.

Kerr, Michael (1997): Concord and Conflict in International Arbitration, *Arbitration International*, Vol. 13, No. 2, 121-44.

Marriott, Arthur (2005): *Litigate, Arbitrate, Mediate—Frustrate? Breaking the Dispute Deadlock*, Clayton UTZ Lecture. Online at ⟨http://www.claytonutz.com/ialecture/2005/transcript_2005.html⟩, accessed 15 July 2011.

Martin, Jim and Rose, David (2003): *Working with Discourse: Meaning Beyond the Clause*, London, Continuum.

Nariman, Fali S. (2000): The Spirit of Arbitration: The Tenth Annual Goff Lecture, *Arbitration International*, Vol. 16, No. 3, 261-78.

Newman, Lawrence (1999): Evidence in Arbitration, *New York Law Journal*, Vol. 3, 30-31.

Ong, Colin Y. C. (2007): *The Art of Advocacy in International Arbitration*. Paper read at the IBA Annual Conference in Singapore, 15 October 2007.

PricewaterhouseCoopers (2006): *International Arbitration: Corporate Attitudes and Practices*. Published in collaboration with Queen Mary, University of London. Online at ⟨http://www.pwc.com/arbitrationstudy⟩, accessed 6 June 2010.

Redfern, Alan and Hunter, Martin (1991): *Law and Practice of International Commercial Arbitration*, 2nd edition, London, Sweet & Maxwell.

Reed, Lucy (2010): Comments posted under *More on Corporate Criticism of International Arbitration* on Kluwer Law International blog. Online at ⟨http://kluwerarbitrationblog.com/blog/author/lucyreed/⟩, accessed 3 March 2011.

Roberts, Celia and Sarangi, Srikant (1999): Hybridity in Gatekeeping Discourse: Issues of Practical Relevance for the Researcher. In Sarangi, Srikant and Roberts, Celia Roberts (Eds) *Talk, Work and Institutional Order: Discourse in Medical, Mediation and Management Settings*, Berlin, Mouton de Gruyter, 473-504.

Rubinstein, Javier H. (2004): International Commercial Arbitration: Reflections at the Crossroads of the Common Law and Civil Law Traditions, *Chicago Journal of International Law*, Vol. 5, No. 1, 303-10, 309.

Schneider, Michael E. (2009): *Twenty-one Theses about Witness Testimony in Interna-

tional Arbitration and Cross-examination, Geneva, 27 January 2009. Online at ⟨http://www.lalive.ch/documents/Conference_paper.pdf⟩, accessed 15 July 2011.

Scollon, Ron (1998): *Mediated Discourse as Social Interaction: A Study of News Discourse*, New York, Longman.

Tallerico, Thomas, J. and Behrendt, Adam, J (2002): *The Use of Bifurcation and Direct Testimony Witness Statements in International Commercial Arbitration Proceedings*, published by Bodman, Longley & Dahling LLP, based on the lecture on the use of these tools at the June 2002 Biennial Conference on International Arbitration and ADR, Salzburg. Online at ⟨http://www.bodmanllp.com/publications/articles/UseOfBifurcation.pdf⟩, accessed 15 June 2011.

Tan, Ngoh T. and Lee-Patridge, Joo Eng (2000): Alternative Dispute Resolution. In *Business, Family and Community: Multidisciplinary Perspectives*, Singapore, Pagesetters Services.

Tay, Catherine T. S. (1998): *Resolving Disputes by Arbitration: What You Need to Know*, Singapore, Singapore University Press.

Walter, Mattli (2001): Private Justice in a Global Economy: From Litigation to Arbitration, *International Organization*, Vol. 55, No. 4, 919-47, the MIT Press Stable. Online at ⟨http://www.jstor.org/stable/3078620⟩, accessed 20 December 2009.